International Marketing

高等院校经济管理类新形态系列教材

国际市场营销

（第3版）

□ 李爽 主编

□ 刘文杰 张墨 杨红 池佳 副主编

人民邮电出版社

北 京

图书在版编目（CIP）数据

国际市场营销 / 李爽主编. -- 3 版. -- 北京：人民邮电出版社，2025. --（高等院校经济管理类新形态系列教材）. -- ISBN 978-7-115-67305-3

Ⅰ. F740.2

中国国家版本馆 CIP 数据核字第 20252DV047 号

内 容 提 要

本书内容主要包括国际市场营销学的基础知识；经济环境，文化与社会环境，政治与法律环境，人口、科技与自然环境；以及市场营销调研，竞争战略，目标市场战略，市场进入战略，产品策略，定价策略，分销渠道策略，促销策略和营销计划、组织、控制；等等。

本书重点讲解了国际市场营销理论基础知识及其应用，在结构安排上，每章章首都设有学习目标、引例，正文穿插了案例与评析、视野拓展等栏目，章后设有本章小结、综合练习题等内容。

本书配有教学大纲、电子教案、电子课件、补充教学案例（含文本和视频案例）、习题参考答案、模拟试卷及答案等教学资料（部分资料仅限用书教师下载），索取方式参见"更新勘误表和配套资料索取示意图"（咨询 QQ：602983359）。

本书适合作为高等院校国际经济与贸易、市场营销、工商管理、企业管理等专业的教材使用，也适合企业管理人员及营销人员阅读。

◆ 主　编　李　爽
　　副主编　刘文杰　张　墨　杨　红　池　佳
　　责任编辑　万国清
　　责任印制　陈　犇

◆ 人民邮电出版社出版发行　　北京市丰台区成寿寺路 11 号
　　邮编　100164　　电子邮件　315@ptpress.com.cn
　　网址　https://www.ptpress.com.cn
　　涿州市京南印刷厂印刷

◆ 开本：787×1092　1/16
　　印张：13.5　　　　　　　　2025 年 7 月第 3 版
　　字数：350 千字　　　　　　2025 年 7 月河北第 1 次印刷

定价：56.00 元

读者服务热线：(010)81055256　印装质量热线：(010)81055316
反盗版热线：(010)81055315

第3版前言

在经济全球化的背景下，跨国经营已经成为每一家国际化企业发展的必然趋势和必须面对的挑战。要应对这一挑战，增强我国企业在国际市场上的竞争力，不但需要大批直接从事国际市场营销活动的专业人才，而且要求一般的经济事务从业者也要掌握国际市场营销的相关知识。

本书在全面借鉴国内外先进的国际市场营销理论、方法和技术的基础上，结合我国经济发展的客观环境，系统论述了国际市场营销的基本理论、方法和技术，旨在让读者系统、深入地了解国际市场营销的含义，掌握国际市场营销的发展过程及其重要性，认识在我国开展国际市场营销理论研究和实践活动的必要性和意义，全面理解国际市场营销的理论体系。

编者在深入学习党的二十大报告的基础上，沿用了上一版教材的体例、风格和优点，更新了大部分的案例。本次修订所做的具体工作如下。

（1）简化了基础性理论，降低了与市场营销学课程内容的重复程度。

（2）突出了国际市场营销环境分析、定价策略等实用性内容，尽可能全面地介绍了国际市场的各种定价策略，重点介绍了对国际市场的经济、文化、社会、政治、法律、人口、科技、自然等环境的分析方法。

（3）为最大限度地方便教师授课，进一步完善了配套资料。本书配有教学大纲、电子教案、电子课件、补充教学案例（含文本和视频案例）、习题参考答案、模拟试卷及答案等教学资料（部分资料仅限用书教师下载），索取方式参见书末的"更新勘误表和配套资料索取示意图"（咨询QQ：602983359）。

本书由东北农业大学的李爽教授任主编，刘文杰、张墨、杨红、池佳任副主编，具体分工如下：李爽编写第一章、第五章；刘文杰编写第二章～第四章、第十一章；张墨编写第六章～第八章、第十章；杨红编写第九章、第十二章；池佳编写第十三章、第十四章。

在本书的修订过程中，编者参阅了大量的资料，在此向相关作者表示由衷的感谢！

由于编者水平有限，书中难免有疏漏之处，恳请广大读者批评指正。

编　者

目　录

第一章 导 论

【学习目标】

掌握市场营销、国际市场营销的概念；了解国际市场营销及国际市场营销理论的产生与发展过程；了解国际市场营销与国内市场营销、国际贸易的联系和区别；掌握国际市场营销的原因及基本步骤。

【引例】

清洁电器头部企业海外市场的拓展

据财联社 2024 年 5 月 28 日讯（记者 任超宇）清洁电器公司石头科技 2024 年 4 月召开发布会，宣布扫地机器人销售额全球位居前列；另一家公司追觅科技在 5 月的活动中表示扫地机全球业绩向上，并抛出包括德国、意大利、新加坡在内的多个市场占有率提升的数据。

欧美市场是清洁电器的"先驱"之地，后发先至的中国清洁电器厂商，到底倚仗什么与欧美竞争对手抢食？国外部分产品的扫、拖功能是分开的，要买两台才能实现扫、拖。这两台的价格，可以买四台中国产品。2019 年石头科技出海的时候，当时海外的主流扫地机器人还是以随机碰撞为解决方案的，未进入智能化阶段，不能真正地做到自主规划并清扫干净，用户体验不太好。而石头科技的产品可迅速构建并记忆家居地图，合理规划房间清扫路径，覆盖全面、效率高，全新的技术表现让很多国外消费者眼前一亮。目前，中国清洁电器厂商的技术处于全世界领先水平。当下的出海更多的是技术创新的出海。谈及如何开拓耕耘海外市场，云鲸智能海外市场负责人表示："相比较而言，海外客户的清洁需求还是很不一样的，他们养宠物比较多，家里地毯也多。所以在产品上要推出防毛发缠绕这样的设计和专门的本地化产品。营销生态上，各市场偏重不同。例如，在韩国市场，欧美渠道广告没有想象中的有用，这与韩国大财团垄断市场，导致数据没有互通有关。而这在一定程度上，导致艺人在舆论影响上占有特殊位置。所以我们因地制宜地选择与韩国本土的艺人进行合作，还在首尔举办了线下的快闪店活动，吸引了很多人。此外，各国渠道发展现状不同，出海的中国企业需要有针对性地做出策略调整。在欧洲主要是通过经销商销售产品，某头部企业在拓展欧洲市场时，就借助过小米欧洲经销商的力量。美国的线下渠道则非常难进入。不一样的市场环境，意味着需要不一样的人才，我们在团队建设上更注重打造本土化区域团队，会考虑吸纳当地比较有市场经验的人员。"

评析：我国的清洁电器头部企业为什么能在全球经济状况不好的情况下做到海外市场占有率一路提升、将产品出口多国？因为企业在产品力领先的同时，针对不同国家的客户和不同市场的需求，进行了有地域针对性的营销。而且企业注重建立本土化区域团队，吸纳当地有市场经验的人员。

第一节 市场营销学基础

由于国际市场营销学是在市场营销学的基础上发展起来的，是市场营销学的延伸和扩展，因此，在探讨国际市场营销的定义之前，必须先回顾市场营销学对市场营销的定义，并以此为基础来理解国际市场营销的含义。

一、市场及市场营销

1. 市场

市场营销在一般意义上可理解为与市场有关的人类活动。因此，要了解市场营销，我们首先要了解市场的概念。

狭义的市场通常是指人们在日常生活中买卖商品的场所，如集市、商场、商品批发市场等。

广义的市场，包括生产者和消费者之间实现商品和劳务的潜在交换的所有活动。营销学家菲利普·科特勒（Philip Kotler）认为，"市场由一切具有特定欲望与需求，并且愿意和能够以交换来满足这些需求的潜在顾客组成。"因此，市场规模的大小，由具有需求、拥有他人所需的资源且愿意以这些资源交换其所需的人数决定。市场是随着生产力的发展和社会分工的出现而产生的，最开始人们的交换是物物交换，而后出现了货币，形成了以等价物为媒介的交换形式。所以，市场就是由一切有特定需求，并且愿意和能够以交换的方式来使需求得到满足的潜在顾客组成的。

无论是狭义的市场还是广义的市场，都包含三个主要因素，即有某种需要的人、满足这种需要的购买能力及购买欲望。市场的这三个要素是相互制约、缺一不可的。只有三者有效结合才能构成现实的市场，才能决定市场的规模和容量。

2. 市场营销

市场营销作为动词来理解，是指企业的具体活动或行为，这时称之为市场营销；作为名词来理解，则是指研究企业的市场营销活动或行为的学科，这时称之为市场营销学、营销学或市场学等。

菲利普·科特勒对市场营销的定义强调了市场营销的价值导向：市场营销是个人和集体通过创造并同他人交换产品和价值以满足其需求和欲望的一种社会和管理过程。

美国市场营销协会（American Marketing Association，AMA）对市场营销的定义为：市场营销是在创造、沟通、传播和交换产品的过程中，为顾客、合作伙伴以及整个社会带来价值的一系列活动、过程和体系。

市场营销活动是在产品生产活动结束时开始的，中间经过一系列经营销售活动，当产品转移到顾客手中时，市场营销活动就结束了。因而我们通常把企业的市场营销活动局限于流通领域的狭窄范围，而不是将其视为企业经营销售的全过程。

二、市场营销观念的演变与发展

市场营销观念是指企业进行经营决策、组织管理市场营销活动的基本指导思想，是企业的一种经营哲学，它是一种观念、一种态度、一种思维方式。

市场营销观念的核心是正确处理好企业、顾客和社会三者之间的利益关系。这三者既相辅相成，又相互矛盾。企业只有正确处理这三者之间的关系，才能确定自己的经营原则。百余年来，市场营销观念经历了以下演变过程。

1. 生产观念

生产观念是指导销售者行为的最古老的观念之一。这种观念产生于 19 世纪末 20 世纪初，是在卖方市场条件下产生的。这种企业经营哲学不是从消费者的需求出发，而是从企业生产出发。生产观念认为，消费者喜欢那些随处都可以买到而且价格低廉的产品，企业应致力于提高生产效率和分销效率，扩大生产、降低成本以扩展市场。显然，生产观念是一种重生产、轻营销的指导思想，其典型表现就是"我们生产什么，就卖什么"。在资本主义工业化初期以及 20 世纪 40 年代中期的一段时期内，由于物资短缺，产品供不应求，生产观念在企业经营管理中颇为流行。

📺 案例与评析

福特T型车的成与败

在 T 型车出现以前，汽车工厂都处于作坊式的手工生产状态，产量很低，成本很高，每辆车的售价大约为 4700 美元，这相当于一个普通人好几年的收入。在当时，汽车是少数有钱人才买得起的奢侈品，是社会地位的象征。亨利·福特认为，要想把汽车市场变成一个能够创造巨大利润的市场，就必须把汽车变成普通人也买得起的消费品，而要想做到这一点，大幅降低汽车的价格是关键，必须生产出价格低的汽车。

福特汽车公司最初推向市场的 T 型车，定价为 850 美元，相当于当时一名中学教师一年的收入。福特汽车公司推出 T 型车的第一年，T 型车的产量达到 10660 辆，创下了汽车行业的纪录。到了 1921 年，T 型车的产量已占世界汽车总产量的 56.6%。T 型车的最终产量超过了 1500 万辆。福特汽车公司也因此成为美国最大的汽车公司，创造了现代汽车工业史上的奇迹。

T 型车取得巨大的成功以后，亨利·福特不断改进生产线，几乎把单一型号大批量生产的潜力发挥到了极致。但是，市场已经发生了变化。到 20 世纪 20 年代中期，由于产量激增，美国汽车市场基本变成了买方市场。T 型车虽然价格低廉，但已经不能满足消费者的需求了。通用汽车公司在汽车的舒适性、个性化和多样化等方面做出改进，以产品的特色化来对抗价格低廉的福特 T 型车，推出了多种颜色的新式样雪佛兰汽车。雪佛兰汽车一上市就受到了消费者的欢迎，严重冲击了福特 T 型车的市场地位。福特汽车公司总是以降低价格来应对市场的竞争，但是市场对 T 型车这种初级的代步型汽车的需求已经饱和。1927 年，T 型车停产。

评析： 福特汽车公司以生产观念生产品种和颜色单一的 T 型车，在产品匮乏时期可以生存并占有大部分的市场，但是随着市场品牌和其他类型产品的增加，在市场竞争更加激烈的情况下，T 型车最终被其他更有吸引力的品牌和产品挤出市场是必然的结果。

2. 产品观念

产品观念是与生产观念并存的一种市场营销观念，也是一种重生产、轻营销的观念。产品观念认为，消费者喜欢高质量、多功能和具有某些特色的产品。因此，企业应致力于生产优质的产品，并不断精益求精。在这种观念的指导下，企业经理人常常"迷恋"自己的产品，以至于没有意识到产品可能并不时尚，甚至市场正朝着不同的方向发展。这是因为他们在设计产品时只依赖工程技术人员而极少让消费者介入。这种企业容易患上"市场营销近视"，即过多地把注意力放在产品上，而没有充分考虑市场的需求，在市场营销管理中缺乏远见，只看到自己的产品质量好，却看不到市场需求的变化，致使自身经营陷入困境。

3. 推销观念

推销观念产生于资本主义经济由卖方市场向买方市场转变的过渡阶段，盛行于 20 世纪三四十年代。推销观念认为，消费者通常有一种购买惰性或抗拒心理，若顺其自然，消费者就不会自觉地大量购买本企业的产品，因此企业管理的中心任务就是积极推销和大力促销，以诱导消费者购买自己的产品。其具体表现是"我卖什么，就设法让人们买什么"。推行推销观念的企业称为推销导向型企业。

在推销观念的指导下，企业认为消费者不会主动购买产品，因此必须将产品推销给消费者。企业致力于产品的推销，以求说服消费者购买。企业聘请了大批营销专家，做大量的广告，对消费者展开全方位的推销攻势。

但是，推销观念与前两种观念一样，也是建立在以企业为中心的"以产定销"观念的基础上的，而不是建立在满足消费者的真正需要的基础上。因此，这三种观念被称为市场营销的旧观念。

案例与评析

自动洗碗机刚刚推出之初，通用电气公司门前冷落

自动洗碗机是一种先进的家庭厨房用具。当冰箱、洗衣机大量进入寻常百姓家，市场达到饱和状态后，制造商揣摩消费者心理，推出了自动洗碗机，意在减轻人们的家务劳动负担，适应现代人的快节奏生活。然而，当美国通用电气公司率先将自动洗碗机投向市场时，等待它的并不是蜂拥而至的消费者，而是"门前冷落鞍马稀"的局面，这真是出人意料。而后，公司的营销策划专家寄希望于广告媒体，对消费者实施心理上的轮番"轰炸"，认为这样消费者就会认识到自动洗碗机的价值了。公司在各种报纸、杂志、广播和电视上反复广而告之："用自动洗碗机洗碗比用手洗碗更卫生，因为自动洗碗机可以用高温杀死细菌。"营销人员了解到，细菌越小，消费者的恐惧心理就越强，他们创造性地用电视画面放大细菌的形象，使消费者产生恐惧心理。公司还大力宣传自动洗碗机清洗餐具的能力，在电视广告中示范了用自动洗碗机清洗因烘烤食品而被弄得脏兮兮的盘子的过程。公司如此努力营销的结果如何呢？购买者还是寥寥无几。

自动洗碗机的设计构思和生产质量都是无可挑剔的，为什么上市后却遭此冷遇呢？消费者究竟是怎样想的呢？第一，传统价值观念作祟。消费者对新事物的偏见、对新技术的无知，消费者的风险意识和消费能力的差距，使自动洗碗机难以成为畅销产品。第二，有些追赶潮流的消费者倒是愿意购买自动洗碗机以换取生活上的方便，但用机器洗碗事先要做许多准备工作，这样费时费事，又增添了不少麻烦，到最后还不如用手洗来得快。第三，一些消费者虽然能够接受自动洗碗机，但难以接受它的价格。第四，自动洗碗机单一的功能、复杂的结构、较高的耗电量和价格也是它不能实现市场化、大众化的重要原因之一。

评析： 企业的营销必须以满足消费者的需要为前提，企业的一切活动都必须以消费者为中心。唯有能满足消费者需要的企业，才能获得消费者的支持，才能实现企业的经营目标。

4. 市场营销观念

市场营销观念是一种新型的企业经营观念。这种观念以满足顾客需求为出发点，即"顾客需要什么，就生产什么"。尽管这种思想由来已久，但其核心原则直到20世纪50年代中期才基本定型。当时社会生产力迅速发展，市场逐渐发展为供过于求的买方市场，同时广大居民的个人收入迅速提高，有条件对产品进行选择。企业之间为实现产品价值的竞争加剧，许多企业开始认识到，必须转变经营观念，只有这样才能求得生存和发展。

市场营销观念认为，实现企业各项目标的关键在于确定目标市场的需求，并且要比竞争者更有效地提供目标市场所期望的产品或服务，进而比竞争者更有效地满足目标市场的需求。企业营销管理应贯彻"顾客至上"的原则，将管理重心放在千方百计满足顾客的需求上，从而实现企业的经营目标。

5. 社会营销观念

社会营销观念是以社会长远利益为中心的市场营销观念，是对市场营销观念的补充和发展。自 20 世纪 70 年代起，全球环境恶化、资源短缺、人口增长速度过快、通货膨胀和忽视社会服务等问题日益严重，要求企业顾及消费者整体利益与社会长远利益的呼声越来越高。市场营销观念则回避了消费者需求、消费者利益和社会长远利益之间隐含冲突的现实。

社会营销观念认为，企业生产经营不仅要考虑消费者需求，而且要考虑消费者利益和社会长远利益。社会营销观念的基本核心，是以满足消费者的需求以及实现消费者利益和社会的长远利益作为企业的根本目的与责任。理想的营销决策应同时考虑到消费者需求的满足，消费者利益和社会长远利益、企业的营销效益的实现。

📖 视野拓展

新理念塑造新场景　健康消费步入发展"快车道"

据人民网 2024 年 5 月 24 日报道（王绍绍）复合维生素、辅酶 Q10 等保健品引领"新食潮"；血氧仪、运动手环等健康监测产品销售火爆；除菌洗碗机、除菌干衣机等健康家电走俏……近年来，"为健康买单"已经成为一种潮流的消费习惯。随着生活水平的提高和生活方式的转变，人们对健康的认识日益提升，健康需求正由单一的医疗服务需求向日常保健、健康促进、营养滋补等多元化需求转变，健康消费市场潜力加速释放。从吃穿住行到生活方式，从医学科普到身心疗愈，"大健康"正在成为一种消费刚需。数据显示，2023 年，全国居民健康素养水平达到 29.7%，人均医疗保健消费支出 2460 元，增长 16%，占人均消费支出的比重为 9.2%。近年来，健康养生不再是"老一辈"的专属，"Z 世代"也加入购买健康消费类产品的行列。人们的保健养生意识越来越强，新的生活理念带动新的消费场景不断涌现。

近日，如新 City Walk 城市轻漫步活动收官，北京、天津、上海、成都、广州等五城联动，TRME 和 ageLOC WellSpa iO 产品为参与者提供了深度体验。本次活动以"身心轻治愈之旅"为主题，将城市文化元素融入春日户外漫步活动中，让参与者在沉浸式的 City Walk 中打卡别具特色的都市街景，体验独特的城市魅力，回应了当下现代人追求高品质和身心健康的生活方式。

随着消费场景的拓宽、服务及产品供给的增加、顶层设计的逐步完善，更多专业类健康消费正在不断涌现，成为未来经济发展的重要引擎。如今，我国大健康产业整体营收规模保持上升，全国居民健康素养水平逐年上升，健康意识持续增强。根据《"健康中国 2030"规划纲要》，到 2030 年，我国居民健康素养水平要达到 30%，健康产业产值要达到 16 万亿元，大健康产业将成为 21 世纪最具发展潜力的产业。

第二节　国际市场营销概述

一、国际市场营销的产生

由于国际市场营销（有时也称国际营销）是在市场营销的基础上产生的，因此，可以将国际市场营销定义为：国际市场营销是指企业根据目标国消费者的消费习惯与需求，将产品和服务提供给国外消费者的跨越国界的营销行为。国际市场营销的本质是企业通过为国际市场中的消费者提供满足其需要的产品和服务从而获得利润的经营活动。

国际市场营销相较于国内市场营销具有更高的复杂性、风险性、困难性。因为国际市场营销是企业在国际市场上进行的，由于各个国家或地区的经济、政治、文化等方面都存在一定的差异，因此不同国家或地区的市场需求千差万别。企业在开展国际市场营销活动时，必须对各个国家或地区的商业政策和市场特点进行充分调研；营销决策应因地制宜，尊重目标市场各个方面的特点。

在市场经济发展的早期，社会生产力水平较低，企业生产的产品只能满足国内市场甚至国内较小区域市场的需要，跨越一国边界的产品交换只是偶然行为。随着 18 世纪以蒸汽机的广泛使用为标志的第一次工业革命的发生，社会生产力有了突飞猛进的发展，一国企业的产品开始跨越本国的边界，实现了经常性、大规模的国际交换，真正意义上的国际市场营销就此产生。随着社会经济的持续发展，发生了以电力的广泛使用和内燃机的发明为标志的第二次工业革命，国际市场营销的深度和广度都有所发展。20 世纪 40 年代中期，以原子能、电子计算机、微电子技术、航天技术、分子生物学和遗传工程等领域取得重大突破为标志的第三次科技革命的出现，形成了经济全球化的趋势，大量跨国企业的出现及迅猛发展，加速了商品、服务、资本全方位的国际流动，进一步扩大了国际市场营销规模。在市场竞争日益激烈的背景下，现代市场营销理论被不断地运用到国际市场营销活动之中。20 世纪 60 年代，国际市场营销理论体系逐渐形成。

二、国际市场营销理论的发展

国际市场营销理论是国际市场营销学的主体内容，国际市场营销理论的发展过程就是国际市场营销学体系确立和逐步完善的过程。根据时间和研究主题，国际市场营销理论的发展可分为以下三个阶段。

1. 起步阶段

起步阶段（20 世纪 60—80 年代）主要是对一些国际市场营销问题零散地进行研究，如国际广告、国际市场营销导向及标准化等。20 世纪 60 年代，可口可乐、柯达等跨国公司纷纷开始尝试全球性经营活动，推行全球统一品牌和定位。克里斯蒂安（Christian）明确指出，对于通用汽车、福特汽车等跨国公司来说，国内市场与国外市场的差距逐渐消失，它们应该建立"全球视野"。巴泽尔（Buzzel）第一个将"跨国标准化"界定为在不同国家以相同的促销方式，通过相同的分销渠道，以相同的价格提供相同的产品。他还在强调保持标准化与适应性、集权与自治之间的平衡的基础上，鼓励跨国公司尝试在不同区域和全球层面推行标准化战略。珀尔马特（Perlmutter）则认为跨国公司经历了本国导向、多国导向和全球导向等三个管理导向阶段。

2. 发展阶段

发展阶段（20 世纪 80—90 年代）逐步集中于对几个主要问题进行研究，如国际市场营销标准化与本土化的关系、国际市场营销策略组合的实施、国际市场营销的国际化阶段等。莱维特（Levitt）正式提出了"全球营销"（global marketing）的概念，这标志着全球营销理论研究的开始。他指出，现代技术进步促进了整个世界市场的收缩和同质化，形成了全球市场，企业必须学会将世界看成一个大的市场，忽略不同国家或地区之间表面上存在的差异。

标准化与适应性是这一阶段学术研究的焦点，也是国际市场营销的重要研究课题。早期的研究主要强调两者的矛盾，而后期的研究更强调两者的统一，"标准化-适应性连续统一体"的观点得到了普遍认可。事实上，这两者各有其理论基础：标准化满足各国同质消费群体的需求，企业可获得形成规模经济和范围经济、降低成本、提高品牌全球影响力等优势；适应性针对不同国家的细分市场，满足消费者的差异性需求，企业应规避或消除政策限制及障碍、文化差异、组织内部阻力，获取因差异性而产生的利益。

"标准化-适应性连续统一体"辩证地看待标准化与适应性，指出国际市场营销活动要在标准化与适应性两端之间寻求一个平衡位置，以最大限度地实现两端战略的利益。换言之，企业在实践中要做的既不是实现绝对的标准化，也不是实现绝对的适应性，而是在不同的战略层次和组合要素上确定营销活动应倾向于哪一端。"思想上全球化，行动上本土化"是对"标准化-适应性连续统一体"的继承和发展，在国际市场营销中应沿袭"核心要素标准化，外围要素适应性"的思路。

3. 提高阶段

提高阶段（20 世纪 90 年代至今）从战略层面提炼和研究国际市场营销的核心问题，如国际市场营销战略模型、国际市场营销系统化理论等。资源基础理论认为，跨国公司内部资源是战略和业绩的决定因素，企业战略资源的不同决定了最终绩效的差异。

三、国际市场营销学的研究对象及方法

1. 国际市场营销学的研究对象

国际市场营销学就是研究企业国际市场营销全过程的学科，因此国际市场营销学的研究对象就是企业为实现经营目标而组织协调各部门进行一系列跨国界的市场营销活动的过程。国际市场营销活动中突出的问题基本源于营销者不熟悉实施市场营销方案的环境，国际市场营销的成功则取决于企业评估陌生环境和适应陌生环境冲击的能力。因此，探究国外市场营销环境和文化及其对整个营销过程的影响是国际市场营销学研究的一个基本问题，也是学习国际市场营销学最有意义、最有效的方法之一。

2. 国际市场营销学的研究方法

国际市场营销学是一门实用价值很高的应用课程，属于经营管理学的范畴，它是对企业国际市场营销活动实践经验的总结。根据这一突出特点，国际市场营销学的研究方法主要有以下几种。

（1）马克思主义的唯物辩证法（基本方法）。该方法将国际市场营销作为国际生产关系的组成部分，对企业由国内经营发展为国际生产、分配、交换及消费的关系加以研究，以便分析国际市场营销对各个国家或地区及企业本身产生的影响。

（2）理论推演与实证分析相结合的方法。该方法以国际直接投资理论、市场营销理论、经济全球化理论等为基础，分析演绎国际市场营销的必然性、必要性、规律性；以案例研究、问卷调研、专家访谈和数据库调研等多种方法剖析国际市场营销的科学性及其对环境的适应性；归纳和演绎国际市场营销的内在逻辑和规律，丰富国际市场营销理论，并用于指导国际市场营销实践，以实现"理论指导实践，实践推动理论"的良性循环发展。

（3）定量分析与定性分析相结合的方法。该方法遵循理论假设和实证检验的分析范式，采用因子分析、多元回归分析、相关分析、路径分析等多种统计方法，研究国际市场营销的影响因素、绩效、环境变量等的关系；通过建立数学模型，比较分析不同国家或地区市场营销与市场环境变量、绩效等的关系，从而预测和确立企业的国际市场营销目标。

（4）系统理论分析方法。该方法以事物的关联性为基础，寻求国际市场营销的最优方案和组合。国际市场营销管理过程是一个系统性工程。从国际市场营销进行的时间维度来看，由国际环境分析、目标市场选择、营销策略组合制定、计划实施与控制等构成国际市场营销系统；从国际市场营销进行的空间维度来看，由不同国家或地区、不同种族或肤色、不同收入或消费、不同宗

教或文化等构成国际市场营销系统；从企业内部框架来看，由不同职能部门、不同产品事业部、不同地区事业部构成国际市场营销系统。系统中的各个元素相互作用、相互影响，共同决定了整个国际市场营销系统的运行效率。研究国际市场营销系统必须从各个视角对各个子系统进行分析，从而找出最优的国际市场营销方案。应用系统理论分析方法研究国际市场营销可以更好地从整体上把握其本质。

四、国际市场营销与国内市场营销的联系与区别

（一）国际市场营销与国内市场营销的联系

国际市场营销与国内市场营销的联系主要表现在以下三个方面。

1. 基本原理相同

国际市场营销与国内市场营销都以经济学的基本原理作为理论基础。现代管理学、统计学、数学、会计学、社会学、心理学等诸多学科的内容，既可以应用于国内市场营销活动，也可以广泛应用于国际市场营销活动。

2. 均以满足消费者的需求为中心

国际市场营销与国内市场营销都经历了从生产观念到市场观念、从以生产者为中心到以满足消费者的需求为中心的发展过程。现在企业更加认识到不仅要满足消费者对产品或服务在使用价值上的需求，还要满足消费者在心理上的需求。因此，不管是在国内市场还是在国际市场，企业首先要为自己生产、销售的产品和服务确定一个很好的市场定位，积极开拓自己的目标市场，建立特定的用户群；其次，企业提供的产品和服务，不仅要在物质功能上满足目标市场的需求，而且要符合目标市场的价值观念，此外，企业还要具有挖掘潜在市场需求的能力；再次，企业在产品和服务的销售时间、销售地点、销售方式、价格等方面，都必须符合消费者的购买习惯和消费能力；最后，企业还要为消费者提供相应的信息和优质的售后服务，以满足消费者和潜在消费者对产品和服务的多种需求，从中找到产品和服务更新换代的方向，提高产品和服务的竞争力。

3. 国际市场营销是国内市场营销的延伸

企业一般先从国内市场营销开始，再逐渐发展到国际市场营销。换句话说，企业从国内市场营销发展到国际市场营销，一般有一个渐进的过程。

企业最初大多是面向国内市场的，企业的经营范围、发展战略和营销组合策略，大多是以满足国内市场需求为导向的，仅有部分产品由于某些偶然因素出口到国际市场。随后，由于国内市场需求减少，企业被迫转向国外市场寻找销路，逐步进入国际市场，但仍以国内市场为主。

随着在国际市场上的逐步深入，企业对国际市场信息越来越敏感，对国际市场需求变化的反应越来越迅速，企业开始为满足国际市场需求安排生产，组织销售，以便能将越来越多的产品投入国际市场。随着生产的发展、先进技术的采用、企业规模的扩大、经济实力的增强和国际市场营销经验的积累，企业能够主要面向国际市场进行全球营销，开展国际市场营销活动。

从上述过程可以看出，企业一般先从国内市场开始，逐渐向国际市场发展，并不断扩大国际市场的范围。

（二）国际市场营销与国内市场营销的区别

国际市场营销与国内市场营销所面临的环境大不相同，因此，国际市场营销和国内市场营销也存在较大的区别，具体表现在以下几个方面。

1. 国际市场营销面临的环境更复杂

国内市场营销在本国范围内进行，面临的是一种比较单纯的市场环境，它是由企业营销人员比较熟悉的所在国的政治、经济、法律、文化等环境构成的。国际市场营销所面临的市场环境则是复杂的多层次结构。从事国际市场营销的企业，都不可避免地要受到全球的政治、军事、经济、科技等多方面的影响；同时，企业还要考虑各个国家或地区的市场环境，因为企业无论进入哪一个国家或地区的市场，都会直接受到当地特定市场环境的影响。各国都有自己的政治制度、经济结构、法律规范、文化传统、消费习惯等，当企业进入两个或更多的国家或地区时，就会面临一个多重的、复杂的市场环境。企业进入的国外市场越多，所面临的市场环境就越复杂。

2. 国际市场营销面临的不确定因素更多

由于国际市场营销面临的营销环境具有复杂性和多变性，所以国际市场比国内市场有更多的不确定因素，主要包括以下几个方面。

（1）相比于国内市场，国际市场对本企业产品的总需求量更加难以调查和预测。

（2）在国际市场中，对于自己的产品，尤其是一般消费品，企业不易深入了解谁是主要的购买者，一般只能通过中间商间接地了解。因此，企业很难确定产品的国际市场需求状况及其变化趋势，消费者的购买动机、消费心理及其对产品的评价等。

（3）企业在国际市场面临的竞争者数量更多也更为强大，因此企业进入国际市场时，难以准确判断竞争者的竞争策略。

（4）企业初次进入某国市场时，很难确定一个合理的产品价格。对企业来说，有利可图的、消费者又愿意接受的价格，需要进行广泛而深入的市场调研后才能确定。

（5）在国际市场上，很难选择比较恰当的促销媒介，即使选择了一种促销媒介，企业也难以对其经济效益和社会效果做出准确的评价，因为各国政策、法律的规定以及消费者的消费习惯都存在很大的差异。

（6）由于不同国家或地区的分销渠道结构、消费者的消费习惯、有关法规对销售渠道的种种限制措施等因素各不相同，这就使得产品的分销渠道的选择与控制难以确定。

3. 企业进入国际市场的营销方案更具多样性

企业在国内市场所制定的营销方案，虽然针对不同地区、不同目标市场可能会有所差异，但整体的营销方案应是一致的。而在国际市场营销活动中，其营销方案则明显具有多样性。因为国际市场是由不同国家或地区的市场组成的，显然，不同国家或地区的市场的差异远远大于国内不同地区的市场的差异。

企业在不同国家或地区的市场销售产品不可能采用统一的营销方案。如在规模不大或风险较高的某国市场，应采用间接出口的方式；在政局稳定、市场规模大且发展前景光明的某国市场，可以采用在当地生产的营销方式。即使都采用在当地生产的营销方式，企业也可以根据市场在劳动力的素质、原材料的供给等方面的差异，选择实施组装业务、合同制造、独资生产等多种方案。

不仅如此，因为国际市场比国内市场更为复杂，如国际政治局势的变动、国家经济政策的调整等，这些因素的变动都很难预测，所以在计划期内，企业必须准备多种营销备选方案，以从容应对可能出现的各种情况。

4. 国际市场营销的难度更大

除了国际市场营销环境的复杂性、不确定性和营销方案的多样性等因素外，还有诸多原因使得国际市场营销比国内市场营销更加困难，主要有以下几个方面的原因。

（1）国际市场营销具有更大的风险。其风险主要是由东道国政权更替、政策变动、动乱、外部入侵等引起的政治风险，以及由企业经营管理不善、市场环境剧烈变动（如汇率波动、通货膨胀等）引起的经济风险。

（2）国际市场竞争更加激烈。国际市场上的买方市场竞争更为激烈，市场竞争的空间相对更狭窄，突破目标国的种种贸易保护措施更加困难。所以，在当今国际市场中，企业之间除开展价格竞争之外，更注重非价格竞争，企业需要采用以优取胜、以信誉取胜、以服务取胜、以方便取胜、以满意取胜等多种市场营销手段和策略。

（3）高素质的专业人才难以获得。从事国际市场营销的营销人员要了解国际市场的形成过程和发展趋势；掌握国际市场调查、市场行情分析和市场预测的方法；熟知国际市场营销长期使用的国际惯例和有关法规；熟悉所在国的市场环境，尤其是所在国的风俗习惯；具有较高的外语水平等。拥有足够数量的高素质的专业人才，是保证企业开展国际市场营销活动取得成功的必要条件。但在任何国家，尤其是发展中国家，这些高素质的人才都是极为稀缺的资源。

五、国际市场营销与国际贸易的联系与区别

（一）国际市场营销与国际贸易的联系

国际贸易是指世界各国之间交换产品和服务的活动。凡是跨越国界的产品或服务的交换，都可视为国际贸易。国际市场营销与国际贸易之间有着密切的关系，主要表现在以下两个方面。

1. 国际贸易是国际市场营销的先导

产业革命使科学技术的进步、劳动生产率的提高、物质资料的生产变得容易，社会只需要很少的人、用很少的时间就能完成物质资料的生产。然而国内市场消化不了这么多的产品，此时自由贸易主义兴起，国际贸易迅速发展，刺激企业不断开拓国外市场，向国外销售产品，由此，企业的国内市场向国外延伸。国际市场营销活动最初只是企业偶然的对外出口，20世纪40年代中期，各国致力于恢复经济，国际市场需求很大，美国等发达国家开始对外直接投资，兴办跨国公司，制定国际市场营销战略，走国际化路线。跨国公司一般实行全球化市场营销战略，将其全球范围内的经营活动视为一个整体，其目标是实现整体利益的最大化，而不考虑局部利益的得失。国际市场营销与国际贸易的业务经营相结合，关系十分紧密。

当代国际市场营销与国际贸易都会受世界政治、经济等因素的影响，当代世界贸易的重大变化也深刻地影响着国际市场营销。企业从事国际市场营销不仅需要国际市场营销理论的指导，而且需要掌握国际贸易的理论、政策措施、现状及其发展趋势。国际贸易理论中，国际分工与世界市场理论、区域贸易理论、比较成本论、生产要素禀赋论、人力资本论、技术差距论和偏好相似论等都从不同层次阐明了国际商品交换产生的原因和贸易的格局，并对企业的国际市场营销工作有直接和间接的指导意义。例如，国际市场营销理论中的产品周期论，便是在技术差距论的基础上形成的。国际贸易政策和措施对企业的国际市场营销起着重要的激励作用或阻碍作用。进行国际市场营销的企业要根据世界贸易的发展现状与趋势，调研国际市场营销环境，因为国际贸易形势是世界经济，特别是世界商品市场的现状和趋势的总体反映，据此企业可进一步为国际市场营销环境调研打下基础，有利于国际市场营销策略的制定。

2. 国际市场营销是国际贸易的重要组成部分

20 世纪 40 年代中期以后，跨国公司数量猛增，而且规模巨大、实力雄厚、分布广泛，是国际市场营销的主要经营实体。跨国公司的母公司除了在生产基地国组织生产、销售与出口外，还统筹协调各子公司的生产和其在东道国的销售与出口。跨国公司的母公司和子公司的出口，分别是各生产基地国和东道国出口贸易的一部分，都是国际贸易的重要组成部分。子公司在东道国当地市场的销售属于子公司的国内市场营销，对于母公司来说，则属于国际市场营销的范畴。跨国公司在国际范围内从事经营活动，促进了国际贸易总额的增长，影响了国际贸易商品结构，即制成品贸易额所占比重上升，初级产品贸易额所占比重下降。由于跨国公司设立的子公司大部分集中于发达国家，因此促进了发达国家之间的贸易。跨国公司的国际市场营销也影响着国际贸易的发展，是国际贸易的重要组成部分。

（二）国际市场营销与国际贸易的区别

国际贸易从国家整体出发，研究一个国家的进口与出口问题；而国际市场营销则从微观出发，研究一个企业如何进行国外的市场营销活动。国际贸易与国际市场营销之间的差异可以归纳如下。

（1）经营主体不同。国际市场营销的经营主体是企业，而国际贸易的经营主体一般是政府、对外贸易部门或对外贸易公司。

（2）经营动力或行为动机不同。国际市场营销的经营主体是企业，企业作为自主经营、自负盈亏的经济实体，其从事所有经济活动的目的都是追求利润。最大限度地获取利润是企业从事国际市场营销的动力和目标。而企业开展国际贸易的动力则是能获得比较利益。各国资源条件不同，生产同一种产品的成本存在很大的差异。因此，一国生产具有比较优势的产品与其他国家进行交换，获得本国生产不具有比较优势的产品，从而获得比较利益，增加社会总财富，提高社会福利水平。

（3）信息来源不同。市场信息是商品经济的产物，企业要根据所掌握的市场信息制定相应的经营策略。在现代经营活动中，掌握一定的市场信息是企业开展经营活动的前提。国际市场营销信息的主要来源是企业的账户及企业收集的相关记录；国际贸易信息的主要来源是一个国家的国际收支平衡表。

（4）产品流通的形态不同。国际贸易的产品流通形态是跨越国界的，即参加交换的产品或服务必须从一国真正地转移到另一国。国际市场营销的产品流通形态则呈现出多样化的特点，产品既可能跨越国界，也可能不跨越国界。因为国际市场营销既可以是本国生产外国销售和外国生产另一国销售，又可以是外国生产当地销售。国际贸易与国际市场营销的这一差异反映到统计数据中是这样表现的：海外企业的营业额都计入公司总营业额，但不一定计入公司所属国的国际贸易统计数据中，因此，国际市场营销额往往大于国际贸易额。

（5）业务范围不同。国际贸易是国与国之间的独立的企业之间进行的交易，业务范围相对狭窄，而且在两个分别独立的企业间不可能涉及整体的营销策略，不可能共同进行市场调研、产品开发、分销渠道管理、促销等活动，缺乏整体营销计划、组织和管理。而国际市场营销主要是开拓国外市场，根据消费者的需求开发新产品或服务，然后销售产品或服务，业务范围十分广泛，这种国际经济活动既可以在两个独立企业之间进行，也可以在跨国公司的母公司与子公司、子公司与子公司之间进行。跨国公司的内部贸易虽然跨越了国界，但仍是在公司内部进行的，并且执行统一的营销策略。

加速国际化布局，江汽集团全力出海

据国资委官网 2024 年 5 月 21 日消息（安徽省国资委）2024 年以来，江汽集团持续聚焦国际市场，加快重点产品出海进程，在海外多个国家和地区开辟新市场，迎来多笔大订单。江汽集团一季度出口各类汽车 5.7 万辆，同比增长 23%。集团以优势市场为据点辐射全球，加快投资合作布局。在巴西，与网约车巨头 UBER（优步）正式建立战略合作伙伴关系，e-JS1 产品成为巴西电动汽车市场中转售价值最高的二手电动汽车；在土耳其，与经销商深化合作并签署战略合作框架协议，开启了双方电动车领域深度合作新篇章；在哈萨克斯坦，该国政府总理考察了合资公司阿鲁尔集团所属工厂，对其经营业绩和就业价值给予了充分肯定。

江汽集团的卡车和新能源汽车的产品力、品牌力双向增强：先后举行了首发皮卡出口、重卡批量出口海湾市场发车仪式；中高端轻卡连续多年位列中国出口品牌首位；在乌拉圭实现了连续 11 年销量第一；开拓新西兰市场并举办了电动轻卡产品发布会；完成了墨西哥市场千台电动星锐产品发车交付；安凯纯电动双层观光巴士批量出口到法国；10000 辆钇为 3、花仙子、爱跑等新能源汽车陆续发至海湾地区和中南美地区。

江汽集团持续增强国内国际两个市场两种资源的联动效应，积极推进战略市场子公司建设，加快了产品开发和网络布局，发挥了拳头产品核心竞争优势，确保了中高端轻卡出口继续保持行业第一位次、乘用车月均出口量稳定在万辆以上，新能源产品出口保持高速增长，并在中南美、中东、独联体等重点市场持续保持领先地位，以国际市场新局面助力了安徽"首位产业"加速跑。

评析：市场的国际化战略是企业发展的重要组成部分。江汽集团加速国际化布局，聚焦国际市场，加快产品出海进程，开辟了新市场并迎来了大订单。集团以优势市场为据点，辐射全球，加强与海外企业合作，提升了品牌与产品力。在国内外市场联动下，江汽集团继续保持行业领先地位，助力了安徽"首位产业"加速发展。

第三节　国际市场营销的原因及基本步骤

一、国际市场营销的原因

企业作为独立的经济行为主体，追求利润最大化是其经济行为根本的驱动力。企业之所以从事跨越国界的营销活动，就是因为这种国际经营活动为企业追求利润最大化提供了更大的可能性。具体来说，企业进行国际市场营销主要有以下几个方面的原因。

1. 获得利润

企业进行跨国营销的原因有很多，获取利润是首要的原因。追求利润最大化是企业参与国际市场营销活动的根本动因。当产品销量增加时，可以使单个产品分摊的成本降低，从而实现规模经济效益。通过国际市场营销活动，企业可以将产品销往国外市场或在目标国当地进行生产，从而实现提升销量、取得规模经济效益的目的。例如科龙空调就认为，外销的一个作用就是利用产能，产能利用得越多，利润就越多。

2. 延长产品的生命周期

产品生命周期理论告诉我们，任何产品推向市场后，都有一个从成长、成熟到衰退的过程，只不过不同产品的生命周期的长短存在差异。但是，同一种产品在不同的国家或地区的市场上所处的生命周期阶段不可能完全一致，因为不同国家或地区的经济技术发展水平、消费者的购买习惯等环境因素都存在着显著的差异，这将导致某种新技术的研制开发过程、新产品推向市场的时间以及新产品推向市场以后的普及速度都不可能完全同步，因此就可能出现产品在本国市场上处于生命周期的衰退阶段，但在其他国家或地区的市场上却可能处于引入期或成长期。产品进入新的市场，就相当于延长了产品的生命周期。产品生命周期的延长，使得企业在前期投入的生产资源和长期积累的营销管理经验等资源，可以在更大的市场范围内发挥作用，从而提高资源的利用效率。

3. 竞争的需要

企业由于市场竞争而开展国际市场营销。

（1）当国内市场需求日趋饱和，竞争十分激烈时，不少企业开始走出国门，寻找更大的市场空间。如目前我国家电市场已趋于饱和，竞争激烈，家电企业纷纷扩大出口。

（2）国际市场的竞争水平高于国内市场，企业进入国际市场，积极参与较高水平的市场竞争，可借助竞争的动力和压力来推动企业进行技术创新并提高管理效率。如海尔冰箱在 20 世纪 90 年代初首次进入国际市场时，并没有将目标市场定位在我国周边的发展中国家，而是定位在相距我国较远、市场竞争较激烈的德国。德国的检测机构对德国市场上的冰箱进行质量检测，结果是海尔的冰箱质量居第一位。该检测机构共检测了 5 个项目，每个项目最多是两个"+"号，海尔得了 8 个，第二名得了 7 个。海尔通过首次向德国出口 2 万台冰箱，吹响了其向欧洲家电市场进军的号角。

（3）为了保持竞争关系，很多企业也会走向国际市场。在寡头竞争中，竞争者之间都非常重视其产品的竞争地位或市场占有率。当竞争对手打入某国外市场时，企业为了防止市场被竞争对手独占，往往会采取追随行动，以维持或加强自身的竞争地位。企业走向国际市场的一个主要原因是为了保持竞争关系的平衡，典型例子如麦当劳与肯德基。

4. 国际市场潜力巨大

市场是由人口和购买力等因素决定的，任何一个国家国内市场的潜力都要远远小于国际市场。越来越多的企业把希望和未来寄托在国际市场上，因为国际市场的巨大潜力能帮助进入国际市场的企业提升销量，进而提升销售额和增加利润。而且销量的提升有利于企业实现规模经济效益，从而使得单位产品成本下降，研究开发费用也可以在更大的营业额的基础上得到分摊。伴随着销量的提升和单位产品成本的下降，企业能够获得更多的利润，有了更多的利润，企业的新产品研制开发能力、产品的分销与促销能力就会相应增强，企业的声誉和品牌的知名度就会相应提高，这样，企业就步入了良性发展的轨道。

二、国际市场营销的基本步骤

企业进行国际市场营销的基本步骤一般由以下四个阶段组成。

1. 分析阶段

分析阶段的工作是收集有关市场的资料，并使用定量和定性的方法进行市场调研。资料有二手和一手之分、内部和外部之分以及非正式和正式之分。这些资料被企业用于扫描环境，以便确定是否具有国际市场营销的机会。企业要根据这些资料来分析和判断国际市场营销的机会是否可以利用，并了解企业是否具有国际竞争优势。

首先，企业应该整体把握国际经济形势，了解当今国际市场上的商品结构和地理结构，从而确定目标市场的范围。然后在该范围内对各国的政治、法律、金融、技术、资源环境进行分析，从中找到有利于企业发展的经营环境。接下来要确定市场调研的各方面内容，如：了解当地消费者的需求偏好、消费水平以及消费习惯；调查当地市场的竞争情况；分析企业的产品能否适应目标市场；分析企业在什么地方销售会有优势，以及以什么方式进入当地市场能更容易地被当地的消费者接受。

良好的信息基础是市场营销成功的一个关键条件。只有掌握了最准确、最全面的市场信息，企业才能制定出正确的市场营销策略，才能保证整套营销计划符合市场发展规律。因此，企业在准备进入国际市场时，必须先通过分析和调研来积累资料和信息。一般情况下，企业可参考的资料有两种，一种是针对特定的目的而收集的资料，另一种是已经收集的资料。

2. 计划阶段

计划阶段的工作是为了把握和利用机会来制订计划。这些计划包括长期战略和短期战术。针对特定市场制订的营销计划，包括形势分析、目的和目标、战略和战术、成本和利润估计、为实施计划而进行的活动等内容，还包括构建新的组织结构或调整企业原有的组织结构。

企业要根据掌握的资料，寻找合理的市场区域并对其进行细分，然后对细分出的若干子市场进行描述，评估每个子市场的吸引力，如市场规模、成长性、赢利性、规模经济性及风险程度等。通过比较，选择合适的目标细分市场，并针对每个选定的目标细分市场选择合理、合适的定位。接下来企业应该制订一个全局的营销计划，考虑自身应该以什么模式进入目标细分市场——产品出口模式、契约模式还是直接投资模式；进入目标细分市场后应该怎样应对同行之间的竞争，应该制定怎样的产品策略，应该以怎样的价格进行销售，分销和促销又应如何进行等。

> **课堂讨论**
>
> 北京著名老字号"全聚德"应该怎么改变观念、走向世界？

3. 实施阶段

实施阶段是指开展计划中的活动。如果计划能反映市场情况并且与企业能力相匹配，那么计划就容易成功实施。企业在制订计划时必须考虑自身企业内外存在的难以预料的变化因素，并在实施过程中做出相应的调整。

一旦营销计划确定，企业就应严格按照计划中的活动按时、按质、按量完成。企业应迅速抢占目标市场，并及时采取促销策略，广告宣传要与产品的销售同步。如果在预期的时间里没有达到计划内的效果或中途遇到临时的问题，企业要有敏锐的洞察力找出问题所在，并及时解决问题。

实施阶段是企业进行市场营销活动的具体操作阶段，是企业制订的营销计划从理论走向实践的阶段。企业的营销计划能否达到预期效果，关键在于企业在实际操作过程是否严格按照计划进行活动，是否具有应对意外情况的能力。之前的分析是否正确，企业的营销计划是否成功，取决于实施阶段企业是否能在目标市场中完成既定的销售任务。

4. 控制阶段

实施计划的同时还必须进行控制。市场是动态的，要求企业对环境因素、竞争者、渠道参与者及最终顾客进行监控。控制分为短期控制和长期控制。短期控制包括年度计划控制、赢利性控制和效率控制。长期控制能保证营销部门不仅正确地做事且只做正确的事。控制的结果可为企业下一轮营销计划的制订提供有价值的信息。

国际市场营销是一个严密的整体，无论哪一个环节出现失误都可能会导致整个营销计划的失败。因此，企业在进行国际市场营销时，对每一个步骤都要有全面的考虑。

📖 本章小结

本章对国际市场营销、国内市场营销及国际贸易之间的关系进行了论述。

国际市场营销学所研究的大多是企业在国际市场微观层面的问题，它既是市场营销学的延伸和扩展，又具有其本身的特点。

国际市场营销需要企业从国际市场消费者的利益和需求出发，在国际市场不断变化的环境下，有效地运用企业可控制因素，制定及落实国际市场营销战略，实现企业的经营目标。

📖 综合练习题

一、单项选择题

1. 市场的实质是（　　　）。
   A. 交换　　　　　　　B. 对商品的需求　C. 商品的供给　　　D. 商品供给关系的总和

2. "我卖什么，就没法让人们买什么"是（　　　）观念。
   A. 生产　　　　　　B. 产品　　　　　　C. 推销　　　　　　D. 营销

3. 研究国际市场经营的实质在于（　　　）。
   A. 采用有效的营销技巧　　　　　　B. 产品出口
   C. 对外开放　　　　　　　　　　　D. 掌握国际市场的多种营销环境

4. 国际市场营销学是（　　　）的应用和发展。
   A. 国际贸易　　　　　　　　　　　B. 商业企业管理学
   C. 经济管理学　　　　　　　　　　D. 市场营销学

5. "企业能生产什么就生产什么，能生产多少就生产多少"，这种经营观念叫作（　　　）。
   A. 市场营销观念　B. 推销观念　　　C. 社会营销观念　　D. 生产观念

6. 社会营销观念的基础是（　　　）。
   A. 生产观念　　　　B. 推销观念　　　C. 市场营销观念　　　D. 计划观念

二、判断题

1. 国际市场营销是指企业根据目标国消费者的消费习惯与需求，将产品和服务提供给国外消费者的跨越国界的营销行为。　　　　　　　　　　　　　　　　　　（　　）

2. 国际市场营销与国际贸易的主体都是企业。　　　　　　　　　　　　　　（　　）

3. 国际市场营销只要能在物质功能上满足目标市场的需求即可。　　　　　　（　　）

4. 国际市场营销可以延长产品的生命周期。　　　　　　　　　　　　　　　（　　）

5. 国际市场的潜力大于国内市场的潜力。　　　　　　　　　　　　　　　　（　　）

三、简答题

1. 国际市场营销的含义是什么？
2. 国际市场营销的基本理论有哪些？
3. 如何理解国际市场营销的概念？
4. 市场营销学与国际市场营销学的区别有哪些？

5. 国际市场营销与国际贸易的区别有哪些？

6. 企业开展国际市场营销会面临哪些机遇和挑战？企业应如何应对？

四、案例分析题

比亚迪于海外市场斩获多国销冠

综合媒体报道，在2020年后，比亚迪汽车在一众汽车品牌中成功脱颖而出。比亚迪对电动汽车产业链的创新性突破，逐渐获得了全球消费者的认可。从2013年开始，比亚迪就积极拓展海外市场，从起初的比亚迪电动公交车开始，目前已经发展到新能源乘用车、商用车等多个领域，2021年5月比亚迪正式宣布"乘用车出海"计划，截至2025年1月，比亚迪新能源乘用车的足迹已经遍布日本、德国、澳大利亚、巴西、阿联酋、挪威等100多个国家及地区。

截至2023年8月，比亚迪新能源乘用车出口量已超17万辆，在泰国、新西兰、巴西等六个国家已经斩获销冠，其中"元PLUS"，在海外也被称为"BYD ATTO 3"，作为比亚迪首款进军国际市场的全球化车型，在海外市场销量一直保持持续增长。具体来看，在泰国市场，元PLUS已连续8个月位列纯电动汽车销量第一，总销量已达14314台，远超其他品牌，一举成为当地消费者首选的纯电动乘用车，而在新西兰和以色列市场，元PLUS也分别获得了1—8月累计纯电动汽车单车型销量冠军和8月纯电动汽车销量冠军的荣誉。

回看2020—2024年比亚迪的发展史，其可谓是厚积薄发的典范。2020年前的比亚迪埋头做技术研发；2020年3月"刀片电池"横空出世引发行业热烈讨论；2021年1月比亚迪发布"DM-i超级混动技术"，从此破解"销量密码"，汽车年销量从40万辆一路飙升到427万辆。比亚迪汽车不仅受到国内消费者的欢迎，同时在欧洲、南美、大洋洲、东南亚等地区的国家以及日本的销量也快速增长，2024年增长71.8%，增速位列中国汽车品牌第一。比亚迪汽车的外形设计、三电系统、操控表现、驾驶体验都收获了当地消费者的喜爱和支持。以比亚迪为代表的中国新能源汽车企业，已经成为深耕产品核心技术的市场引领者。

问题： 请分析比亚迪是如何拓展国际市场、如何获得全球消费者认可的。

第二章　国际市场营销的经济环境

【学习目标】

了解主要经济合作组织和关税贸易协定；了解现有的主要区域性组织及其贸易协定。

【引例】

阿根廷通胀率再创新高

据参考消息网 2024 年 1 月 13 日消息，2023 年 12 月，阿根廷居民消费价格指数（CPI）攀升至 25.5%，是当年其他月份的两倍多，也是 30 年来单月最高的数字。阿根廷在 2023 年底的通货膨胀率为 211.4%，超过委内瑞拉的 193%，成为拉丁美洲物价上涨最快的国家。价格增长主要来自产品和服务领域，该领域增长了 30%；医疗价格则增长了 32.6%；交通价格增长了 31.7%。食品价格也比上个月上涨了 29.7%。高通货膨胀影响了整个国家的经济形势和外汇收入，进一步推高了其违约风险，阿根廷 80% 的企业在进口方面都遇到了问题。

评析：过高的通货膨胀率对一国的经济是不利的，其意味着实际购买力下降，不仅会对个人经济状况造成压力，企业也会面临成本上升、销售额下降、利润受损等问题，进而影响投资和扩张。面对货币贬值，政府需要以更高的成本偿还外债，从而会增加违约风险，一旦违约发生，金融市场将出现动荡，投资者信心将受到打击，这会进一步加剧经济衰退。货币贬值虽然使阿根廷产品在国际市场上的价格下降，增强了其出口优势，但进口成本也会相应上升，从而会进一步推高国内产品的价格。对于阿根廷政府来说，解决高通胀率问题是一个巨大的挑战。一方面，政府需要采取措施稳定物价，防止经济进一步恶化；另一方面，政府还需要恢复投资者信心，吸引外资流入，以促进经济增长。

经济环境是企业面临的重要营销环境之一。本章主要从全球经济环境、区域市场经济环境及东道国经济环境三个方面进行分析，对企业应以何种产品进入市场、如何销售产品具有重要的指导意义。

第一节　全球经济环境

一、经济全球化的特点

经济全球化又叫世界经济国际化，是指世界各国经济在生产、分配、交换和消费环节的全球趋同化趋势，主要表现形式为生产国际化、产品国际化、投资金融国际化、世界经济区域集团化等。

经济全球化（economic globalization）是指世界经济活动跨越国界，通过对外贸易、资本流动、技术转移、提供服务、相互依存、相互联系形成全球范围内的有机经济整体，是产品、技术、信息、服务、货币、人员等生产要素跨国（或跨地区）的流动。

经济全球化的主要特点表现在以下几个方面。

（1）国际贸易规模扩大，自由化程度加深。自20世纪40年代中期以后，国际贸易增长十分迅速，多边谈判及协议的签订使关税水平大大降低。贸易自由化的范围不仅包括货物，还包括服务、技术等一些新的领域，国际贸易自由化的程度不断加深。

（2）技术开发与利用国际化。由于技术对生产和经济的重要影响，生产国际化也带动了国际技术贸易的不断增长。另外，企业为了获得先进的科技成果，形成了全球范围内的研究与开发网络，促进了研究与开发组织体系的国际化。高科技研究开发投入高、风险大，使得越来越多的国际联合开发应运而生，这是现代技术开发活动国际化的又一显著特征。

（3）生产国际化。现代生产分工已经深化到部门层次和企业层次的专业化分工。这种分工若在国际进行，就会形成国际生产网络体系。其中最典型的是企业生产零部件的工艺流程和专业化分工，例如，波音747有400多万个零部件，由分布在65个国家的1500家大型企业和15000多家中小型企业参加协作生产。

（4）产品国际化。产品国际化表现为现代国际贸易的迅速增长，产品种类的迅速增多，从一般产品到高科技产品，从有形产品到无形服务等几乎无所不包。在我国，人们可以吃麦当劳快餐、喝可口可乐饮料、坐奔驰汽车；在欧洲，人们可以用华为手机、联想计算机、海信电视机，还有不少人用微信与朋友联系。

（5）投资金融国际化。生产和产品的国际化使得国际资金流动频繁，为适应国际化的潮流，各国都放宽了对投资金融的管制，有的国家甚至采取诸多措施鼓励本国企业进行对外投资。世界各大银行致力于在世界各国开设办事处、代表处和分行，建立海外附属银行以及附属金融机构，并与其他银行成立合资银行或国际银行集团。

（6）世界经济区域集团化。为了适应新经济形势的发展，以区域为基础，一些国家间的经济联盟应运而生，如欧盟、北美自由贸易区等。这种区域集团化的趋势，不仅大大推动了集团内经济自由化程度的提高，而且影响了经济全球化和国际化的进程。

二、全球市场发展阶段

全球各国市场分别处于不同的发展阶段，世界银行每年都要对各个国家和地区的人均国民收入进行统计，并据此将所有国家和地区划分成四类：低收入国家、中低收入国家、中高收入国家、高收入国家。2024年世界银行对世界上216个国家和地区的人均国民收入进行了统计和分类，高收入国家的人均收入高于14005美元；中高收入国家的人均收入为4516～14005美元；中低收入国家的人均收入为1146～4515美元；低收入国家的人均收入等于或低于1145美元。

三、经济发展阶段

一个国家所处的经济发展阶段不同，居民收入不同，消费者对产品的需求也不同，从而会直接或间接地影响国际市场营销。美国学者罗斯托将世界各国的经济发展归纳为传统社会、起飞前夕、起飞阶段、趋向成熟阶段、高度消费阶段等五个阶段。处在前三个阶段的国家可称为发展中国家，而处在后两个阶段的国家则称为发达国家。处于不同发展阶段的国家在国际市场营销上采取的策略也有所不同。以分销渠道为例，经济越发达的国家，它的分销途径越复杂、越广泛；进口代理商的地位随经济发展而下降；制造商、批发商与零售商的职能逐渐减少；小型商店的数量减少，商店的平均规模增大。随着经济发展阶段的更替，分销渠道的控制权逐渐由传统权势人物移至中间商，再移至制造商，最后落至大型零售商的手中。

四、国际外汇市场

汇率变动对国际市场营销会产生一定的影响。当一国货币增值时，该国货币的购买力相对上升，该国企业就愿意到海外进行投资；而他国企业则因本国货币的购买力相对下降，到海外进行投资的积极性就小了。反之，当一国货币贬值时，他国货币的购买力相对上升，有利于吸引他国企业到该国进行投资；而本国企业因本国货币的购买力相对下降，一般不太愿意去海外进行投资。另外，外汇汇率变动带来的风险对国际市场营销活动的影响是多方面的，企业必须从财务收益、市场占有率与销售等方面进行综合考虑，合理调整经营战略，适应汇率变化，以减少因汇率变动给企业带来的财务风险。

第二节　区域市场经济环境

区域市场经济环境是指在一定的地理区域范围内结成某一特定经济联盟的国家或地区的经济环境，它会对企业开展国际市场营销产生直接影响。

一、区域一体化形式

20 世纪 40 年代中期以后，世界各国对经济合作都表现出了极大的兴趣。在美国经济的刺激下，欧洲共同体（欧盟的前身）获得成功，从而进一步激发了世界各国对经济合作的兴趣。

1. 关税及贸易总协定和世界贸易组织

关税及贸易总协定（GATT）是 125 个国家和地区为了（至少在原则上）促进成员方之间的贸易而签订的协议。关税及贸易总协定旨在成为一个多边的、全球性的协议，而且关税及贸易总协定也确实在世界商品贸易自由化方面获得了成功。

世界贸易组织（WTO）是关税及贸易总协定的后继组织，也是当代最重要的国际经济组织之一，其成员间的贸易额占世界贸易额的绝大部分。世界贸易组织与国际货币基金组织（IMF）、世界银行（WB）一同被称为世界经济发展的三大支柱。

2. 自由贸易区

签订自由贸易协定（Free Trade Agreement）的国家或地区之间打破了关税和其他贸易壁垒，实现了自由贸易区内商品的完全自由流动，同时保留了对非成员的原有壁垒。为避免贸易转移使低关税成员方获利，自由贸易区通常采用一种原产地认证系统，以避免低关税成员方大量进口货物并转移至本地区的其他高关税成员方而从中获利。例如北美自由贸易区由美国、加拿大和墨西哥组成，于 1994 年建立。

3. 关税同盟

关税同盟（Customs Union）的成员方之间完全取消了关税或其他壁垒，同时协调相互之间的贸易政策，建立对外的统一关税政策。关税同盟在自由贸易区的基础上又更进了一步，开始带有超国家的性质。典型的关税同盟有早期的欧洲经济共同体的关税同盟、于 2010 年生效的俄白哈海关联盟、于 2015 年生效的西共体关税同盟等。

4. 共同市场

共同市场（Common Market）除了在成员方之间完全废除关税与数量限制，建立统一的对非成员的关税政策外，它还允许劳动力、资本和信息等生产要素的自由流动，其典型代表有中美洲共同市场（Central American Common Market，CACM）、南方共同市场（The Southern Common Market）和安第斯共同体（Andean Community）等。

5. 经济联盟

经济联盟（Economic Union）的成员方之间不但实现了商品和生产要素的自由流动，建立起对外的共同关税政策，而且制定和执行某些共同的经济政策和社会政策，逐步消除政策方面的差异，形成不仅包含货物也包含服务和资本的共同市场。例如，如果专业人士想在欧盟的任何一个国家工作，那么，欧盟各国之间就必须在工作许可方面达成一致，以便在一国具有执业资格的专业人士可以在欧盟的其他国家工作。

二、区域经济一体化组织

区域经济一体化为各成员方企业的国际营销提供了宽松的经济环境，对非成员方企业的国际营销则构筑起环境障碍，因而造成了成员方与非成员方企业营销之间的不平等竞争。另外，各区域经济一体化程度、风俗习惯、文化背景等因素导致区域内各国市场存在很大差异。因此，企业在国际营销过程中，必须充分认识到这一点，对市场进行详细的分析，并采取针对性的营销策略。

（1）亚太经济合作组织。亚太经济合作组织的全称是亚洲及太平洋经济合作组织（APEC）。1989 年 11 月，美国、日本、加拿大、澳大利亚、新西兰、韩国、当时的东盟六国等 12 个国家在堪培拉举行了首次部长级会议，标志着亚太经济合作组织的成立。

（2）美墨加协定。1988 年，美国与加拿大签订了一个自由贸易协定（Canada-United States Free Trade Agreement，CUSFTA，美加自由贸易协定）。1992 年，该协定吸收墨西哥加入后扩展为北美自由贸易协定（North American Free Trade Agreement，NAFTA）。货物、服务、资金自由流动等方面的障碍在北美地区逐步消除的同时，知识产权（专利、商标和版权）的保护也得到了加强。2018 年，三国领导人签署美墨加协定（USMCA），替代北美自由贸易协定，2020年该协定生效。美墨加协定在北美自由贸易协定的基础上，加入了一些排他性规定并对原产地规则做了提升。

（3）中美洲共同市场。中美洲共同市场是中美洲发展中国家的地区性经济合作组织，于1962 年 8 月正式成立。该组织的成员有哥斯达黎加、危地马拉、洪都拉斯、尼加拉瓜、萨尔瓦多。自 1995 年，为了促进中美洲的经济一体化，该组织协调各成员方的经济政策，逐步取消了各成员方之间的关税，统一对外关税，实现了该地区的贸易自由化。

（4）安第斯共同体。安第斯共同体（原为安第斯集团，1996 年改名为安第斯共同体）成立于 1969 年，其目的在于通过经济和社会一体化促进其成员方的经济发展。该组织的各成员方同意降低组织内部贸易的关税，并共同决定各自的生产品种；同时，尽可能阻止该组织以外的国家的产品和企业进入该地区的市场。

（5）南方共同市场。南方共同市场是南美地区最大的经济一体化组织，也是世界上第一个完全由发展中国家组成的共同市场。1991 年 3 月，阿根廷、巴西、乌拉圭和巴拉圭等 4国宣布建立南方共同市场。1995 年 1 月 1 日，该组织开始逐步实行关税改革，其内部关税被取消，对外关税税率统一为 20% 左右，货物、服务和生产要素在 4 国间可以自由流动。

（6）加勒比共同体。加勒比共同体成立于 1973 年，由以英语为沟通语言的加勒比海沿岸各国组成。加勒比共同体的主旨在于通过建立加勒比共同市场来实现经济一体化。

（7）东南亚国家联盟。东南亚国家联盟（Association of Southeast Asian Nations，ASEAN，简称东盟）的 6 个初始成员是文莱、印度尼西亚、马来西亚、菲律宾、新加坡和泰国。东盟成立于 1967 年，以《曼谷宣言》的签署为成立的标志，其目标是本着平等与合作精神，共同促进该地区的经济增长、社会进步和文化发展。

（8）欧洲联盟。欧洲联盟（European Union，EU，简称欧盟）是根据 1992 年签署的《欧洲联盟条约》（也称《马斯特里赫特条约》）建立的国际组织。欧盟是世界上最有影响力的国际组织之一和世界第一大经济实体，在贸易、农业、金融等方面趋近于一个统一的联邦国家，而在内政、国防、外交等其他方面则类似于一个由独立国家组成的同盟。

（9）欧洲经济区。1994 年，由欧洲共同体 12 国和欧洲自由贸易联盟 7 国中的奥地利、芬兰、冰岛、挪威和瑞典 5 国共同成立了欧洲经济区（European Economic Area，EEA）。它的目标是实现商品、服务、资本和劳动力在两个集团之间的自由流动。欧洲经济区是一个自由贸易区，而非实行统一对外关税政策的关税同盟。

（10）洛美协定。洛美协定（The Lome Convention）是欧洲经济共同体与非洲、加勒比海沿岸和太平洋地区的一些发展中国家在多哥首都洛美签订的贸易与经济协定。洛美协定旨在促进贸易，并通过欧洲发展基金为贫穷国家提供资金援助。近年来，一些欧盟国家由于自身的财政压力而减少了洛美援助。

（11）海湾阿拉伯国家合作委员会。海湾阿拉伯国家合作委员会通常简称为海湾合作委员会（Gulf Cooperation Council，GCC）。1981 年，海湾合作委员会由巴林、科威特、阿曼、卡塔尔、沙特阿拉伯和阿拉伯联合酋长国等 6 个阿拉伯国家成立，其目标是协调该地区的贸易发展、产业战略和农业政策并统一该地区的石油政策和石油价格。

（12）西非国家经济共同体。1975 年 5 月，西非 15 国签署了旨在建立西非国家经济共同体（Economic Community of West African States）的条约，其目标是提升西非国家的贸易、合作和经济自足能力。

（13）南部非洲发展共同体。南部非洲发展共同体（Southern African Development Community，SADC）的前身是于 1980 年成立的南部非洲发展协调会议，于 1992 年改名为南部非洲发展共同体，包括安哥拉、博茨瓦纳等 16 个成员。成立该组织的目的是在该地区建立开放型经济，打破关税壁垒，促进贸易和投资，实行人员、货物和劳务的自由往来，逐步统一关税政策和货币。

> **视野拓展**
>
> 各类国际和地区组织的内容在外交部网站的"国家和组织—国际和地区组织"栏目内有详细的介绍。

第三节　东道国经济环境

东道国是公司出口或投资所指向的目标国家，东道国的经济现状和未来走向会对公司的经营行为及消费者的消费行为产生重大影响。因此，公司的营销战略必须根据东道国的经济情况来制定和调整。

一、东道国的经济体制

目前，世界上主要有市场经济体制、计划经济体制和混合经济体制等三种经济体制。

市场经济体制的资源配置是通过价格机制实现的，企业采用成本最低的生产技术生产那些利润最高的产品；消费则取决于消费者的个人决策。国家在市场经济体制中的作用是促进竞争和保证消费者的消费选择受到保护。在提供人们所需要的产品和服务方面，市场经济体制具有明显的优势。

计划经济体制是由政府做出几乎所有的有关生产和分配的重大决策的一种经济制度，进入21世纪后，已经很少有国家实行这种经济体制。在计划经济体制中，消费者可以自主选择市场所供应的产品，但是，生产什么和供应什么则是由国家决定的。

混合经济体制既有市场经济体制的成分又有计划经济体制的成分。当今世界上没有纯粹的市场经济体制，也没有纯粹的计划经济体制，绝大部分国家实行的都是混合经济体制。即使在市场化程度较高的美国，政府在监督市场运行方面仍然扮演着重要的角色：政府制定法律来监管经济活动，通过征税来提供教育和治安等公共服务，并管制环境污染等问题。

二、东道国的经济状况

东道国的宏观经济状况会影响该国消费者的购买力，尤其是消费者的实际购买力，进而影响公司的获利能力及经营决策。

1. 国内生产总值

国内生产总值（GDP）表示某一国家或地区在一定时期内生产的最终产品与服务的市场价值总和。世界银行 2023 年各国 GDP 排行榜上，前五大经济体依次为美国、中国、日本、德国和印度（见表 2.1）。

表 2.1　世界银行 2023 年各国 GDP 排名（前 20 名）

排名	国家	GDP（亿美元）	排名	国家	GDP（亿美元）	排名	国家	GDP（亿美元）
1	美国	277207	8	意大利	23009	15	西班牙	16201
2	中国	177948	9	巴西	21737	16	印度尼西亚	13712
3	德国	452575	10	加拿大	21425	17	荷兰	11544
4	日本	42045	11	俄罗斯	20214	18	土耳其	11183
5	印度	35676	12	墨西哥	17891	19	沙特阿拉伯	10676
6	英国	33809	13	澳大利亚	17281	20	瑞士	8849
7	法国	30518	14	韩国	17128			

2. 收入水平

评估国民收入通常是比较各国的国民生产总值（GNP），这是衡量一个国家的经济实力和国民购买力的重要指标。从国民收入中减去公司所得税等间接税和公司盈余，以及各种社会保险等的余额，即为个人收入。消费者的购买力取决于消费者的收入，但消费者并不会把全部收入都用来购买产品或服务，其中一部分收入要用于维持个人或家庭的生活以及其他必不可少的消费支出，剩下的可任意支配收入才是决定消费者购买力的关键因素。

高盛预测印度2027年将成为世界第三大消费市场

参考消息网2024年1月26日消息，据美国消费者新闻与商业频道网站1月18日报道，高盛预测，2027年印度将有约1亿人口年收入超过1万美元。截至2023年年底，印度约有6000万人的年收入超过1万美元，2015年这个数字仅为2400万。随着中高收入家庭数量增加，到2027年，印度将成为全球第三大消费市场，收入增加将推动房地产、旅游、珠宝和服务等消费领域的显著增长。

评析：印度中高收入家庭数量的增加，意味着巨大的商机和潜力，更多的公司和资金也将随之涌向印度市场。但目前印度糟糕的营商环境与充满不确定性的法治环境令不少跨国公司望而却步。如果印度不能改变这种现状，将会失去很多机会。

3. 消费结构

消费结构是指各类消费项目在总消费中所占的比例，受经济收入的直接影响。通常，消费者的收入水平越低，用于生活资料尤其是食品方面的消费支出越高，消费水平就越低；相反，消费者的收入水平越高，就会将更多的收入用于汽车、奢侈品、旅游、娱乐等方面的支出，消费水平也就越高。通常用恩格尔系数来反映消费结构。

$$恩格尔系数=用于食品的支出/全部消费支出×100\%$$

恩格尔系数反映了人们生活的富裕程度。按照联合国的划分标准，恩格尔系数在20%以下为极其富裕，20%~30%为富足，30%~40%为相对富裕，40%~50%为小康，50%~60%为温饱，60%以上为绝对贫困。西欧、北欧、南欧、北美、日本、澳大利亚和中东石油国的恩格尔系数明显较低，其中许多国家和地区的恩格尔系数都在25%以下，而发展中国家的恩格尔系数几乎都超过了45%，其消费者的大部分支出仍集中于食品消费。

4. 消费者储蓄

决定储蓄数量的首要因素是收入水平的高低。当收入超过一定的支出水平时，消费者才有能力进行储蓄。随着收入的增长，储蓄额一般会上升，到达一定程度后，则趋于稳定。当物价上涨超过或接近储蓄存款利率的增长时，就会造成货币贬值进而刺激消费，抑制储蓄。此外，消费模式、消费偏好、社会习惯等都会影响储蓄率。

社会购买力和消费支出不仅受消费者收入的影响，还直接受消费者储蓄和信贷的影响。当消费者收入一定时，储蓄越多，现实购买力就越弱，但潜在购买力就越强；反之，储蓄越少，现实购买力就越强，但潜在购买力就越弱。

5. 通货膨胀率

通货膨胀是指在一个经济体中大多数产品和服务的价格在一段时间内普遍、连续上涨。每年物价上涨的比例在10%以内，属于温和的通货膨胀；介于10%~100%，称为奔腾的通货膨胀；在100%以上，称为超级通货膨胀，其中高于1000%这种极端情况就属于恶性通货膨胀。这种恶性通货膨胀在经济发展史上是很少见的，通常发生于战争或社会大动荡之际。持续、过度的通货膨胀对一国经济来说是不利的，其意味着储蓄在银行里的货币的实际购买力下降。而随着物价上涨，企业的生产成本也会上升，因此仔细分析东道国的通货膨胀情况和变化规律是很有必要的。

本章小结

　　国际经济环境包括全球经济环境、区域市场经济环境、东道国经济环境等。开展国际市场营销要注意分析国际外汇市场、区域经济一体化趋势、东道国的经济发展阶段等，它们为跨国企业提供了广义的经济环境。企业在国际市场开展营销活动，不仅受到汇率变化、通货膨胀等风险的影响，还受到不同东道国的收入水平、消费结构、储蓄率等的影响，因此企业应采取不同的营销策略，以适应东道国的经济环境。

综合练习题

一、单项选择题

1. 处于（　　）的国家属于发达国家。
   A. 传统社会　　　　B. 起飞前夕　　　　C. 起飞阶段　　　　D. 高度消费阶段

2. 下列物价上涨比例中，（　　）属于温和的通货膨胀。
   A. 10%～100%　　B. 10%以内　　　C. 100%～1000%　　D. 高于1000%

3. 已知某个国家的恩格尔系数为42%，根据联合国的划分标准，其贫富水平为（　　）。
   A. 相对富裕　　　　B. 温饱　　　　　C. 小康　　　　　D. 绝对贫困

4. （　　）往往工业化程度有限，以农业人口为主；出生率及文盲率较高；其中有些国家甚至政局不稳、动荡不安、市场潜力小。
   A. 低收入国家　　B. 中低收入国家　C. 中高收入国家　　D. 高收入国家

5. 随着消费者收入的提高，恩格尔系数将（　　）。
   A. 等于零　　　　　B. 保持不变　　　　C. 越来越大　　　　D. 越来越小

二、判断题

1. 当今世界上既没有纯粹的市场经济体制，也没有纯粹的计划经济体制，绝大部分国家实行的都是混合经济体制。　　　　　　　　　　　　　　　　　　　　　　　　　　（　　）

2. 消费结构受到经济收入的直接影响。一般来讲，消费者的收入水平越低，在总收入中用于生存资料尤其是食品方面的消费支出就越少。　　　　　　　　　　　　　　　（　　）

3. 当消费者收入一定时，储蓄越多，现实购买力就越弱，但潜在购买力就越强；反之，储蓄越少，现实购买力就越强，但潜在购买力就越弱。　　　　　　　　　　　　　（　　）

4. 当一国货币增值时，该国货币的购买力相对上升，该国企业则不太愿意到海外进行投资。　　　　　　　　　　　　　　　　　　　　　　　　　　　　　　　　　　（　　）

5. 高收入国家大多属于发达的工业化国家，像美国、瑞典、日本等，但是也有少数富有的石油出口国，如沙特阿拉伯等。　　　　　　　　　　　　　　　　　　　　　　（　　）

三、简答题

1. 市场经济体制和计划经济体制有何区别？
2. 经济全球化有哪些特点？
3. 东道国的哪些经济因素会对国际市场营销产生影响？

四、案例分析题

星巴克进入下沉市场

综合媒体报道，截至 2023 年 6 月，星巴克在中国新开 382 家门店，其中大部分是县城和县级市。《2023 中国咖啡市场洞察报告》显示，2022 年国内下沉市场的咖啡订单量同比增长高达 250%。包括星巴克、瑞幸，以及蜜雪冰城旗下的幸运咖等咖啡品牌纷纷抢占三四线城市及县城市场。不只咖啡品牌，从食品到服装，从新能源车到家电，几乎所有曾经在一二线城市"搏杀"的品牌，都在扎堆向县域发力。比如昔日家电主流品牌 TCL，在小米以及海外品牌的"围剿"下，逐渐从一二线城市退入三四线城市，结果市场销售直线攀升，其中 60%以上的营收来自被称为"下沉市场"的县城。

截至 2022 年年底，我国有 1800 多个县及县级市，常住人口为 1.6 亿人左右，394 个县级市的城区常住人口为 0.9 亿人，占全国城镇常住人口的比例近 30%，这无疑是一个潜力巨大的市场。如此庞大的市场和人口，无论在什么量级的城市，消费需求都是立体的、多层次的。另外，随着城镇化进程的深入，县城和大城市之间的界限越来越模糊，尤其是互联网开启的"消费同权"时代，市场逐步步入没有信息差的竞争环境，县域市场也随之成为市场整体的一部分，品牌可以毫无阻碍地进入。

问题：请分析星巴克进入下沉市场的原因。

第三章 国际市场营销的文化与社会环境

【学习目标】

掌握文化的含义和要素；了解文化的适应与变革；掌握社会文化环境的评价方法。

【引例】

宝洁公司为何失算

（佚名）

20世纪80年代，主要生产婴儿尿布的美国宝洁公司决定用在美国市场上最受欢迎的婴儿尿布来开拓中国和德国的市场。

一般情况下，宝洁公司的产品每进入一个市场，都要经过"实地试营销"，以便发现和解决存在的各种问题。这一次宝洁公司胸有成竹地认为，这种尿布已经在美国畅销多年，受到了普遍好评，直接进入中国和德国的市场是绝对不会有任何问题的。但宝洁公司这次失算了。它没有想到，不同国家和地区的人们在使用婴儿尿布的习惯上存在着很大的差异。中国的消费者反映，宝洁公司的尿布太厚，这完全没有必要；德国的消费者却反映，宝洁公司的尿布太薄，吸水性能不足。对于同样的尿布，怎么可能会同时出现"太厚"与"太薄"两种截然不同的反映呢？

宝洁公司对此进行了详细的调查。最后发现，婴儿一天的平均尿量虽然大体相同，但婴儿尿布的使用习惯在中国和德国却大不相同。当时多数中国的母亲只要孩子一尿，立刻就会换尿布。因此，宝洁公司的尿布自然就显得太厚了。多数德国的母亲早晨给孩子换了尿布，直到晚上才会更换。于是，宝洁公司的尿布就显得太薄了。结果是对于厚度相同的尿布，不同国家的母亲有截然不同的反映。这个教训对宝洁公司来说无疑是生动而深刻的。

评析： 由于文化背景的不同，不同国家和地区的人们在使用婴儿尿布的习惯上存在着很大的差异；每种文化背景下的人们都有自己特定的行为方式，营销者在制定国际市场营销策略时，必须考虑策略的灵活性，并使其符合东道国的地方文化。

文化渗透于营销的各项活动之中，包括定价、促销、分销渠道选择、产品包装及风格确定。营销者每时每刻都要考虑文化对市场的影响，这往往决定了营销活动的成败。

第一节 文化概述

文化是人类社会历史实践过程中所创造的物质财富和精神财富的总和，是由知识、信仰、艺术、道德、法律、风俗等构成的复杂整体。一国的内部文化因人口特征、地理位置、政治信仰、宗教信仰和伦理背景等的不同，而分为不同的亚文化。因此企业在分析核心文化时也需要注意亚文化。

一、文化的要素

文化包括诸多要素，要想成功开发国外市场，应从研究其文化要素入手。

1. 物质文化

研究物质文化可从技术和经济两个角度入手。技术是指在物质财富创造中应用的工艺，即一个社会群体所掌握专门技术的水平及其对待专门技术的态度。例如，在美国、日本、德国或其他技术水平较高的国家，较高的技术水平使这些国家的人们更容易学习和应用新技术，能够掌握简单维修及预防性维修等。在许多技术水平较低的国家中，预防性维修之类的概念往往被排斥在外。不同的经济发展阶段拥有不同的物质文明，这影响着国际市场营销细分。例如，家用电器在用电普及率较高的国家的销量可观，但在用电普及率较低的国家则购买者寥寥。

视野拓展

伊斯兰国家斋月期间的商务活动及特点

斋月期间，伊斯兰国家一般会调整上下班时间，例如阿拉伯联合酋长国规定早上 9 点上班，沙特阿拉伯规定早上 10 点上班。政府机关的工作效率降低，商务活动也相应减少。商务活动通常在晚上进行，商家和店铺一般从晚上六七点开始营业，到次日凌晨两三点才打烊。有的餐馆到凌晨 4 点才关门。斋月期间，食品、服装及家电成为需求量最大、最畅销的商品。特别是在开斋节前一周左右，市场上各种节日商品销量大增，这段时间是销售旺季。

斋月期间前往伊斯兰国家进行访问及商务活动的人们务必注意：每天在日出后至日落前的时段里（即在穆斯林履行斋戒时）不能在大街上或公共场所抽烟、喝水、吃东西，否则将被当地人视为不尊重其宗教习俗，在海湾国家甚至还会被处罚或拘禁；在迪拜和阿布扎比，餐馆一般是不准在白天营业的；在迪拜的星级酒店的餐厅里，人们可以进食和抽烟，但不准饮酒。

鉴于斋月期间伊斯兰国家的人们白天的工作效率较低，进行商务考察和商务谈判的人应尽量避免在斋月期间到伊斯兰国家进行商务活动。

2. 语言和文字

语言和文字是文化中最具特色的因素，最能显示文化间的差异。语言和文字对顾客购买行为的影响主要表现在两方面。

（1）信息沟通。要了解顾客的需求，向顾客介绍企业及产品，营销人员就应该熟练掌握顾客所熟悉的语言，否则沟通就会出现障碍，营销活动也难以达到目的。

（2）品牌、广告的翻译。翻译实际上是两种文化的交流，稍有不慎就可能犯错误。在国际市场营销中，翻译得比较成功的例子有很多。

案例与评析

国际品牌的命名

据说，20 世纪 20 年代可口可乐刚进入中国市场时，"Coca-Cola"的中文译名有多次变化，甚至传说还有"蝌蚪啃蜡"等奇怪且拗口的名字，其产品销量可想而知。可口可乐公司发现这一情况后，组织人员对产品进行更名。他们在研究了大量汉字的基础上，1930 年前后确定了发音相近、读音悦耳、寓意精妙的"可口可乐"这四个字作为其产品的中文名字（还有一说是登报征集中文译名后得到此名）。可口可乐所获得的成功众所周知，其中文名也是"洋名汉化"的成功典范。

我国的红豆牌服装在进入外国市场时，没有将品牌名直译为英文"Red Seed"，而是译为了"Love Seed"——爱的种子，这就很好地体现了"红豆"本身具有的文化内涵，使得红豆牌服装在海外大受欢迎。

评析： 以上两个例子说明，企业在国际市场营销过程中必须了解各种语言和文字在表达上的特点、忌讳、隐喻，要用目标市场国的消费者所能理解的语言和文字来传递企业和产品的信息；在海外市场进行国际市场营销的企业有必要制定全球消费者都能够接受的品牌名称，切忌简单地把在国内市场上通用的品牌名称直译成其他语言文字，以免对产品的销售造成负面影响。

除了口头表达方式之外，还有非语言的表达方式，如体态姿势、面部表情等。不同的文化环境中非语言表达出来的意思及内容会有差异，例如，在一般情况下，点头表示"肯定"，而摇头表示"否定"，但在南亚，摇头的含义极其丰富，甚至会表示"肯定"。

📠 案例与评析

国际广告中的语言错误

据说通用公司出口到墨西哥和一些西班牙语国家的雪佛兰·诺瓦（Chevrolet Nova）销量曾经一直不温不火。后来发现，"Nova"这个单词英文和西班牙文都有"新星"的意思，但西班牙文发音和"no va"（意为"不能走""他不会""罢工"等）非常相似。显然，"Nova"这个名字很难引起西班牙语消费者的兴趣。毫无疑问，该名称不会促进该车在西班牙语国家的销售。而一家衣物洗涤剂公司在中东打广告，广告图片中的左边是一堆脏衣服，中间是一盒肥皂，右边则是干净的衣物。而中东人的阅读习惯是从右向左读，于是该广告很容易被理解为肥皂把干净的衣服弄脏了。

评析： 语言是文化中最具鲜明特色的因素，国家或地区不同，语言往往也不同，这可能会导致某品牌名称在被翻译成另外一种语言时产生歧义。开展国际市场营销活动时应考虑语言的差异性，否则可能会给产品销售带来负面影响。

3. 审美

各个国家的审美标准和审美趣味也有所不同。比如，中国人喜欢荷花，认为它象征着纯洁，所以常用荷花作为产品的包装图案或品牌标志；但在日本，荷花意味着祭奠。企业在设计产品、包装时，要注意不同国家和地区在审美观念和价值观念上的差异，不可把本国消费者的审美偏好和价值观念强加给目标市场国的消费者，以免制造营销障碍。

📠 案例与评析

立邦漆"龙"广告起争议

《国际广告》杂志曾刊登过一则立邦漆广告作品，画面中有一座中国古典式的亭子，亭子的两根立柱上各盘着一条龙，左立柱色彩黯淡，但龙紧紧地攀附在柱子上；右立柱色彩光鲜，龙却跌落在地上。

画面旁附有对作品的介绍，大致内容是：右立柱因为涂抹了立邦漆，所以龙都滑了下来。评价称："创意非常棒，戏剧化地表现了产品的特点……结合周围环境进行了贴切的广告创意，这个创意非常完美。"

然而，就是这样一则广告，在网上掀起了轩然大波。

网民小江在接受记者采访时说："我乍一看还觉得挺有意思，可仔细一想就觉得别扭了。龙是中国的象征，怎么能遭到这样的戏弄！"

更多的网民则认为"发布广告者别有用心"，而且"恶劣程度比'霸道广告'有过之而无不及"。

评析： 广告专家认为，从广告本身来考虑，这个创意没有问题；但是，广告设计者和发布者显然忽略了一个重要问题，就是广告与文化的联系；每个国家对传统文化的理解不同，在我国的传统文化中，龙的内涵非常丰富——龙是我国的图腾，在一定意义上是中华民族的象征。广告一旦忽略了与文化的联系，就可能会使受众感到不舒服，甚至产生厌恶。

4．宗教

宗教是文化中最敏感的要素，对人们的习俗、生活态度、购买什么产品甚至阅读什么报纸都有相当大的影响。若不了解宗教知识，营销者极易冒犯受众。

法国的一家时装公司曾将《古兰经》中的一段经文绣在时装展览的裙子上，却没有考虑伊斯兰教的宗教习惯，最后该公司不得不销毁了这些裙子以及拍摄的所有相关照片。在亚洲，曾经也有公司因为在广告中使用了佛像，或者招牌上的广告词压在了佛像上，而引起了佛教徒的激烈抗议。

案例与评析

不同文化下的天主教

大多数墨西哥人信奉天主教，但是，墨西哥文化下的天主教徒与西班牙或意大利文化下的天主教徒并不完全相同，因为不同文化下的天主教徒各有其特点。例如，在许多天主教国家，亡灵节是一个重要节日。在墨西哥，亡灵节也特别受重视，据说，在这一天亡灵会回家就餐。因此，这一天许多墨西哥人会带上亡灵喜爱的食物来到亡灵墓前，供亡灵享用。亡灵节来临之前，面包房的货架上摆满了形如尸骨与棺材的面包，糖果商出售糖制头盖骨及其他用来怀念亡灵的祭品。墨西哥人在祭奠亡灵时，往往要请牧师出席，尽管在墨西哥关于亡灵的观点仍具有天主教特色，但祭奠亡灵的筵席却别具一格。

评析： 不同的宗教具有不同的信仰和禁忌，而同一宗教由于文化背景不同，在不同国家和地区的特点也不尽相同，了解这些特点有助于企业更好地适应当地的宗教文化以开展国际市场营销业务。

5．价值观

价值观可分为集体主义价值观和个人主义价值观。集体主义价值观主导的文化弘扬人们以自己所属的集体或家族利益为重。人们在决策时往往要考虑自己所属的集体，个人要服从集体的规范要求。个人主义价值观主导的文化则与之相反。

例如，韩国的消费者在购买产品时，比较倾向于参考其周围的邻居、同事以及亲朋好友的意见；而美国的消费者在购买产品时，更倾向于根据自我判断进行购买决策。

案例与评析

价值观与国际商务活动

俄罗斯人曾经认为麦当劳的食品优于本国食品（价值判断），因此愿意排长队去吃麦当劳的食品（态度）。在日本，博登公司（Borden）发现，消费者认为自己的产品比竞争者的产品更好（价值观），进而用英文印刷"博登夫人"牌冰激凌和"博登"牌奶酪的包装和标签，结果消费者需求保持高涨（态度）。在法国，通用食品公司（General Foods）将其所销售的口香糖品牌命名为"好莱坞"，因为该公司发现法国消费者喜欢与美国相关的东西（价值观），其结果是该品牌的口香糖销量大增（态度）。与此类似，瑞士巧克力制造商知道美国人认为瑞士巧克力的质量好（价值观），便在广告中强调自己产品的产地是瑞士，进而促使产品畅销。在日本，李维·斯特劳斯公司（Levi Strauss）大力宣传它的品牌，因为它知道，日本人视 Levi's 牛仔裤为名牌产品（价值观）而乐于购买（态度）。

　　评析：不同国家的消费者价值观不尽相同，只有了解来自不同国家人们的价值观和态度，企业才能更有效地进行国际市场营销。

　　6. 生活方式

　　生活方式是指人们一切生活活动的典型方式和特征的总和，主要分为劳动生活、消费生活和精神生活等方式。人们的生活方式具体表现为活动（activities）、兴趣（interests）、见解（opinions），即 AIO。活动，如消费者的工作、休假、购物、运动、交友等活动；兴趣，如消费者对服饰的流行式样、食品、娱乐等的兴趣；见解，如消费者对社会、政治、经济、产品、文化、教育、环境保护等问题的看法。即使处于同一个文化圈、同一个社会阶层，从事同一种职业，人们的生活方式也存在着差异。

　　7. 社会阶层

　　社会阶层指的是社会中根据某种等级排列的具有相对同质性和持久性的群体。一般处于同一社会阶层的人们具有相似的社会地位和价值观，因此，他们对产品或服务、品牌以及公众媒体往往有着类似的想法和看法。社会阶层是进行市场细分的有效依据。

二、文化的适应

　　适应并不是要企业抛弃原有的经营方式，完全迎合当地的习俗，而是要对当地习俗有所了解，并充分考虑那些可能产生误会的文化差异。适应的关键是了解本国文化和东道国文化间的差异，从而避免自我参照准则在面对不同文化时产生的负面作用。企业一旦意识到文化差异的存在及其可能产生的后果，就必须进行客观评估，分清哪些习俗是必须遵循的，哪些习俗是可以忽略的。

　　例如，中东人和拉美人谈话时喜欢离对方很近，而欧美国家的人则认为在谈话时保持一定距离是基本礼仪。美国人性格比较直爽，与美国人进行商务谈判时一般应开门见山、直奔主题；而与中东地区的商人做生意，在正式谈判之前，寒暄叙谈一番则是很有必要的。同时对待数字也要格外小心，东亚国家都不喜欢"4"，而在德国，"4"却是吉利的象征，因为"4"在德语中的发音与"很多"的发音相近。

　　企业只有成功地跨越各国的文化差异，并主动去适应目标市场国的文化环境，才能让自己的产品走遍天下，在国际市场竞争中立于不败之地。

📺 案例与评析

优衣库在日本销售穆斯林女性服装

　　日本服装品牌优衣库从 2016 年 6 月 30 日起，开始在日本销售穆斯林女性服装。以一次穆斯林时装的新品发布会为契机，优衣库聘请了一位日裔英国穆斯林女设计师，并开始在日本店铺销售穆斯林女性服装。此前，优衣库曾在马来西亚、印度尼西亚等东南亚国家及美国、英国等国家销售此类服装。优衣库表示，优衣库尊重文化的多样性，以期将穆斯林服装融入日常生活，并且希望在赢得本国人民好感的同时，也能赢得外国人的好感。

　　评析：穆斯林女性服装有一些特殊要求，时尚品牌要想进入这一市场，需认真研究其特性。

三、文化的变革

　　文化变革推动着营销活动的变化，国际市场营销活动也促进着文化的变革。牛奶、面包和奶酪是西方人的主食，但是经过麦当劳、雀巢等公司长期不懈的努力，东方人的饮食结构也发生了变化。习惯以茶待客的中国人在"雀巢咖啡，味道好极了"的广告语的引诱下，也开始经常饮用咖啡，可见营销活动对人们观念的影响。

但是文化变革必然会遭遇阻力。大多数文化都有民族主义倾向，即人们对本民族的文化有着强烈的认同感，而排斥其他文化中陌生和未知的部分。当然，这些阻力是可以克服的。文化是动态的、变化的，有些思想、方法或产品，只需要几个月就可以被人们接受。而有些思想和方法，则要通过数十年或数百年才会被人们接受。由于涉及其他文化的许多产品和营销计划都会遇到阻力，因此营销策略应该根据产品被接受的程度、遭遇的阻力大小等制定。

第二节　社会文化环境的评价

评价社会文化环境的方法大体上可以分为两种：一种是部分评价方法，另一种是综合评价方法。部分评价方法重点分析对营销者的决策起重要作用的特定文化要素，是一种从微观角度评价社会文化环境的方法。综合评价方法主要是通过四种文化差异指数、高背景文化和低背景文化等来对社会文化环境进行评价的。

一、四种文化差异指数

各国文化呈现多样性的根本原因在于各国文化价值观念的差异。霍夫斯泰德（Hofstede）经过研究发现，企业及消费者行为模式的多样性与以下四种文化差异指数密切相关。

1. 个人主义／集体主义指数

个人主义／集体主义指数（Individualism/Collectivism IDV）反映了人们为实现自我利益的行为取向。个人主义文化（较高的 IDV）反映了一种以自我为中心的思想，强调自我或个人成就；而集体主义文化（较低的 IDV）则反映的是一种以集体为中心的思想，一般强调个人服从集体。在个人主义文化下，个人与集体、社会间的关系比较松散，人们注重自我及家庭。在集体主义文化下，人们生来就与社会形成一种强烈的、紧密的组织关系，这种组织关系保证了人们一生都有一种安全感并相互忠诚。对国际市场营销而言，着重于个人诉求的广告较适合欧美的消费者，而着重于群体利益诉求的广告则较适合亚洲国家的消费者。

2. 权力距离指数

权力距离指数（Power Distance Index，PDI）反映了人们对社会不平等的容忍度，即人们对一种体制中的上下级间的权力不平等情况的容忍度。在权力距离指数较高的国家，不同阶层间通常存在着明显的威权主义，较低阶层往往偏向于用卑屈的方式来与较高阶层进行互动。相对地，在权力距离指数较低的国家，不同阶层间存在着明显的平等主义，上下级之间的关系没有那么正式，较低阶层与较高阶层之间往往以平等的方式互动。在权力距离指数较高的国家，下级不能顶撞上级；但在权力距离指数较低的国家，上级允许下级有不同的意见。

3. 不确定性回避指数

不确定性回避指数（Uncertainty Avoidance Index，UAI）反映了社会成员对模棱两可或不确定的情况的容忍程度。不确定性回避指数较高的文化往往较为关注安全感和行为的规范性，不利于产生一些根本性的革新想法，但可以培养人们精细、守时等特质。

相反，不确定性回避指数较低的文化则易于接受反常规的思想和不同的观点，并且乐于冒险，有利于产生一些根本性的革新想法，但不利于将这些想法付诸实践。因此，不确定性回避指数较低的社会倾向于用实证的方式去理解事物、获得知识，而不确定性回避指数较高的社会则倾向于以"绝对真理"去理解事物、获得知识。

4. 男性化指数

男性化指数（Masculinity Index）反映的是两性社会中性别角色的差异。男性化指数较高的社会对于性别差异的敏感度很高，男性占据了社会及权力结构的主体地位，成功的尺度就是财富功名、社会地位等，其文化强调竞争，注重工作绩效。

男性化指数较低的社会没有明显的性别差异，女性可以在各个方面享有与男性平等的权利。人们更加注重生活品质，乐于采取和解、谈判的方式去解决组织中的冲突，其文化强调平等、团结。

表3.1　若干国家部分文化差异指数

国家或地区	IDV	PDI	UAI
美国	91	40	46
澳大利亚	90	36	81
英国	89	35	35
加拿大	80	39	48
法国	71	68	86
德国	67	35	65
日本	46	54	92
伊朗	41	58	59
印度	38	80	68
巴西	38	69	76
墨西哥	30	81	82
韩国	18	60	85
印度尼西亚	14	78	48
巴基斯坦	14	55	70

资料来源：Greet Hofstede．2001．Culture's Consequences：Thousand Oaks：Sage.

5. 四种指数的现实意义

霍夫斯泰德所定义的具体文化价值观与行为的某些方面有一定的关系。在价值维度方面，指数相近的社会往往具有类似的行为（见表3.1）。

从事涉外人事管理时，如果忽视对文化价值观的仔细分析和评价，那么这些国家的文化价值观差异就可能引起文化误解。例如，墨西哥是权力距离指数较高、个人主义/集体主义指数较低、不确定性回避指数较高的国家，因此，如果在墨西哥实行在美国通用的管理措施往往会遇到麻烦。墨西哥的一家钢铁企业的美方经理开展了一场仿效美国企业的申诉运动。由于并未收到任何申诉，这位美国经理误以为企业毫无问题，直到整个企业的工人罢工方才清醒。在墨西哥这类权力距离指数较高的国家，工人们出于尊重权威，不会直接向管理人员陈述意见，这样企业自然不可能收到申诉意见。

案例与评析

"全球霸总"中国制造，土味短剧出海爆火

据新华社 2024 年 4 月 1 日电，美国数字分析平台 Sensor Tower 近日发布的数据显示，2023 年以来，中国短剧出海市场日渐火爆。中国网文"底层逆袭""穿越复仇"等元素正与狼人、吸血鬼等海外热门题材相结合，在海外掀起一股"霸总短剧"热潮。截至 2024 年 2 月底，已有 40 多款短剧应用程序（App）试水海外市场，累计下载量近 5500 万次，内购收入达 1.7 亿美元。3 月中旬，九州文化旗下应用 ShortTV 登上了美国 App Store 下载榜单第一名，2023 年 11 月，中文在线旗下应用 Reelshort 也曾多次登顶 Google Play 应用商店和 App Store 应用商店榜单。不仅如此，还有多款中国短剧应用保持在美国、泰国、英国等地下载排名前十位。

刚开始，中国的网络短剧配上英语配音和字幕在国外发行，传播效果并不好，海外观众更喜欢欧美面孔的演员和与欧美文化背景相关的故事，于是，中国影视制作公司进行符合当地人文风俗、生活习惯的本

土化原创，寻找海外团队，在当地聘请演员并录制拍摄，将"快爽"这一短剧的核心进行本土化包装。目前来看，欧美观众爱看狼人、吸血鬼等戏剧性强、视觉冲击力强类题材；东南亚市场，苦情虐恋等题材更受欢迎。

评析： 在短视频和流媒体崛起的背景下，中国影视制作公司敏锐洞察到全球内容消费趋势，巧妙地将本土文化与国际化视角结合，让海外的观众既能见识到中国式情感叙事，又能享受到接地气的娱乐内容。近年来，中国网络流行文化给数以亿计的海外观众带来了快乐，从网文到网络热门舞蹈，再到如今"出圈"的真人短剧，中国文化热潮正在以一种新的方式席卷世界。

二、高背景文化和低背景文化

爱德华·霍尔（Edward Hall）提出了高背景文化和低背景文化的概念并将其作为理解不同文化取向的一种方式。在低背景文化中，信息的表达比较直接明确，语言是沟通中大部分信息的载体。在高背景文化中，语言所包含的信息比低背景文化要少，而大部分信息隐含在沟通接触的过程中，涉及参与沟通人员的背景、所属组织及其基本价值观。在高背景文化国家，银行贷出一笔款项的依据除财务报表外，还包括借款人的背景信息；在低背景文化国家，银行很少考虑借款人的背景，而更多地依赖于贷款申请中的陈述和数据信息。

> **课堂讨论**
>
> 许多知名跨国企业在各种贿赂事件中被频频曝光，这是企业的问题还是环境的问题？

本章小结

文化是人类在社会历史发展过程中所创造的物质财富和精神财富的总和，它包括价值观、伦理道德、宗教、艺术、习俗等。

不同国家营销环境的差别主要体现为不同国家文化背景的差异性。社会文化环境是国际市场营销实践中最富有挑战性的环境要素。

开展国际市场营销活动的企业，不仅要熟悉目标国家或地区的现有社会文化，还必须为将来有可能出现的文化变革做好准备。

综合练习题

一、单项选择题

1. （　　　）是衡量人们对社会不平等的容忍度，即对一种体制中的上下级间的权力不平等情况的容忍度。
　　A. 个人主义／集体主义指数　　　　　B. 不确定性回避指数
　　C. 男性化指数　　　　　　　　　　　D. 权力距离指数

2. 在跨文化分析中，低背景文化是指（　　　）。
　　A. 信息表达比较直接　　　　　　　　B. 语言只表达部分信息
　　C. 信息表达不明确　　　　　　　　　D. 主要依靠背景信息

3. 中国人喜欢荷花，常用荷花作为产品的包装图案或商标，但在日本，荷花意味着祭奠。

这是（　　）因素造成的。

    A. 语言差异　　　　B. 审美差异　　　　C. 宗教差异　　　　D. 生活方式差异

4. 福特公司曾推出了一款名为"艾特塞尔"的中型客车，但该车型在某国销路不畅，原因是车名与当地的一种伤风镇咳药的读音相似，给人一种"此车有病"的感觉，因此购买者甚少。这是对（　　）的了解不充分造成的。

    A. 经济环境　　　　B. 技术环境　　　　C. 政治法律环境　　　　D. 社会文化环境

5. （　　）是集体主义指数最高的国家。

    A. 日本　　　　　　B. 美国　　　　　　C. 澳大利亚　　　　D. 加拿大

二、判断题

1. 除了口头表达方式之外，还有非语言的表达方式，如体态姿势、面部表情等。（　　）

2. 在权力距离指数较高的国家，不同阶层间存在着明显的平等主义，也就是上下级之间的关系没有那么正式。（　　）

3. 集体主义文化（较低的 IDV）反映的是一种以集体为中心的思想，一般强调个人服从集体。（　　）

4. 在低背景文化中，语言所包含的信息比高背景文化少，而大部分信息隐含在沟通接触的过程中，涉及参与沟通人员的背景、所属组织及其基本价值观。（　　）

5. 物质文化包括技术和经济。技术是指在物质财富创造中应用的工艺，即一个社会群体所掌握的专门技术。（　　）

三、简答题

1. 简述文化的含义。

2. 文化包含哪些要素？其对国际市场营销有哪些影响？

3. 爱德华·霍尔提出的高背景文化和低背景文化分别指什么？

4. 四种文化差异指数分别是哪些？

四、案例分析题

"指南针地毯"的热销

一个名为范德维格的比利时商人，曾将扁平的指南针嵌入祈祷地毯。这种特殊的指南针，不是指南或指北，而是直指圣城麦加。这样，伊斯兰教徒不管走到哪里，只要把地毯往地上一铺，在顷刻之间就能准确找到麦加所在的方向。这种地毯一经推出，在穆斯林居住区立即成了抢手货。仅仅几个月内，范德维格在中东和非洲就卖了 25000 多张地毯，赚了大钱。

问题：从上述案例中你能得到什么启示？

第四章　国际市场营销的政治与法律环境

【学习目标】

了解国际市场营销的政治环境；了解不同法律体系；掌握国际政治风险的种类及防范措施；掌握东道国法律对国际市场营销的影响。

【引例】

欧盟对华电动汽车反补贴调查

据环球时报—环球网 2023 年 11 月 16 日报道（记者倪浩）2023 年 10 月 4 日，欧盟委员会（以下简称"欧委会"）对进口自中国的电动汽车发起反补贴调查。10 月 25 日，欧委会改变了惯例做法，只选择了比亚迪、上汽集团和吉利汽车等三家中国车企为首批调查对象。调查将集中在两方面：一是在中国生产电动汽车并向欧盟出口电动汽车的企业是否获得中国政府的补贴；二是将原产于中国的补贴电动汽车进口到欧盟是否可能对在欧盟生产电动汽车的生产商造成损害。

2023 年 11 月 16 日，商务部新闻发言人何亚东表示，欧委会在对华电动汽车反补贴调查中未采用出口量最大代表性标准，只选了三家中国本土企业作为抽样的企业，排除了产销量靠前的欧盟成员国企业，欧委会抽样标准不合规，抽样过程不透明，抽样结果不公正，有关做法涉嫌违背世贸组织规则、欧盟法律，是对中国电动汽车企业的歧视性选择，将严重扭曲补贴调查结果。中国业界对欧委会预设调查结果、暗箱操作的做法表示失望和强烈不满。

评析： 中国电动汽车近年来全产业链的强势崛起及这两年对欧乃至全球出口的如虹气势，让欧盟感受到竞争压力，希望借反补贴调查保护自身汽车产业及相关产业。欧洲议会通过的反倾销法律修正案，取消了"非市场经济国家名单"，但同时引入了"市场严重扭曲"的概念和标准。在符合所谓"市场严重扭曲"的情况下，欧盟可以弃用出口国的价格，而选择使用第三国或国际价格来确定出口产品是否存在倾销。此举，没有全面地遵守有关国际规则，反补贴调查实质是贸易保护主义行为，可能会导致一系列连锁反应，影响中欧绿色合作和全球汽车产业链供应链稳定。

东道国可以允许或不允许、鼓励或限制、支持或禁止外国企业在其境内开展各项营销活动。因此，企业在开展国际市场营销活动之前，必须了解目标国政府对外商的基本态度和政策，避免与其法律相冲突。

第一节　国际市场营销的政治环境

政府对企业营销的影响，是通过政府政策、法令规定及其他限制性措施起作用的。因此，企业在进入一个国家之前必须评估该国的政治环境。

一、政治体制

1．政府

当前西方国家的政治体制可以分为君主制和共和制两类。

君主制主要存在于欧洲国家中，最典型的是英国。日本是亚洲的君主制国家。共和制国家的特征是由民选的总统担任国家元首，典型的共和制国家有美国、法国、德国、意大利、奥地利等。

2．政党

国际营销人员要了解一国的政治体制，还要考虑执政党的主张及其对企业经营和外商的主要政策，比如，目前的商业政策是鼓励自由经营体制还是鼓励国家所有制等。

政党体制大致可分为两党制、多党制和一党制。英国和美国是典型的两党制国家。多党制国家有德国、法国和意大利等。企业在开展国际市场营销前要重点研究东道国执政党的主要政策倾向。

二、经济民族主义

经济民族主义是一种强调以国家利益为核心，通过政府干预和政策手段保护本国经济、产业和劳动力，减少对外依赖的经济理念。各个国家为了维护本国民族工业的发展，不会容忍外国企业对其市场和经济的无限渗透，特别是当东道国认为外国企业的经营活动没有顾及甚至已经威胁到本国的经济利益时，经济民族主义往往表现得更加明显。无论是在发达国家还是在发展中国家都存在经济民族主义，只是程度不同。企业应该懂得：任何一个国家，不管从客观上看似多么安全，只要在主观上感到自身在社会、文化或经济方面的利益受到威胁，就不会坐视外国企业进入其市场。

视野拓展

"国潮消费热"背后的文化自信

2023 年的"双十一"，国产品牌继续受到众多消费者关注。根据知名电商平台数据，11 月 1 日启动的"双十一"，售卖仅 1 小时，就有 102 个品牌成交额过亿元，其中国货品牌占比过半；至 11 月 11 日零时，天猫有 50 家老字号品牌成交额破千万元，其中 11 个老字号品牌成交额破亿元，成为 2023 年天猫"双十一"的一大亮点。一方面，"国货"的品质越来越高，我国拥有世界上最完整的产业体系，小到智能手机，中到新能源汽车，大到商用的国产大飞机，"中国智造"的各类产品正在深刻改变人们的生活。另一方面，由于国家整体实力的提升，消费者对自己的民族和文化也表现出更强的认同感和归属感，不再盲目追求外国品牌和外国货，而是更加注重选择中国本土品牌。

三、政治稳定性

政治稳定性会直接影响营销策略的长期性，国际市场营销的政治环境稳定与否可以从以下几方面进行分析。

（1）政权的更替。执政党的变换通常会引起商业政治环境的变化。如果这种变化并不过激，那么企业只需调整其经营方针即可。但是，如果变化剧烈，那么企业就很难进行有效调整。

（2）政治事件。在有些国家，尽管没有出现暴力事件、治安混乱和示威游行等情况，但其社会存在着严重的不平等现象，这意味着其潜在的动荡在所难免，暂时的稳定往往会被潜在的动荡所破坏。

（3）文化分裂。文化分裂是政治不稳定的又一影响因素。例如，斯里兰卡曾经历严峻的民族冲突，比利时和加拿大也都曾因语言问题发生混乱。

（4）宗教对立。宗教对立经常成为政治动荡的根源，从而影响国际市场营销。

四、产品的政治敏感度

有些产品比其他产品更容易引起政府的特别关注，这就是产品的政治敏感度高。根据产品的不同，政治敏感度既可能成为企业有力的保护伞，也可能使企业遭受损失。如果企业的经营有助于东道国实现其行为目标，产品的高政治敏感度就有可能给企业带来有利的影响；相反，如果企业的经营对满足东道国的国民需求无所裨益，产品的高政治敏感度就可能给企业带来不利的影响。

五、政治风险的来源

政治风险是指由于东道国的政治环境突然或逐渐发生变化，外国企业或投资者在经营管理上处于劣势地位或遭受经济损失的可能性。与其他风险相比，政治风险具有涉及范围广、损失金额大、表现形式多样、准确预测困难等特点。政治风险的来源主要包括国家主权、政治观点差异和经济民族主义等。

六、政治风险的种类

政治风险一般可以分为以下几类。

（1）国有化。国有化是将外国企业强制性收归国有的过程。国有化是有偿的，有时可能会给跨国企业保留少数股权。国有化主要有三个特点：一是整个产业或部门全部收归国有，而不是个别企业；二是收归国家所有，而不是转由本国经营者所有；三是国有化通常是一个渐进的过程。

（2）征用。征用是指东道国政府占有或控制外国资产，并给予跨国企业一定补偿的行为。政府补偿的金额可能达不到被征用资产者的要求。根据国际法的规定，东道国在征用外国资产时，应给予适当的补偿金，而且补偿金必须是可以兑换的货币。

（3）没收。没收是最为严厉的剥夺行为，是指东道国行使主权，采用强制措施无偿地接收外国资产的行为。被征用或没收的企业可以收归国有，也可以转由本国经营者所有。征用或没收并不一定波及全行业，有时仅针对行业中的个别企业进行。

（4）本国化。本国化是指东道国政府利用较为隐蔽的手段，逐渐控制外国投资的过程。例如逐渐缩小外国企业的所有权比例；提拔当地人员担任企业的高级管理职务，使其拥有更大的决策权；规定更多的产品由本地生产，而非进口组装；规定苛刻的出口比例等。在政府的这些政策的干预下，外国企业有可能会被东道国彻底接管。

案例与评析

印度再给中国手机厂商提苛刻要求

据观察者网 2024 年 3 月 12 日讯，据印度《经济时报》报道，印度政府要求小米、vivo、OPPO 等中国智能手机品牌要做 "好" 三件事，以缓解与印度政府长期存在的 "冲突"。首先，希望这些中国手机企业让印度人出任当地分公司的管理层。其次，这些品牌逐渐用印度分销商取代中国分销商。最后，必须找印度本地代工厂。简单来说就是，中国企业在印度的业务需要由印度人管理、把技术给印度人进行生产，然后再通过印度渠道商进行销售。2023 年 6 月，印度政府就对在印中国智能手机品牌提出多项要求，即公司的首席执行官、首席财务官、首席运营官、首席技术官等都要由印度籍人士担任。在印媒报道上述印度政府的三项要求时，也提到中国手机品牌在印度受到严格审查，面临洗钱、逃税等指控。

印度的投资环境一直以来都不太友好，对外资企业存在一定的限制。比如，1974 年出台的外汇管理法案，规定外国企业在印度运营时持股比例不能超过 40%。这一法案导致可口可乐等企业在印度市场遭遇了困境。小米等中国手机厂商也曾经因违反了印度的外汇管理法而受到指控，甚至被冻结了巨额资金。许多跨国企业同样面临着印度政府的罚款。IBM 因涉嫌逃税被罚款约 536 亿卢比，微软因涉嫌逃税被罚款约 70 亿卢比，达沃丰因涉嫌逃税被罚款约 2100 亿卢比，沃尔玛因涉嫌逃税被罚款约 1350 亿卢比。

评析： 印度政府这一系列举措，意在扶持本土企业以此推动本国产业发展。但这种政府主导的经济行为，缺乏市场自发性，恐怕难以持续。经济增长最终还是要依靠市场规则、技术创新、管理进步，政府过度干预会扼杀市场活力，并不利于印度经济的长远发展。

（5）外汇管制。东道国为促进国际收支平衡，防止资金外逃，通常会对外汇买卖、外汇汇率、外汇汇出与国际结算进行管理。如果东道国政府实行外汇管制，禁止兑换或汇出，就会使外国企业资金流转出现困难，利润难以汇回母国。20 世纪 80 年代初期，由于政府财政赤字过大，巴西就实行了严格的外汇管制政策。

（6）税收政策。税收收入是国家财政的重要收入来源，而上缴利税是企业支出的一个重要项目。如果东道国政府出于限制外资的目的，提高相应的税率，就会降低这些企业的利润，削弱其原本具有的价格优势与市场竞争力。例如，2013 年，为了打压国外投资者在房地产行业的投资，新加坡将国外投资者购买房地产的税率从 10% 提高到 15%。

（7）价格管制。价格管制是指东道国对某些产品的价格涨幅进行控制，甚至不允许其上涨。价格管制直接干预了企业的定价政策。从产品角度来看，生活必需品易受政府的价格管制；从时间角度来看，政府在通货膨胀时期最有可能采取价格管制措施。如 2019 年，古巴政府在调高薪资和退休金后，对一系列产品和服务实行了价格管制，从柠檬、猪肉、理发，再到出租车服务，范围涵盖国营商店和民营商店，旨在缓解通货膨胀。

（8）劳工方面的限制。有的东道国严令禁止外国企业解雇工人，或者要求外国企业允许工人参与企业利润的分享，这也会对企业的正常经营造成影响。

（9）对利润汇回的限制。有的国家对外国企业将利润汇回母国也有所限制。如 2019 年，为了防止资本出逃，阿根廷央行规定，出口商须在 5 日内将海外销售的利润汇回国内。

（10）进口限制。进口限制是指一国政府通过进口配额制度，进口许可证制度，进口押金制度，高额关税制度，复杂的海关手续，特定的包装装潢条例，严格的卫生、安全、技术质量标准等，限制进口产品进入本国。实行进口限制的主要目的在于保护本国企业，确保本国企业在市场上的竞争优势。为了迫使企业更多地购买东道国的产品，比较普遍的策略是对原材料、机器及备用件的进口实行有选择的限制，从而保护本国企业的发展。

📋 案例与评析

可乐再次被抵制

据新浪财经 2017 年 4 月 12 日消息，2017 年，印度南部又不让出售可口可乐和百事可乐了。正在遭受干旱灾害的喀拉拉邦通过当地的零售协会，指责这两家公司滥采地下水资源，并销售含有农药残留的饮料。当地政府还呼吁人们购买本土果汁，不要去喝含有大量糖分和化学物质的可乐。

2017 年 4 月 9 日，泰米尔纳德邦则禁止所有商店销售这两个外国品牌的可乐。随后，印度官方也禁止可口可乐和百事可乐在泰米拉巴拉尼河采集水资源来生产饮料和矿物水。

几乎每隔 10 年，这两家可乐公司都会在印度遭受一次抵制。缺水的确是一方面的原因。从 2014 年开始，印度全境严重的旱灾使不少河流和水库枯竭，农民、工厂、市政供水商都在争抢水资源。另一方面，"印度制造"这一经济政策也影响着印度的市场风向，抵制可乐在印度早已被政治化了。

评析：1993 年，可口可乐得以重返印度市场，也是赶上了当时印度开放市场的东风；后来可口可乐遭抵制，缺水是一方面的原因，另一方面的原因则是政治因素，此次宣布制裁两家可乐公司的地区，基本上都是由反对印度国大党的政党执政，这些政党利用民族主义情绪，对抵制美国可乐的热潮起到了推动作用。

七、降低政治风险的措施

1. 政治风险发生前的防范措施

政治风险尽管具有很大的不确定性，但在一定程度上是可以预测和防范的。企业防范政治风险的措施主要包括以下几个方面。

（1）评估政治风险。在撰写项目可行性报告阶段，企业应该就东道国的政治环境进行全面、系统和客观的考察。进行评估时应当运用多种方法，互为补充。高质量的可行性报告可以减少企业进行营销活动的盲目性，找到风险与收益的最佳组合点。

（2）建立风险预警系统。东道国的政策会随时间发生变化。当一国经济处于起飞阶段时，东道国急需资金，所以其往往会采取各种优惠政策吸引外资。当东道国经济实力增强以后，其政府有可能由欢迎一切外资转为设置交易壁垒，有选择地允许外资进入。这些政策变化虽然可能给企业带来风险，但也可能给企业带来机遇。建立有效的风险预警系统能够使企业在风险到来之前赢得采取防范措施的时间，在机遇到来时能及时抓住。

（3）保险。保险是一种对社会经济生活中的风险进行补偿的服务。通过给处于政治风险区域（如国有化、战争等）的资产投保，企业可以将精力集中于正常业务的开展。如美国的海外私人投资公司（OPIC）、英国的出口信贷担保局（ECGD）、日本通商产业省的海外投资保险部、中国人民保险公司（PICC）等政府保险机构都可以提供这些方面的保险服务。

（4）融入东道国经济体制。外国企业与东道国的矛盾背后往往都牵扯着利益因素。如果外国企业能加强与东道国利益上的融合，那么产生矛盾和风险的可能性就会降低。例如在资金融通上，外国企业可适当地依赖于当地的金融机构；在原料、零部件的采购上可适当地倾向于当地企业等。

（5）塑造良好企业形象。外国企业在东道国开展出色的公关活动，有助于其塑造良好的企业形象，缓和经济民族主义和排外情绪。可以采取的相关措施包括提供社会福利和公共事业捐款，主动承担社区建设的责任等。

（6）风险分散。如果东道国市场潜力较大，但存在一定的政治风险，企业可以通过和当地政府就可能发生的风险提前达成协议，予以规避；或者通过分散化经营将风险分散，这样也能起到一定作用。

2. 政治风险发生后的补救措施

尽管外国企业采取了防范措施，但政治风险还是有可能发生。风险发生后最重要的一点就是及时采取补救措施，以减少风险带来的损失。

在东道国政府突然实施国有化、征用或没收等强制性政策时，外国企业可以采用法律武器来解决与东道国政府的争端，以保护自己的利益，特别是在母国与东道国曾经签订了双边投资保护协定，或双方是某一多边投资贸易保护协定的缔约方的情况下，走法律途径将更为有效。外国企业必要时也可以采用外交手段，还可以求助于一些国际投资管理机构进行裁决，比如国际投资争端解决中心（ICSID）。

第二节　国际市场营销的法律环境

法律代表一个国家书面的或正式的政治意愿。国际市场营销的法律环境是由国内法律、国际法律和东道国法律共同组成的。

一、国内法律

许多国家为了保护国内市场，增加国内就业机会，以及更好地与国际市场接轨，制定了明确的法律规定。其内容大体包括以下三个方面。

（1）出口控制。许多国家都有出口控制制度。我国同世界上其他国家一样，也同样对出口商品采取限制、管制和管理的办法。出口控制主要实行的是出口许可制度，任何企业向其他国家或地区出口的商品如不符合本国的规定，有关部门可按照有关规定令其停止出口、暂缓出口或者减少出口。

（2）进口控制。许多国家都对进口商品采取了较严格的控制手段，尤其是那些在国际收支中发生赤字的国家，这些国家往往会通过关税以及配额制等来控制全部或某些品类产品的进口。

（3）外汇管制。世界上有不少国家，特别是外汇短缺的国家，都会对外汇的供需和使用进行管制。例如，限制本国出口商所能持有和获得的外汇数额；限制国外投资者所能汇出的外汇数额等。

二、国际法律

国际法律是调整交往中国家间的相互关系，并规定各自的权利和义务的原则和制度的法律。目前，世界上对国际市场营销活动影响较大的法律主要涉及以下几个方面。

（1）保护消费者利益的法律。保护消费者利益的法律又称国际产品责任法。它主要用来确定生产者和销售者对其生产或出售的产品所应承担的责任，以及保护消费者的合法权益。如《关于人身伤亡产品责任欧洲公约》《关于适用于产品责任的法律公约》等。

（2）保护生产制造者和销售者的法律。保护生产制造者和销售者的法律又称工业产权法，主要包括专利法和商标法。如《保护工业产权巴黎公约》《专利合作条约》《欧洲专利公约》《商标国际注册马德里协定》《商标注册条约》等。

（3）保护公平竞争的法律。保护公平竞争的法律又称国际反托拉斯法、限制性商业惯例或保护竞争法。有关这方面的法律，除各国的国内法律之外，迄今尚无具有法律约束性的完整的国际法律。比较有潜在影响力的是联合国有关组织和会议制定的《关于控制限制性商业行为多边协议的一套公平原则和规则》《国际技术转让行动守则》《跨国公司行动守则》中的有关条款。

（4）调整国际经济贸易行为的法律。调整国际经济贸易行为的法律的对象和范围十分广泛，包括各种国际公约、条约、惯例、协定、议定书、规则等。其中比较有影响力的有《关税与贸易总协定》《联合国国际货物买卖公约》《国际贸易术语解释通则》《解决国家与他国民间投资争议公约》等。

三、东道国法律

世界各国的法律可分为大陆法系、英美法系、伊斯兰法系等三大法系。企业在进入东道国开展经营活动之前，首先要弄清东道国的法律体系。

（一）大陆法系

大陆法系又称为罗马法系、民法法系、法典法系。除英国外的多数欧洲国家、整个拉丁美洲、非洲的一部分、近东的一些国家，以及日本和泰国等国家的法律体系均属于大陆法系。另外，在属于英美法系的国家中，某些国家的个别地区，如美国的路易斯安那州、加拿大的魁北克省、英国的苏格兰等地区的法律体系属于大陆法系。

（二）英美法系

英美法系又称为英国法系、普通法法系和判例法系，是以英国中世纪以来的法律，特别是它的普通法为基础，逐渐形成的法律制度。英美法系的主要代表国家是英国和美国，以及过去曾受英国殖民统治的国家或地区，如加拿大、澳大利亚、新西兰、爱尔兰、马来西亚、新加坡等。

自20世纪40年代中期以后，大陆法系和英美法系这两大法系之间的差别正在日渐缩小，但在法律分类、法律术语、法学教育、司法人员录用和司法体制等方面仍有许多不同之处。

（三）伊斯兰法系

伊斯兰法系又称阿拉伯法系。属于伊斯兰法系的国家或地区主要分布在西亚、北非、南亚、东南亚、非洲南部等。

（四）不同法系对国际市场营销的影响

大陆法系和英美法系的区别在于不同的历史渊源、法律结构，不同法系的法律对同一事物的解释是不同的。因此，企业在进行国际市场营销时，必须对国外市场的法律环境进行认真的分析。

例如，两企业签订一定数量布匹的交货合同。交货前，存放布匹的仓库水管冻裂，布匹被水浸泡，合同无法履行。在大陆法系，基于当地一般情况和经验，若水管冻裂通常难以预见，即便在可能冰冻的气候下，也难要求卖方提前预见，会被认定为不可抗力，卖方免除履行义务；而在英美法系，如美国纽约州等对"不可抗力"的判定较为严苛的地区，若事发地易冰冻，法院会认为当事人能预见，不构成不可抗力，除非合同另有约定，否则卖方无法免责。

（五）东道国法律对国际市场营销的影响

各国法律体系极其复杂，这里主要介绍东道国法律对国际市场营销活动的影响。

1. 产品

大多数国家都对产品制定了许多法律规定，这些法律规定中很大一部分针对的是产品的物理性能和化学性能，要求产品质量达到一定的标准。例如，美国对进口汽车的防污性能有严格的标准，它规定进口汽车必须安装防污装置，并能达到汽车废气控制标准。

各国法律还常常在产品的标签、包装、产品保证、商标等方面限制外国企业的经营活动。例如，日本的法律规定，对于食品和药品，其内容和用法都必须用日文说明；丹麦的包装法规定软饮料的瓶子必须是可回收的；印度的法律规定商标不得使用河流、山川的名字。

2. 定价

许多国家都通过制定法律规定，对相应产品的价格进行控制。发展中国家对价格的控制较为严格，相对而言发达国家对价格的控制要宽松一些。有的国家对所有产品都实行价格控制，而有的国家只对极个别产品实行价格控制。例如，美国政府除对少数公共产业产品实行价格控制外，其他产品均实行市场价格；而日本只对一种消费品——大米，实行直接价格控制。

还有一些国家的政府是通过对利润率设定一个标准来控制产品价格的。例如，加纳政府设定制造商的利润率在 25%～40%，阿根廷政府允许制药商有 11%的利润率，比利时分别给予药品批发商和零售商 12.5%和 30%的利润率限制。

3. 分销

在营销活动中，分销渠道受到法律限制的程度相对较低。根据不同市场可供利用的条件，企业可以很自由地选择其产品的分销渠道。当然，企业不能选择不适合该市场的分销渠道，例如，法国政府曾有一项特别法令，禁止挨家挨户推销。在某些国家，通过当地分销商或代理商销售产品的企业可能会受到相关法律的限制，所以在选择代理商或分销商时要特别注意东道国关于分销的法律条文，以避免造成损失。

4. 促销

促销包括广告、人员推销等方式，其中广告是营销活动中最易引起争议的方式，所以各个国家对广告的管理较为严格。许多国家都制定了与广告有关的法规。世界各国有关广告的法律有如下几种形式。

第一种是关于广告的内容及其真实性。在德国，广告用语禁止使用"比较级"，如"较佳""最佳"等字眼，如果在广告中进行产品比较，那么其竞争对手就有权走上法庭，要求其拿出证据。

第二种是控制某些产品的广告宣传范围。对于一些较敏感的产品，政府往往会限制其做促销广告，如我国禁止烟类产品在电视上做广告。

第三种是限制促销技巧。有的国家规定，各竞争参与方不得预先断言自己的产品销量如何；有的国家明确规定营销费用只能占产品销售额的有限部分，以及营销费用的使用只能与该项产品有关。

除广告之外，不少国家的法律对其他促销方式也有不同程度的限制。例如，奥地利的折扣法规定，企业进行有奖销售时，不得对不同的消费者群体给予有差别的现金折扣；法国禁止企业以低于成本的价格促销或以购买某商品为条件向顾客赠送礼品或奖金。

视野拓展

《中华人民共和国广告法》规定，广告代言人不得为其未使用过的商品或未接受过的服务代言；如果广告代言人明知或应知广告虚假仍在广告中为产品作推荐、证明，其将负有连带责任，市场监督管理部门可依据《中华人民共和国广告法》没收其违法所得，并处违法所得一倍以上两倍以下的罚款；同时《中华人民共和国广告法》还规定，未满10岁的未成年人不得为产品代言。

四、解决国际贸易争端的途径

在国际贸易中，贸易双方难免会发生争端。一般发生争端的双方有三种情况：一是政府间的争端，二是企业与政府间的争端，三是企业间的争端。政府间的争端可诉诸国际法庭，而后两种争端则必须由双方中的任意一方所属国家的法庭进行审理和裁决，这里有几个重要的问题需要考虑。

（1）法律的选择。当两个不同国家的当事人之间发生争端时，如果交易双方没有对裁决事项有共同协议，可以合同签订所在地或者合同履行所在地的法律作为依据。如果合同中没有具体写明，多以合同签订所在地的法律为准。为了避免产生矛盾，跨国企业在签订合同时应该在合同中写明裁决方式。发生争端时，双方可以通过友好协商的方式解决；如果仍然解决不了，还可以通过仲裁或诉讼等方式解决。

（2）诉讼。在发生国际贸易争端时，如果通过协商的方式解决不了问题，那么就需要通过仲裁或诉讼等方式来解决。企业不愿打官司的原因有很多，除了花销大、耗时长和害怕使结果更糟之外，还有以下三个原因：①害怕损坏名声，以致影响公共关系；②害怕外国法院的不公正审理；③害怕泄密。因此，解决国际贸易争端最广泛使用的方式是仲裁。

课堂讨论

关于商标、专利及版权的国际公约的存在给跨国企业带来的好处是什么？

（3）仲裁。仲裁一般可以避免诉讼的缺点，其耗时短、费用低，而且由于仲裁过程保密并且双方不存在敌意行为，所以仲裁对双方的商誉不会产生破坏性影响。正是由于仲裁具有调节的特点，国际贸易中大约有 1/3 的案件在裁决之前就通过当事人间的直接对话解决了。由于仲裁者不以法官面目出现并且经验丰富，所以仲裁结果比较公正，也易于被当事人接受。仲裁期间，允许当事双方一边争议一边继续做生意，因此能避免更大的损失。仲裁的依据不是法律条文，而是对争端的公正解决，双方也因此而不必诉诸法庭。正因如此，仲裁在解决国际贸易争端中的作用越来越大，甚至在斯德哥尔摩还成立了负责解决东西方贸易争端的仲裁机关。

视野拓展

各国对商标注册的禁用规定

※ 多数国家的商标法规定地理名称不能用作商标注册，如"中华"牌香烟、牙膏，"上海"牌电视机、花露水，"青岛"牌、"北京"牌啤酒等，这些产品在多数国家都无法获准注册。

※ 巴基斯坦、肯尼亚等国不准将数字作为商标，如"555"牌电池。

※ 瑞典禁用蓝色商标。

※ 阿拉伯国家禁用黄色商标。

※ 法国人认为黑桃是死人的象征，桃花是不祥之物，因此禁用这类商标。

※ 意大利把菊花当成国花，所以禁用菊花作为商品的商标。

※ 日本把菊花视为皇家的象征，所以禁用菊花作为商标图案。

※ 拉丁美洲把菊花视为妖花，所以商标上不能出现菊花。

※ 澳大利亚禁用兔子的形象作为商标，因为该国盛产羊毛，重视牧草的生长，害怕兔子毁坏草地。

※ 英国人禁用人像作为商标。

※ 北非的一些国家禁用狗的形象作为商标。

※ 土耳其用绿三角表示"免费样品"，所以它不能作为商标。

※ 印度和欧洲的一些国家常把玫瑰花用作悼念品，因此，玫瑰花不能用作商标。

※ 熊猫在非洲的一些国家不能用作商标。

※ 在信奉伊斯兰教的国家，商标中不能出现六角形图案。

本章小结

国际市场营销的政治环境是指企业营销活动的外部政治形势。

一个国家的政局稳定与否会给企业营销活动带来重大的影响，特别是在对外贸易活动中，企业一定要考虑东道国政局变动可能造成的影响。

东道国所颁布的各项法规、法令和条例等，是企业开展营销活动的准则，企业只有依法进行各种营销活动，才能受到法律的有效保护。

对从事国际市场营销活动的企业来说，不仅要遵守本国的法律制度，还要了解和遵守东道国的法律制度和有关的国际法规、惯例和准则。

只有了解和掌握了东道国的有关贸易政策，企业才能制定有效的营销策略，在国际市场营销中占据主动地位。

综合练习题

一、单项选择题

1. 国际市场营销活动中可能遇到的最严重的政治风险是（　　）。
   A. 征用　　　　　　B. 国有化　　　　　C. 没收　　　　　　　D. 合营

2. 禁止用比较级的字眼，如"较好""最佳"等作为广告语的是（　　）。
   A. 法国　　　　　　B. 英国　　　　　　C. 美国　　　　　　　D. 德国

3. 属于大陆法系的国家是（　　）。
   A. 澳大利亚　　　　B. 英国　　　　　　C. 法国　　　　　　　D. 新西兰

4. 发生国际贸易争端，无法通过协商的方式解决，那么可以选择（　　）。
   A. 仲裁和诉讼　　　B. 声明和仲裁　　　C. 谴责和仲裁　　　　D. 谴责和诉讼

5. （　　）是指政府将外国投资收归己有，并给予一定形式的补偿，但对外国投资者来说并非自愿出售。
   A. 征用　　　　　　B. 没收　　　　　　C. 本国化　　　　　　D. 国有化

二、判断题

1. 农业机械、肥料、各种农作物种子等对农业生产来说至为重要，因此它们的政治敏感度较高。（　　）

2. 征用是指东道国政府利用较为隐蔽的手段，逐渐控制外来投资的行为。（　　）

3. 政治风险具有很大的不确定性，是不可能预测和防范的。（　　）

4. 如果东道国市场潜力较大，但具有一定的政治风险，外国企业可以通过和当地政府就可

能发生的风险提前达成协议，予以规避。　　　　　　　　　　　　　　　　　（　　）

5. 如果外国企业能加强与东道国在利益上的融合，那么产生矛盾和风险的可能性就会降低。

（　　）

三、简答题

1. 君主制和共和制代表国家有哪些？

2. 什么是政治风险？政治风险主要有哪几种类型？

3. 产品的政治敏感度对国际市场营销有何影响？

4. 简要介绍大陆法系和英美法系各自的特点，以及二者之间的主要区别。

5. 东道国的法律环境会如何影响国际市场营销活动？

四、案例分析题

国外政府的限制包装条例

在国际上，运用技术标准对商品包装进行规制是许多国家的通常做法。

德国的《包装条例》规定，包装的体积和质量应减量化，达到保护商品安全和保障商品卫生的最低要求即可，且能为消费者所接受。凡包装体积明显超过商品本身的 10% 以及包装费用明显超出商品的 30%，就应判定为侵害消费者权益的"商业欺诈"，类似将纸盒体积扩大使人产生错觉等均属于欺骗性包装。

日本的《包装新指引》要求尽量缩小包装容器的体积，容器内的空位不得超过容器体积的20%；包装成本不应超过产品出售价的 15%。

韩国的《关于产品各种类包装方法的标准》对包装空间（指包装内的剩余空间）和包装层次（几层包装）都做了明确规定：各种加工食品、酒类、营养保健品、化妆品、洗涤剂、日用杂品、药品等的包装不能超过两层；筒装和瓶装饮料、衬衫和内衣只能有一层包装；饮料、酒类、化妆品（包括芳香剂，不包括香水）、洗涤剂、衬衫和内衣等的包装空间不得超过 10%；加工食品和保健营养品的包装空间在 15% 以内；糖果点心和药品的包装空间不超过 20%；文具类和钱包、皮带的包装空间为 30% 以下；花式蛋糕、玩具和面具等的包装空间不超过 35%。

韩国还将过度包装物品视为一种违法行为，厂商如不依照政府规定减少商品的包装比率和层数，最高会被罚款 300 万韩元。

问题：此案例对我国企业开展国际营销有何启示？

第五章 国际市场营销的人口、科技与自然环境

【学习目标】

了解国际市场营销人口环境；了解国际市场营销科技环境；了解国际市场营销自然环境。

【引例】

海尔海外电气打造全球化品牌

（整理自《国际品牌观察》2023 年第 23 期 王富林《对话海尔海外电器产业有限公司

副总裁张庆福——如何打造全球化品牌》一文）

2023 年全球经济增速放缓，中国家电业出口也面临诸多压力。根据海关总署数据，2023 年 1—6 月家电行业累积出口额为 431 亿美元，同比下降 2%。在这样的背景下，迎来上市 30 周年的海尔智家仍然取得了令人瞩目的出海成绩。2023 年上半年，海尔智家的海外营收实现 8.8%的增长，在其整体营收中的占比也超过 50%。针对性开发适应所在地市场的产品、打造海外生产基地和供应链，以及推出适应当地消费者的品牌营销活动，海尔智家已经逐渐形成自己的海外打法。布局环境、社会和公司治理（ESG），打造企业长期竞争力，也是海尔智家的发力重点。

海尔智家在海外诸多市场表现得十分出色，其中在巴基斯坦，海尔智家连续 9 年位居白色家电市场第一，空调连续 16 年保持第一；在印度，海尔智家的零售份额首次进入行业前三；在泰国，家用空调和冷柜产品的市场份额提升到第一；在越南，洗衣机产品份额跃升行业第一；在菲律宾，高端 T 门冰箱市场份额第一；在日本，海尔、AQUA 双品牌白色家电份额保持行业第一，其中冷柜的份额也为第一。2023 年 3 月，海尔智家亮相新加坡中国机电产品品牌展览会、海尔埃及生态园奠基；5 月，海尔巴基斯坦厨电工厂在拉合尔市的海尔-鲁巴经济区正式投产；7 月，海尔泰国工厂第 1000 万台空调下线；9 月，海尔智家亮相德国 IFA。

过去的几年全球贸易环境较为复杂，但海尔智家似乎并未受到较大影响。海尔智家应对宏观环境带来的挑战并把握机遇的关键就在于"三位一体本土化"（即本土化研发、本土化制造、本土化营销）战略。依托本土化的研发、制造与营销，海尔智家拉近了与用户、市场之间的距离，这使得海尔智家能够近距离感受到全球不同市场、消费者需求的变化，并迅速针对需求研发产品，带动销量逆势增长。同时，在三位一体本土化战略指引下，海尔智家在全球进行的多渠道布局，也为其提供了巨大的发展空间和突发问题应对能力，使其拥有充足的时间与资本应对各种挑战。比如，2022 年，受高通胀影响，欧洲的原材料价格和运输成本乃至电费居高不下，海尔智家通过全球统一采购以及本地研发、制造和营销，大幅降低了原材料成本、运输成本和营销成本，同时迅速推出 A 级能效洗衣机，与市场上 G 级能效洗衣机相比，降低超 51%的能耗，成功转危为机，收获大量市场份额。

评析：通过本地化的研发、制造、营销，海尔智家成为世界品牌，海尔进军国际市场的不竭动力就是创新。在当今科技高度发达的时代，企业要想成功地开拓国际市场就必须注重科技创新及当地特色。

第一节 国际市场营销的人口环境

人口是构成市场的最基本因素。由于市场是由有购买欲望同时又有购买能力的人构成的，所以人口的多少是决定消费需求量的主要因素。而人口的出生率、死亡率、密度、流动性、地理分布、年龄结构、家庭结构及其文化教育水平等，都会影响企业的国际市场营销活动。

一、人口数量

随着人类生产力的发展和生活条件的改善，世界人口持续增长。据联合国 2024 年 7 月发布的《2024 世界人口展望：结果摘要》，全球人口 2024 年为 82 亿人，本世纪 80 年代中期世界人口预计达到顶峰 103 亿人。人口数量是决定市场规模的一个基本要素。在收入水平一定的情况下，人口越多，对食品、服装、日用品的需求就越大，市场规模也就越大。因此，生产如食品、服装、日用品等产品的企业，其产品销量与人口数量的关系十分紧密，可按人口数量粗略估算出其市场规模。世界人口的迅速增长意味着人类需求的增长和世界市场的扩大。国际上将亚洲地区视为最有潜力的市场之一，除了该地区近年来经济发展迅速外，另外一个重要原因就是该地区的人口数量庞大且增长较快，这使得该地区的市场需求日益增大。

> **课堂讨论**
> 世界人口呈现出由农村向城市地区流动的趋势，请讨论这种趋势对国际市场营销的影响。

二、人口增长率

人口增长率对市场规模及发展潜力也有影响。人口增长率高，如果人们有足够强的购买能力，那么市场需求总量及市场规模就将随人口的增长而持续扩大。但是，人口高速增长，也可能意味着人均收入下降，市场吸引力降低，从而阻碍经济的发展。世界人口的增长并不平衡，发展中国家的人口增长率较高，世界人口的 80% 都在发展中国家，而且人口增长最快的往往是那些贫困落后的国家。当人口呈几何级数的趋势增长时，消费者的购买能力并没有得到很大的提升，市场需求以基本需求为主，需求层次较低。而发达国家人口增长率相对较低，一些发达国家人口甚至出现了负增长。随着发达国家人口增长率的下降，这些国家的市场需求增长缓慢，有的甚至开始萎缩。例如，欧洲出生率的下降造成了儿童数量的减少，对于以儿童市场作为目标市场的企业来说是个不好的消息，但是这会使年轻夫妇有更多的闲暇和收入用于旅游和娱乐，所以对这些行业来说则意味着机会。

三、人口分布与人口密度

1. 人口分布

世界有 200 多个国家和地区，截至 2023 年底，人口超过 1 亿的国家有 14 个，它们分别是中国、印度、美国、印度尼西亚、巴西、尼日利亚、巴基斯坦、孟加拉国、俄罗斯、墨西哥、日本、埃塞俄比亚、菲律宾、埃及。这 14 国的人口总数约占世界总人口的 1/2。由于各国自然环境和经济发展水平的差异，世界人口的分布是不均衡的。据统计，地球上人口最稠密地区的面积约占陆地面积的 7%，那里却居住着世界上约 70% 的人口。人口在各大洲之间的分布也相当悬殊。亚洲人口最多，约占世界人口的 60%；大洋洲则是地广人稀，其人口约占世界人口的

0.5%；介于二者之间的为欧洲、非洲、北美洲和南美洲；南极洲迄今尚无固定的居民。

2. 人口密度

人口密度是指单位面积内的人口数量，是衡量人口分布的重要指标。世界人口密度最高的地区在亚洲，包括日本、朝鲜半岛、中国的东部、中南半岛、南亚次大陆、伊拉克南部、黎巴嫩、以色列、土耳其沿海地带。属于人口密度较高的地区有：在非洲，尼罗河下游，非洲的西北、西南以及几内亚湾的沿海地区；在欧洲，除北欧与俄罗斯欧洲部分的东部地区以外；在美洲，主要是美国的东北部、巴西的东南部，以及阿根廷和乌拉圭沿拉普拉塔河的河口地区。人口密集地区的总面积约占世界陆地面积的 1/6，而这些地区的人口约占世界总人口的 2/3。这些人口密集的地区也是工业、农业比较发达的地区。人口密度对产品需求、促销方式、分销渠道会产生不同的影响，从而直接影响企业的营销成本和销售额。人口密集的地区通常人均营销成本较低，销售额也会比较大，因为人口密度越大，对商品的需求量就越大。相反，人口越稀少，对商品的需求量就越小。例如，美国人口最稠密的地方是大西洋沿岸、五大湖地区和太平洋沿岸，这些地区不仅聚集了诸多大城市，而且对汽车的需求量明显高于其他地区，所以对其他贵重商品和艺术品来说也存在巨大的市场。

四、人口结构

1. 年龄结构

人口的年龄结构是分析国际市场环境的主要内容之一，不同年龄层次的消费者因为在心理特征、人生经历、收入水平和负担状况上有所不同，所以有着不同的消费需要、兴趣爱好和消费模式。例如，老年消费者对保健用品、营养品、老年人生活必需品的需求量较大；青年人对运动、休闲、教育、结婚用品更感兴趣；针对儿童则形成了婴幼儿用品、培训、亲子互动等市场。目前，人口老龄化是世界人口年龄结构的新特点，国际上通常把 60 岁以上的人口占总人口的比例达到 10%，或 65 岁以上的人口占总人口的比例达到 7%，作为一个国家或地区进入老龄化社会的标准。这种趋势会使老年人的医疗和保健用品、生活服务、旅游和娱乐的市场需求迅速增加。我国目前已成为老龄化国家，2024 年 60 岁及以上人口已达 3.1 亿人，占全国人口的 22%。在我国，人们对老年产品与服务的多种需求构成了一个十分庞大的市场。有专家认为，要努力使社会的劳动人口与退休人口的比例保持在 3∶1 及以上，这是支撑社会正常发展的最低界限，如果低于这个比例，不仅会导致社会养老负担过重、通货膨胀等经济问题，还会引起一系列政治问题和社会问题。

2. 性别结构

人口的性别结构与市场需求的关系密切。由于性别不同，男性和女性在生理、心理和扮演的社会角色上会有所差异，分别表现为不同的消费类型。一般来说，男性消费者的需求类型常常表现为粗放型、冒险型、果断型和事业型，他们在购买产品时往往注重产品的内在品质、功能；女性消费者的需求类型多为谨慎型、生活型和唯美型，她们在购买产品时往往对产品外观、花色等更为在意。但是随着社会的发展，男性和女性在社会中扮演的角色也在发生着变化，女性在消费决策中扮演着更为重要的角色，成为商家特别关注的消费群体。据调查，在我国，62 岁以内的年龄组内，男性消费者人数略多于女性消费者人数；37～53 岁的年龄组内，男性消费者人数约比女性消费者多 10%，但 73 岁以上的年龄组内，女性消费者人数约比男性消费者多 20%。因而市场上出现男性用品市场和女性用品市场。例如，在我国，女性通常购买日用品、家庭用品、服装；男性往往购买体育用品、家电类产品等。

3. 家庭结构

家庭是社会的细胞，也是某些产品的基本消费单位。例如，住房、成套家具、电视机和厨房用品等商品的消费数量就与家庭的数量密切相关。一个国家或地区家庭单位的多少、家庭成员的平均数量、家庭成员的结构和家庭的决策方式，对市场需求会有较大的影响。近几十年来，家庭结构呈现小型化趋势，特别是西方发达国家和一些发展中国家，以单身成年人住户、多人同住和集体住户等形式存在的非家庭住户数量迅速增加。改革开放 40 多年来，我国的家庭结构也发生了较大的变化，家庭规模小型化是我国城乡家庭结构变化的重要特征之一；与此同时，家庭结构还呈现出以核心化家庭为主，小家庭式样日益多样化的趋势。除核心化家庭外，其他非核心化的小家庭式样，如丁克家庭、单身家庭和单亲家庭等，也是构成我国城乡家庭结构的重要内容。

总之，不同国家和地区由于家庭结构的差异，对家庭用品（如住宅、家电、汽车等）的规格、数量等方面的需求也不相同。企业开展国际市场营销活动时，必须考虑到家庭结构的影响。

4. 民族结构

不同的国家拥有不同的民族，这些民族的社会、经济、文化分别处于不同的发展阶段。其中，有人口超过 1 亿人的民族，也有人口不足千人的民族。我国的汉族是世界上人口最多的民族，据说菲律宾棉兰老岛的塔萨代人是人口最少的民族，仅 20 多人。由于民族不同，人们的生活习性、文化传统也不相同，反映到市场上就是各民族的市场需求存在着很大的差异。因此，企业要注意针对不同民族的市场，开发符合民族特色、受欢迎的产品。

五、城市化程度

一个国家的城市化程度也很重要。农村和城市居民之间往往存在着巨大的文化与经济差异。由于这些差异对消费者行为具有相当大的影响，因此企业在进行国际市场营销前，必须了解城市化程度和产品消费的关系。对有些产品而言，城市和农村代表着两个不同的区域市场，例如，奢侈品在城市的市场较大，在农村的市场则较小。当然，有些产品的消费可能并不存在城乡差异，例如，日用品的城乡差异就比较小。

第二节　国际市场营销的科技环境

当代世界新科技革命正在兴起，产品产量的增长越来越依赖于科技的进步。技术革命带来了技术创新，改变了企业的生产、经营和管理模式，同时也改变了市场运行的模式。尤其是信息技术革命，带动了经济全球化的快速发展，改变了传统工业经济时代的营销模式和竞争策略。因此，企业在制定国际市场营销策略时，必须注意到技术革命尤其是信息技术发展带来的变化。

一、科技环境对国际市场营销的影响

（一）对消费者需求的影响

（1）需求多样化。随着科技的不断进步，新产品层出不穷，产品生命周期较之前大为缩短，市场竞争更为激烈，这为消费者提供了更多的产品选择机会。同时，伴随着互联网技术的飞速发展，消费者可以突破时空局限，通过网络在世界范围内搜寻产品及商家，拥有更多的购买选择，从而导致需求更加多样化。

（2）需求个性化。科技的发展，特别是互联网的出现和高速发展，给人们的社会需求注入了前所未有的活力，普通的社会供给已经远远不能满足当前人们的各种需求，消费者更加趋向于需求的个性化，以此来展现个性，体现自我价值。个性化时代的到来及其发展与人类社会的经济、科技以及人们生活水平的提高息息相关。由于各个国家的综合国力、生产力发展水平、科技水平以及人们的生活水平存在巨大差异，这就导致了个性化需求在不同国家和社会中存在差异。

（3）消费行为理性化。知识经济使消费者的受教育程度和文化水平获得了普遍的提高，从而使消费者的消费需求和消费行为趋向于个性化、理性化。现代企业一改工业经济时代那种单一的、大批量的营销方式，转而实行个性化和多样化的营销方式，同时消费者能够借助网络，全面、迅速地搜集与购买决策有关的信息。例如，消费者可以借助咨询软件迅速搜集相关的产品信息，并拟定不同的购买方案，从而做出最佳的购买决策。

（4）消费方式的改变。一种新技术的应用，必然会导致新的产业部门和新的市场出现，使消费对象的品种不断增加、范围不断扩大，消费结构也会随之发生变化。电子计算机技术的发展不仅为人们的工作提供了便利，而且改变了人们的日常生活方式。例如，网上购物已成为流行的购物方式，快递企业通过优化网络、改善服务，满足电子商务的配送需求，为网络购物的消费者提供便利的上门服务，方便快捷。人们足不出户就能买到心仪的商品，节省了大量的时间和精力。同时由于网店运营成本相对较低，所售商品相较于实体商店有一定的价格优势，这也为消费者节省了开支。

（二）对产品策略的影响

利用技术创新提高产品的科技含量是企业的重要竞争策略。国际市场一体化进展和市场竞争日益激烈，使得企业要想在国际市场中立于不败之地，就必须利用新技术不断对产品进行创新，不断提高产品品质。同时，技术的发展使产品的设计、开发和使用周期缩短，时机成为决定产品策略成败的关键，谁在时机上抢先一步，谁就可能获得广阔的市场。

1. 加快产品更新

科学技术的高速发展，新工艺、新材料的不断涌现，使得产品更新换代的速度加快，产品生命周期较以前大为缩短。在这种情况下，企业必须致力于技术进步、创新与研发，否则产品更新换代跟不上技术发展和消费需求变化的速度，企业就会被市场无情地淘汰。

案例与评析

诺基亚手机为何在"全球手机大战"中失去了曾经的辉煌？

众所周知，诺基亚手机在 2005 年之前曾长期"霸占"世界第一的宝座。自 2005 年高端智能手机问世以后，诺基亚的市场占有率就在不断下降。三星、苹果不断推出不同规格、型号的智能手机，而诺基亚始终坚持小屏幕、实体键盘、非触屏的传统产品设计理念。

据报道，2013 年全球手机销量达 18 亿部，其中有近 10 亿部智能手机，智能手机的销量首次超过功能机。三星是当时市场销量最大的手机厂商，苹果位列第二。从操作系统来看，安卓（Android）手机占据 78.4%的份额，苹果的 iOS 手机占 15.6%，微软的 WP 手机仅占 3.2%。2014 年，诺基亚正式被微软收购。与之类似，在功能机时代与诺基亚并称"双雄"的摩托罗拉的移动业务在 2011 年先被谷歌收购，在 2014 年又被联想集团从谷歌接手，将其纳入旗下。

评析： 随着科技的迅速发展，企业必须加快产品的更新，才能在国际市场营销中取得成功。不进行新产品的研发和换代，即使是世界级的大品牌，也会被取代。

2. 造就新行业及新市场

科学技术的发展促进了新产业的形成，例如，第二次工业革命推动了一系列新的工业部门形成和发展，如电力、化学、石油、汽车和飞机制造等工业部门；第三次工业革命后形成了高分子合成、电子计算机、半导体、航天、生物工程、光导纤维等工业部门。科技发展在造就新行业、新市场的同时，也使一些旧行业走向衰落。例如，太阳能、核能等新技术的发明与应用，冲击了传统的水力和火力发电行业，却为太阳能、核能企业带来了机会。伴随着科学技术的进步，新行业替代、淘汰旧行业，对于拥有新行业技术的企业来说是机会，但对旧行业来说却是威胁。

3. 创新销售渠道

科技的发展推动了营销渠道的变革，如今，亚马逊、易贝、全球速卖通、Wish、Lazada、Shopee、SHEIN、Temu、TikTok 等国际电商网站逐步成为新的销售主渠道，改变了人们的消费模式和消费习惯，同时刺激消费领域爆发出惊人的能量。

据商务部统计，2024 年，我国跨境电商进出口 2.63 万亿元，增长 10.8%。跨境电商依托灵活、高效、韧性的供应链，助力全国产品通达全球，成为对外发展的重要动能。

视野拓展

跨境电商营销：重塑全球市场的新动力

随着互联网技术的飞速发展和全球物流网络的日益完善，跨境电商应运而生，成为连接不同国家和地区消费者与商家的桥梁。这一新型贸易方式打破了传统国际贸易的地理限制，使得中小企业也能轻松涉足国际市场，与全球消费者建立直接联系。跨境电商营销，作为 21 世纪国际贸易的崭新形态，正以前所未有的速度重塑着全球市场的格局。它不仅拓宽了企业的市场边界，也为消费者带来了更多的商品选择。

1. 跨境电商营销的关键策略

（1）精准的市场定位。在进入跨境电商市场之前，企业需进行详尽的市场调研，明确目标消费群体的需求、偏好及购买行为，以便制定有针对性的营销策略。

（2）品牌国际化。建立强有力的国际品牌形象是跨境电商成功的关键。企业需通过高质量的产品、优质的服务以及有效的品牌传播，提升品牌在全球市场的知名度和美誉度。

（3）多渠道营销。利用社交媒体营销、搜索引擎优化、电子邮件营销、内容营销等多种手段，构建全方位的营销网络，提高品牌曝光度和用户黏性。

（4）优化用户体验。提供多语言支持服务、便捷的支付方式、清晰的退换货政策以及高效的客户服务，确保消费者在购物过程中获得流畅、愉悦的体验。

（5）高效物流配送。选择可靠的物流合作伙伴，优化配送流程，确保产品能够快速、准确地送达消费者手中，提升客户满意度。

2. 面临的挑战与应对策略

尽管跨境电商营销充满机遇，但也面临着诸多挑战，如法律法规差异、文化冲突、物流成本高昂等。为应对这些挑战，企业需采取以下策略：①加强合规管理。深入了解目标市场的法律法规，确保业务运营符合当地法律要求，避免不必要的法律风险。②实施本地化策略。针对不同市场的文化背景和消费习惯，调整产品和服务，实施本地化营销策略，增强市场竞争力。③优化供应链管理。通过技术创新和供应链整合，降低物流成本，提高配送效率，确保产品能够及时送达消费者。

评析：综上所述，跨境电商营销作为国际市场营销的重要组成部分，为企业提供了广阔的发展空间和无限的可能性。面对挑战与机遇并存的市场环境，企业需不断创新营销策略，提升品牌竞争力。

4. 提供营销物质基础

科学技术的发展为提高营销效率提供了更新、更好的物质条件。新的交通运输工具的发明和旧的交通运输工具的技术改进，使运输的效率大大提高；信息、通信设备的改善，更便于企业组织营销，提高营销效率。现代商业中自动售货、邮购、电话订货、电视购物等方式的发展，既满足了消费者的消费需求，又提高了企业的营销效率。此外，科学技术的发展也增强了促销效果。例如，广播、电视、网络等现代信息传媒的发展，使企业的产品和服务信息能够及时准确地传送到全国乃至世界各地，这有利于世界各国的消费者了解企业的最新信息，进而起到刺激消费、促进销售的作用。

（三）对交易方式的影响

信息技术革命使得全球经济呈现出网络化、数字化的特征。传统的以实物交换为基础的交易方式被以数字交换为基础的无形交易方式所代替。网络化和数字化使得世界各地的市场连接在一起，交易透明且不受地理位置和时间的约束，信息的获取和交换变得更加便捷和成本低廉。同时，国际市场营销中的交易活动也变得更加灵活、直接。电子钱包、在线支付、E-BANK、E-Transfer、支付宝、微信支付等已经成为国际国内普遍采用的支付方式。因此，信息技术的发展推动了交易的全球化、直接化和便捷性，降低了国际市场营销的费用和交易风险。

（四）对营销管理的影响

企业开展国际市场营销面对的环境要比国内市场复杂得多。由于传统的国际市场营销受地理位置和时间的约束，企业一般采取的是松散型管理，而且针对不同市场必须设立相应的机构和配套组织，所以开拓国际市场的成本高、风险大。而信息技术革命带来了全球通信的便捷，使远程办公、远程会议和远程管理成为可能。同时，知识经济的兴起促使企业从传统的侧重机构组织等"硬管理"向侧重教育、培训和增强员工的荣誉感等"软管理"转变。

（五）对竞争战略的影响

技术革命的加速发展，使企业在获取巨大利润的同时，还需要投入大量的资金和承担巨大的风险。因此，采用高新技术开拓国际市场的企业，一般都会与相关企业建立战略合作关系，使传统的单纯竞争形式变成既是竞争对手又是合作伙伴、相互依赖、相互竞争的形式，如美国的英特尔公司为开拓存储器市场曾与日本的富士通公司联合开发研制，共同享受研究成果。同时由于知识经济的发展，国际市场的竞争由传统的对资本等低层次资源占有的竞争，转变为对技术的研发、占有和利用能力的竞争。

二、国际技术标准对企业国际市场营销活动的影响

尽管先进技术对企业开展国际市场营销产生了许多积极的影响，然而从另一个角度来看，不断发展的技术对于企业，尤其是技术水平较低的发展中国家的企业而言，是一种阻碍、一种变相的歧视，这就是人们通常所说的"技术壁垒"。技术壁垒以技术为支撑，即进口国（尤其是一些技术先进的发达国家）通过制定法律、法令、条例、规定，建立技术标准、卫生检验制度等，借以提高对其他国家或地区进口产品的技术要求，以增加进口难度，从而达到推行新贸易保护主义的目的。这些技术标准的实施对于技术落后的企业来说，无疑是致命的打击。在这种情况下，技术落后的企业的产品根本没有机会进入实行高技术标准的国家，更不用说在它们的市场内开展营销活动了。因此，这些企业必须在争取更为公平的竞争环境的同

时，努力提高自身的技术水平，以便尽早冲破技术壁垒，获得更为可观的收益。

总之，科学技术的进步和发展，必将给社会经济、政治、军事以及生活等各个方面带来深刻的变化，这些变化也必将深刻地影响企业的国际市场营销活动，甚至关系到企业的生存和发展。因此，企业应特别重视科学技术这一重要的环境因素对企业国际市场营销活动的影响，以便抓住机会，防范风险，求得生存和发展。

📠 案例与评析

出海拓市场，深圳AIoT国际布局提速

据科技日报 2023 年 11 月 10 日报道（王春）伴随万物互联的物联网时代推进，数以百亿甚至千亿设备接入网络，物联网市场规模也日益扩大。为帮助企业抓住 AIoT 市场发展商机，"第六届中国国际进口博览会（以下简称'进博会'）——深圳 AIoT 产业出海对接大会"于 11 月 9 日在上海举行。中国正进入数智化时代，国际营销将会有怎样的变化？深圳市物联网协会智改数转首席专家、多伦多大学陈万林博士认为，数智化时代，营销体系必须突破传统，打造基于产业互联网的平台，实现多要素、多局域的精准服务。

多家企业分享了实践案例。华鹏飞股份有限公司以前一直做国内物流，近几年已经布局国际物流，并且在供应链的平台数字化方面做了大胆创新和尝试。深圳洲斯移动物联网技术有限公司与深圳华中科技大学研究院合作成立"洲斯移动物联网联合实验室"，搭建"产、学、研、用"一体化的 AIoT 综合性平台，其疫苗冷链解决方案极具竞争力。

AIoT 作为一个由"AI+IoT"深度融合的产业，展现出前所未有的发展潜力。据悉，深圳的 AIoT 产业链在全国最为齐全，深圳也是产生最多、最具国际竞争力 AIoT 产品的城市。深圳市物联网协会作为工信部国家中小企业公共服务示范平台、"专精特新"中小企业公共服务平台，12 年来已经突破中介与桥梁的定位，发挥着"产业路由器"功能，通过建设产学研科技成果转化、专精特新"陪跑"、产业生态对接、产才服务等四大平台，为企业提供技术、资金、市场、人才等四大维度服务，连接政、产、学（研）、融、用等五大资源，协助企业换道超车，实现产业升级。

评析：随着全球化及国际贸易的发展，科技和网络的发展，越来越多的企业走向国际市场。国际市场营销也越来越重要。

第三节　国际市场营销的自然环境

自然环境决定着一个国家或地区人们的生活质量和状态。企业作为社会系统的一个组成部分，其生存和发展与所处的自然环境息息相关。保护自然环境、促进经济与自然的协调发展，既是企业自身生存和发展的需要，又是企业不可推卸的社会责任。

一、自然环境要素

自然环境包括一国或地区的自然资源、地形、气候和环境污染状况等因素，这些因素作为外在物质条件，会给企业的国际市场营销决策带来重要影响。

1. 自然资源

一国的自然资源包括矿产资源、森林资源、土地资源和水资源等，绝大部分自然资源都是有限的，主要分为可再生有限资源和不可再生有限资源。如森林和耕地这类可再生有限资源，必须得到保护和有效利用，才能保证木材和粮食的供给能满足人口增长的需要。而对于

石油、煤炭、铁矿和稀有金属这些不可再生有限资源，当前过度开发造成的资源短缺问题已经变得非常严重。

因为世界资源分布得很不均衡，所以在原材料产地与产品生产地之间，存在着国际贸易。其中多数工业化国家扮演的角色是资源的进口方。以铅为例，澳大利亚、圭亚那和巴西的铅储量约占全世界总储量的65%，而美国的铅耗用量约占全球总产量的35%。世界市场对资源需求的不断增加导致资源价格持续攀升，因此自然资源始终是影响国际市场营销决策的主要因素之一。

2. 地形

地形是一国或地区领土的表面特征，主要分为平原、高原、丘陵、盆地和山地等。它往往是影响交通运输能力、通信条件甚至消费习惯的重要因素，故对企业的国际市场营销具有重要影响。例如，制造商发现在美国能正常使用的某种设备，需要对其做很大的改造，才能在撒哈拉沙漠中使用。

3. 气候

世界上不同国家和地区在气候上的差异巨大，气候不同的地区在对产品的需求和对产品性能的要求上存在较大的差异。例如，某些在温带地区运行正常的机械设备到了热带地区可能不能正常使用，往往需要经特别冷却或添加润滑剂之后才能适应热带气候；在我国广东部分地区、海南，羽绒制品没有太好的销路，在北方则销量良好。欧洲市场中的不同气候使洗衣机的设计有很大的不同，在挪威、瑞典、丹麦、冰岛和芬兰的一些地区，由于缺乏日照，衣服洗完后必须被烘干，因为不可能奢望等阳光晒干衣服；而在意大利和西班牙，由于阳光充足，洗衣机一般不需要设计烘干功能。

4. 环境污染状况

现代工业的发展对自然环境的破坏日趋严重，如全球气候变暖、酸雨、地球臭氧层遭到破坏、雨林消失以及物种灭绝等，环境污染已经成为当代社会的严重问题。越来越多的环保运动和可持续发展战略的实施，使得许多国家的消费者开始自觉使用以可再生资源制造的产品以及带绿色环保标志的产品。各国政府也开始制定各种严格的环保政策，并要求企业在生产及销售过程中不得对环境造成污染。因此，在开展国际市场营销活动时，企业必须了解和遵守当地有关环境保护的法令和规定，否则产品可能遭到封存或禁止销售的处罚。企业在进行国际市场营销时，必须针对特定市场，对产品进行合适的包装、改造，避免违反相关规定。尤其是在西方国家开展营销活动时，产品最好通过国际环保认证，如此产品可以在国际市场上免除与环境问题相关的检查。

二、自然环境对国际市场营销的影响

自然环境对国际市场营销的影响主要涉及以下三个方面。

（1）要选择合适的产品。自然资源、气候和地形等自然条件体现了一个国家或地区的物质特点，资源分布不均对国与国之间的贸易及企业的国际市场营销活动产生了广泛的影响。不同的国家和地区由于资源种类和数量差异较大，其生产的产品也呈现出很大的差异性，特别是与自然资源密切相关的产品。如加拿大森林资源丰富，生产的纸张原料好、质量高、价格低，具有很强的竞争力。因此，企业在开展国际市场营销时，如果选择东道国缺乏竞争力的产品，则成功的概率会较大。

（2）要因地制宜改进产品。一个国家或地区的地形、地势和气候等地理因素是企业进入该国市场必须考虑的重要因素。如一个国家的海拔、湿度和温度变化可能影响产品和设备的使用以及对其性能的要求，即使在同一国家内，各地气候也可能有很大的差异，有时需要对产品或设备进行重大改造。

（3）要选择合适的时机。由于地理位置不同，不同国家和地区在同一时期的气候会表现出很大的差异性。因此，在开展国际市场营销活动时，对于季节性产品的营销要特别注意东道国的气候状况。如在我国北方地区很畅销的冬季服装，如果同时在新加坡销售，就很难有销路。

三、环保主义运动与国际市场营销

1. 原材料的短缺

在人类所使用的自然资源中，70%都是不可再生的矿物资源，可分为能源、金属资源、非金属资源等三种。据测算，从20世纪末起，世界上39种重要的矿产资源中（按"静态储量"计算），50年内走向枯竭的有16种，100年内走向枯竭的有21种，200年内走向枯竭的有26种，300年内走向枯竭的有33种。最重要的几种资源的可使用年限分别为：石油40年，天然气64年，铀110年。有限但可再生的资源虽然在短期内不会枯竭，但必须防止过度采伐。

2. 环保主义运动兴起

随着工业和经济的发展，环境问题变得越来越严峻。首先，许多原材料出现短缺。水污染在世界上某些国家和地区已经成为严重问题，森林、耕地面积不断减少，许多矿产资源也面临枯竭。其次，环境污染程度越来越严重。氟利昂对空气臭氧层的破坏，增加了照射在地球表面的紫外线；二氧化碳的大量排放使得全球不断变暖。20世纪60年代以来，人们越来越关心现代工业活动是否无可挽回地破坏了自然环境，于是环保主义运动开始兴起。

环保主义运动专注于为满足人们物质需要和欲望而对环境造成的破坏，关注更多的是掠夺式的采矿、滥伐森林、工厂烟雾、广告牌和废弃物，以及受污染的食品引起的健康问题。环境保护主义者并不反对生产和消费，只是希望这些活动遵循生态保护原则。环保主义运动的开展，一方面使得许多国家的消费者增强了对环境的保护意识，采购产品时会考虑是否有可能造成环境污染，更多的人会选择由可再生资源制造的产品；另一方面，各国政府采取了积极的措施，制定了各种严格的环保政策，强制要求企业购置环保设施并采取措施解决环境污染问题。因此，企业在开展国际市场营销活动时，必须密切关注当地政府和消费者对环境保护的关注程度，针对特定市场对产品进行合适的包装、改造，以免引起环保问题和争议。否则，再好的产品如果不符合消费者的环保理念，也可能导致产品营销失败。

视野拓展

出海环保营销新思路

随着全球气候变暖等问题愈演愈烈，环保已然成为全世界的课题，海外消费者对环保、可持续等观念的重视程度也越来越高。环保营销也成为许多海外品牌所追逐的潮流，既能为环境保护出一份力，又能够向更多人传播环保理念、塑造有社会责任感的品牌形象。

美国DTC鞋履品牌Rothy's就是主打环保可持续产品的品牌之一。创始人之一Roth致力于研发环保女鞋，将回收的塑料瓶制作成纺织纤维，再编织成不同的鞋款，每年约有1.2亿个塑料瓶被Rothy's回收利用。该品牌采取3D编织工艺，极大程度上避免了切割面料带来的材料浪费。

除了产品本身，包装也能够成为环保理念的载体。宝洁公司与生产纸瓶的Paboco公司合作，为旗下衣物护理剂品牌Lenor开发了首款纸瓶包装，并在西欧推行使用。宝洁与Paboco研发首款100%可回收纸瓶，头部商家在环保方面所做的努力也引领着其他业内品牌投身环保事业，这体现着宝洁公司的社会责任感，同时也能够加强品牌在消费者心中的好感度。

保健糖果品牌 LEMME 从环保入手实现产品差异化。据官方宣传，LEMME 的包装瓶采用 100%回收材料，所有的运输包装也都是可回收材料。品牌还宣称每年将种植数千棵树，以恢复生态绿化，积极为环保事业做贡献。

开发环保产品与包装是打造环保品牌形象最根本的方式，也能扩大消费者群体、带来长久的经济效益，有一定实力的出海品牌可以将这点作为参考。但对于大部分品牌方来说，开发环保产品或者包装成本实在太大，也不能够在短期内产生回报。那么，又有哪些方法可以代替呢？

商品的持续耐用，也是环保的一种体现。据统计，快时尚行业每年产生 12 亿吨的二氧化碳排放。比起会造成环境污染的快时尚，具有环保意识的年轻人更乐意选择质量好、款式独特的旧衣物。美国二手衣物交易平台 thredUP 近几年非常活跃。thredUP 兴起的背后，是年轻人对环保的支持和对质量堪忧、遗弃率极高的快时尚产品的"宣战"。由此可见，对于品牌来说，产品的耐用性一样很重要，也能够成为环保的体现。服装界的环保先锋 Levi's（李维斯）一直致力于精进产品工艺和质检流程，以生产出质量足够好的牛仔制品。该品牌宣扬的理念是"买得更好，穿得更久"，同时还十分鼓励消费者购买二手衣物。

3. 环保主义运动对国际市场营销的影响

环保主义运动的开展，一方面使许多国家的消费者更加关注自己的生活环境，以及自己的消费行为是否会造成环境污染，自觉使用以可再生资源制造的产品和带绿色环保标志的产品。一般来说，经济发达国家的消费者环保意识较强，所以企业在开展国际市场营销活动时应注意宣传产品使用了多少可再生资源，并强调产品产生的环境污染小，以迎合消费者的环保观念。另一方面，公众对环境保护的关心也为一些公司创造了营销机会，例如，为控制污染的设备、空气净化器等创造了市场，也为发现新产品制造方法和新的产品包装方法而不破坏生态平衡者创造了大好的营销环境。因此，环保主义运动对关注环保问题的企业来说，是其在开拓国际市场时的一大好机会。

📖 视野拓展

环保定制产品趋势助跨境卖家销售

"世界地球日"是专门为世界环境保护而设立的节日，是于 1970 年发起的环保运动的周年纪念日，现如今，环保已成为大众关注的焦点，消费者越来越意识到在生活中使用环保产品的重要性。无论是减少塑料瓶和塑料袋造成的塑料污染，还是选择可再生能源，对可持续产品的需求都正在上升。因此，众多企业正在适应环保的生产实践，制造出与消费者偏好变化相一致的产品。随着全球人口的持续增长，地球有限资源的压力也在增加，不可再生材料的猖獗消费和废物的过量产生导致了令人震惊的污染和环境退化。不可否认，消费主义在环境退化中造成了不可磨灭的影响，盛行的"一次性文化"导致了资源的过度消耗和大量废物的产生。据估计，每年有超过 800 万吨塑料垃圾进入海洋，对海洋生物和生态系统构成了严重威胁。环保产品旨在通过提供由可持续材料制成的替代品来减轻这些负面影响，并以消费促进人们对环境负责。例如，定制环保手提袋。这些包袋的设计注重耐用性，能够承受长期使用的磨损，减少了频繁更换带来的环境压力。环保手提包往往具有多功能性，如可折叠、多口袋设计等，这增加了其实用性，满足不同消费者的需求。定制手提袋的设计涵盖了多种风格，使其不仅仅是一个实用品，也成为时尚配饰的一部分。

四、可持续发展战略与绿色营销

（一）可持续发展战略

可持续发展问题于 20 世纪 70 年代由西方国家提出。目前，被广泛接受和认可的可持续发展概念是挪威前首相布伦特兰夫人提出的，她认为："可持续发展是既满足当代人的需求，又不损害子孙后代满足其需求能力的发展。"该定义强调了可持续发展的公平性、持续性、共同性，主要包括以下三个要点。

（1）生态持续。生态持续要求改变单纯追求经济增长、忽视生态环境保护的传统发展方式，切实保持整个生命支持系统的完整性，保持生物多样化，保护人类赖以生存的大气、淡水、海洋、土地、森林等自然资源不受污染和肆意侵害，积极治理和恢复已遭到破坏和污染的环境。

（2）经济持续。经济持续要求通过调整产业结构和开发应用高新技术，转变经济增长方式，以改善质量、优化配置、节约能源、降低损耗、增加效益、实行清洁生产和文明消费、减少有害废弃物的流出和排放，使经济和发展既满足当代人需要，又不对后代人构成危害。

（3）社会持续。社会持续要求以提高人类生活质量为目的，积极促进社会向文明、公正、安全、健康的方向发展。为此，必须控制人口数量，提高人口质量；合理调节社会分配关系，消除贫富不均和两极分化；大力发展教育、文化、卫生事业，提高全体人民的科学文化素质和健康水平；建立和完善各种社会保障体系，保持社会政治稳定。由此可知，在可持续发展中，生态持续是基础，经济持续是主导，社会持续是根本目的。

可持续发展的思想要求人们彻底改变过去那种对自然界"强取豪夺"的态度和观念，减少和消除发展过程中对环境不友好的生产行为和消费行为。为了治理社会经济发展带来的资源浪费、生态失衡、环境污染等社会问题，世界各国都在努力使各自的发展回到可持续发展的轨道上来。可持续发展战略的实施，使作为环境污染主要制造者的企业，必须在生产经营、环境保护等社会活动中承担起社会责任；同时要将产品的营销活动同自然环境和社会环境的发展协调起来。因此，绿色营销成为企业实现可持续发展的根本途径。

（二）绿色营销

1. 绿色营销的产生

20 世纪二三十年代以来，企业在经济利益的驱动下，忽视了企业应承担的社会责任和应遵守的道德法则，损害了消费者的身心健康。随着情况日益恶化，欧美的保护消费者权益运动日渐高涨和深入，成为绿色营销的萌芽。

20 世纪六七十年代以来，人们越来越关心自己的生存环境，以环境保护意识为核心的可持续发展意识得到增强，消费者的环保意识逐渐觉醒。消费者由关注自身利益延伸到对环境资源的关心，逐渐认识到不恰当的社会经济发展所造成的环境恶化、资源枯竭和人口快速增长等问题，会极大地影响人类的生活质量和身心健康，消费者开始崇尚自然和适度节制的消费方式，环保意识的觉醒促进了绿色营销的兴起。

20 世纪 90 年代以来，全球掀起了一场空前壮观的"绿色革命"，不仅要求产品对人体无害，而且要求产品在生产过程中对环境无害。随着人们环保意识的日益增强，国际市场的消费需求也出现了新变化，绿色营销的概念逐渐获得关注。

所谓绿色营销是指企业在生产经营过程中，将企业自身利益、消费者利益和环境保护利益等三者统一起来，然后以此为中心，对产品和服务进行构思、设计、制造和销售。绿色营销强化了企业以环境保护为经营指导思想，以绿色文化为价值观念，以消费者的绿色消费为中心和出发点的营销观念、营销方式和营销策略。

2. 绿色环保产品的种类

绿色环保产品主要包括以下七种类型。

（1）可回收利用型，如可翻新的轮胎、可回收的玻璃容器、再生纸、可重复使用的运输周转箱（袋）等以可再生原材料制造的产品等。

（2）低毒、低害物质，如低污染油漆和涂料、不含农药的室内驱虫剂、低污染灭火剂、不含汞镍的电池等。

（3）低排放型，如低排放雾化燃烧炉、低污染节约型燃气炉等。

（4）低噪声型，如低噪声割草机、低噪声摩托车、低噪声建筑机械等。

（5）节水型，如节水型洗槽、水流控制器、节水型清洗机等。

（6）节能型，如循环锅炉、太阳能产品及机械表等。

（7）可生物降解型，如以土壤营养物和调节剂合成的混合肥料、易生物降解的润滑油和润滑脂等。

3. 绿色营销与传统营销方式的区别

传统营销虽然重视将企业利益同消费者及社会长远利益结合起来考虑，但它并未重视社会的可持续发展及绿色营销。绿色营销重视企业经营活动同环境的关系，并突破了国家和地区的界限，关注全球的环境，具有可持续性。

绿色营销不等于环保营销，环保营销要求企业在开展市场营销活动的同时，努力消除和减少生产经营对生态环境的破坏和影响，即企业在选择生产技术、生产原料、制造程序时，应符合环境保护标准；在产品设计和包装设计时，应尽量减少产品包装或产品使用所产生的剩余物，以减少对环境的不利影响；在分销和促销过程中，应积极引导消费者在产品消费使用、废弃物处置等方面尽量减少环境污染；在产品售前、售中、售后服务中，应注意节省资源、减少污染。

绿色营销不仅包括保护生态环境、保护消费者的身体健康、清除危害消费者身体的行为，还包括保护消费者的思想健康、心理健康，维护消费者的整体利益或者形成良好的社会风气和社会环境。比如，迷信营销、黄色营销、灰色营销以及销售假冒伪劣产品的黑色营销都不符合绿色营销的要求，因此，绿色营销还应包括清除这些不良的营销行为。

本章小结

任何企业的国际市场营销都是在一定的市场环境因素的相互作用下进行的综合性营销活动。本章主要对国际市场营销的人口环境、科技环境、自然环境等三个方面进行了分析。

人口环境包括人口数量、人口增长率、人口分布与人口密度、人口结构、城市化程度等因素，这些因素都会对企业的国际市场营销产生影响。

技术改变了企业的生产、经营和管理模式，同时也改变了市场运行的模式和营销模式。因此，企业在制定国际市场营销策略时，必须注意到技术发展，尤其是信息技术发展带来的变化。

自然资源的分布、气候和地形等都是企业需要充分考虑的因素，也是影响世界经济和贸易发展的重要因素。

![book] **综合练习题**

一、单项选择题

1. 对食品、药品等生活必需品来说，决定其市场潜力的第一个指标是（　　）。
   A. 人口　　　　　　B. 经济发展水平　C. 人口总量　　　　D. 收入

2. 一个国家的矿产、水力、地形、气候等一切实际及潜在的财富是该国的（　　）。
   A. 自然资源　　　　B. 基础设施　　　C. 基础服务能力　　D. 经济基础

3. 生产汽车是否加配空调器，与目标市场的（　　）直接相关。
   A. 气候　　　　　　B. 平均气温　　　C. 平均温度　　　　D. 平均湿度

4. 一个国家的自然资源不包括（　　）。
   A. 地形　　　　　　B. 气候　　　　　C. 水　　　　　　　D. 城市化

5. 下列与人口数量关系最为密切的是（　　）。
   A. 珠宝　　　　　　B. 食品　　　　　C. 游艇　　　　　　D. 旅游

二、判断题

1. 自然资源包括可再生有限资源和不可再生有限资源，可再生有限资源对国际市场营销决策的影响不大。　　　　　　　　　　　　　　　　　　　　　　　（　　）

2. 采用高新技术开拓国际市场的企业，一般都注重与相关企业建立战略合作关系。（　　）

3. 人口密集的地方通常人均营销成本较低。　　　　　　　　　　　　　　　　（　　）

4. 科学技术的发展，不仅形成了新产业，还改变了人们的消费模式。　　　　（　　）

5. 电视机和厨房用具等产品的消费数量和家庭规模的大小密切相关。　　　　（　　）

三、简答题

1. 自然环境的要素是什么？
2. 人口环境的要素是什么？
3. 人口增长率对企业开展国际市场营销会产生哪些影响？
4. 技术革命对国际市场营销有什么影响？
5. 在全球节能减排的背景下，企业应如何调整国际市场营销策略？

四、案例分析题

深耕汽车冷凝器制造　邦德股份打入国际市场有方法

据证券时报 e 公司 2023 年 11 月 15 日报道，近年来我国汽车产业链快速发展，在不少细分市场已有中国企业占据一席之地。其中，汽车制冷系统中的冷凝器产品领域便有邦德股份这样一家北交所企业，其产品远销欧美及全球各地，适用于奔驰、宝马、奥迪、丰田、本田、特斯拉等畅销汽车品牌。目前，该公司已成为全球后市场最大的冷凝器制造商之一。

通过调研了解邦德股份从研发到生产制造的全过程，可以一窥其何以能够在这样一个细分市场闯出一片天地。

1. 瞄准汽车后市场

冷凝器与人们的生活日常息息相关，是制冷系统的机件之一，可用在空调、冰箱、汽车等领域。如果说把家用空调比作黑白电视，那么汽车空调则属于液晶电视级别，应用在汽车空调中的冷凝器使用了更高级别的技术。

热交换产品不涉及行车安全且具有较高的附加值，因此邦德股份最初便选择了这一领域。在市场的选择上，邦德股份瞄向了汽车后市场。汽车后市场生产企业的直接客户主要为分销商，分销商的采购诉求是品种齐全、具备良好性能、性价比高，并且根据其库存情况进行即时采购，这就需要该公司具备小批量、多品种的柔性管理模式。

经过多年的发展，邦德股份经营渐入佳境，凭借在研发创新、产品质量、团队管理、客户资源等方面形成的核心优势，打入了全球汽车后市场知名零部件分销商的采购体系，成为其冷凝器品类的核心供应商。该公司主打产品平行流式冷凝器和平行流式油冷器，通过全球汽车大型零部件分销商出口至北美、欧洲、韩国、大洋洲、南亚等全球各地。

随着生产规模日益扩大，邦德股份不断在上游领域扩大布局。邦德股份用了7年的时间发展上游产业链，布局了上游98%的环节，包括零部件加工、总装、成品入库等。上游环节的自主可控给该公司带来了三方面好处：质量受控、时间受控、成本降低。

通过全产业链的优势，邦德股份得以保证产品质量稳定、客户响应及时、产品型号齐全，也以此赢得了较高的声誉和市场地位，在国际市场中站稳脚跟。

2. 打入海外中高端市场

邦德股份能够打入海外中高端市场，靠的不是某项"黑科技"，而是良好的管理和体系化建设，并在此基础之上稳扎稳打地推进研发、生产，并开展服务等多方面工作。

邦德股份的管理心得主要包括：质量、型号品种、性价比、信誉、时效。第一，产品质量符合欧美客户标准，同时也得到了客户的认可；第二，产品型号品种齐全，已开发产品多达两千余种，覆盖了全球85%左右市场畅销车型；第三，产品性价比远超客户的预期；第四，做生意讲究诚信，该公司长久以来的信誉表现获得客户认可；第五，交货周期短，降低了客户的运营成本。

为能够更好地满足客户的选型需求，把控产品成本、生产周期和品质的稳定性，该公司依托信息化管理体系打通了模具制造、零部件加工、装配、钎焊、气密、涂装、封氮等生产流程的各个环节，拥有从原材料采购、零部件加工到产成品总成的完整产业链，实现了较高完整度的产品零部件全工序自制。

国外优质客户对热交换器的质量有较高的要求，而用户通常通过品牌来判断产品的质量，故产品的品牌和质量对限制其他企业进入该领域起着十分重要的作用，这也成为邦德股份在行业中站稳脚跟的优势。

3. 资本市场助力稳步扩张

在主业稳健的基础之上，邦德股份开始稳步推进产能扩充。2023年5月，邦德股份公告，在江苏常熟投资不低于10亿元用于建设汽车热管理系统零部件项目。常熟项目未来将在汽车水箱、中冷器以及微通道扁管等项目上实施生产，其中微通道扁管产品生产难度大，在全球范围内其生产企业屈指可数，基于该项目，邦德股份能够进一步加强全产业链优势。

在对外投资方面，该公司主要聚焦具有市场前景、赢利能力的新产品、新技术，重点关注与该公司优势互补的领域进行投资。该公司在进行对外投资时，高度重视风险控制和长期价值增长，以审慎的态度寻找战略契合度高、增长潜力强的投资领域。冷凝器的市场应用领域非常广阔，从传统的车用，到5G基站、风能发电、储能等领域，都有广泛的应用，市场空间巨大。未来行业将围绕储能、新能源、液冷技术、5G/6G等技术的推广和应用展开，针对以上发展趋势和领域，邦德股份也在积极探索新领域的应用，加大新兴产品领域的开拓和研发，立足现有优势产业的基础上，在新领域中不断探索新的发展机遇。

问题：（1）请分析邦德股份的产品能够远销欧美及全球各地，并且成为全球后市场最大的冷凝器制造商之一的原因；（2）科技的发展给邦德股份在国际营销上带来了哪些优势？

第六章　国际市场营销调研

【学习目标】

掌握国际市场营销调研的概念和类型；了解国际市场营销调研的具体内容；掌握国际市场营销调研的方法；了解国际市场调研的组织；掌握国际市场营销调研的特点。

【引例】

茅台调研泰国市场

据新浪财经 2023 年 6 月 25 日消息（李铁　姿羽　清月）2023 年 6 月 25 日，茅台集团代表出席第 16 届世界华商大会开幕式并于曼谷展开密集调研，通过看终端、看渠道以及登门走访当地茅台酒经销商门店，多方了解东南亚地区市场状况。

茅台集团代表相继调研了泰国经销商门店及经营场所，同时还走访当地最大的免税店 KingPower 终端市场，围绕如何实现"破圈"销售、打造更厚实的市场土壤做广泛探讨。当地渠道商告诉茅台集团代表，现在茅台在泰国本土已相当出名，很多人知道它是中国最好的酒。"只是，有机会喝到茅台酒的人还不够多。"一位经销商代表表示，茅台酒的消费群体近年来有所变化，"不少客户会用茅台酒招待好朋友和重要客户。"

茅台高管表示，根据茅台"集团一盘棋"战略，除了茅台酒外，还有价格链条完整、品类齐全的酒类产品，让泰国的消费者有更多选择。"我们要做品牌、做宣传、做文化，满足一些高端消费人群的好酒需求，在泰国市场引领中国的白酒，特别是引领酱香型白酒品牌进入泰国消费者市场。"茅台高管表示。

调研中，茅台管理层也不断询问泰国经销商的市场开拓建议。当地经销商表示，包括茅台酒、用茅台产品调制的鸡尾酒在内，泰国各消费群体对茅台文化的认知越来越强。茅台关注的是，怎样以主流消费人群为核心，让茅台酒及其家族产品能够深耕本地市场、实现"破圈"销售，扩大在本土的消费根基。作为年轻市场的突破口，当地终端市场表示，他们尤其欢迎茅台冰激凌等产品进入泰国市场，让泰国年轻人感觉到酱香的味道，因为泰国也是冰激凌的消费大国。

自茅台提出"立足国内、拓展国际"的国际化战略，外界都很关心作为白酒龙头企业，茅台将在实现国际化中如何打样，尤其是将华人聚集的亚太地区打造为茅台拓展国际市场的样板市场。

评析：茅台集团国际市场布局离不开其对国际市场的理解，通过国际市场调研可以深入了解当地消费者与经销商等情况，为企业经营决策提供客观依据，也有助于企业开发新产品和增强其在国际市场的竞争力。

国际市场营销涉及众多国家和地区，各个国家和地区在政治、经济、法律、文化、语言和风俗上都存在着较大差异，使企业的国际市场营销活动面临着众多障碍。为了克服这些障碍，获得市场信息，制定有针对性的营销组合策略，企业必须进行充分的国际市场营销调研。

第一节　国际市场营销调研的类型及内容

　　市场是复杂和多变的，市场运动的规律往往隐藏在大量的市场现象和事实之中，这就要求企业对市场进行全面的调查和研究，通过大量的市场营销调研，获取、处理和分析市场环境反馈的信息，并据此进行决策。

　　国际市场营销调研就是指运用科学的信息搜集、处理的方法和手段，有目的地系统搜集、记录和分析国际市场的信息，为企业做出国际市场营销决策提供科学依据。通过调研，企业可以了解哪些市场已饱和，哪些市场存在未被满足的需求。企业还可以通过调研，了解国际市场的消费者对产品售后服务等的需求，了解目标市场存在哪些销售渠道、商业机构、促销方式，从而制定有针对性的营销组合策略。

一、国际市场营销调研的类型

　　根据调研的目的和功能，可以把国际市场营销调研分成三种基本类型。

　　1. 探索性调研

　　探索性调研一般是在调研的内容与性质不太明确时，为了了解问题的性质，确定调研的方向与范围，而进行的初步资料的搜集。

　　在调研的早期，通常对问题缺乏足够的了解，尚未形成一个具体的结论。例如，A 品牌的一次性纸尿裤市场份额去年下降了，其市场份额下降的原因可能有以下几点：经济衰退；广告支出减少；销售代理效率低；消费者习惯改变等。这时企业便可以采用探索性调研来寻求可能造成市场份额下降的原因，从一些用户及代理商处收集资料，从中发现问题。A 品牌是一种价格低廉的纸尿裤，起初进行市场营销的目的是与低价格的品牌竞争，而现在其收集到的信息是目标市场中的家庭相比以前收入有所提高，并且愿意花更多的钱购买高质量的婴儿用品，这可能是该产品市场份额下降的原因。据此，通过探索性调研得到的推论是："有小孩的家庭有更多的实际收入以及在婴儿用品上愿意花更多的钱。"

　　2. 描述性调研

　　描述性调研是一种常见的调研方式，是指对所面临的不同因素、不同现状进行的调查研究。其数据的采集和记录，着重于对客观事实的静态描述。大多数的市场营销调研都属于描述性调研，例如，关于市场潜力和市场占有率、产品的消费群结构、竞争企业状况的描述。在描述性调研中，可以发现其中的关联变量，但并不能说明哪个变量是因、哪个变量是果。与探索性调研相比，描述性调研的目的更加明确，研究的问题更加具体。

　　3. 因果性调研

　　因果性调研是对市场上出现的各种现象或问题之间的因果关系进行调研，目的是找出问题的原因和结果，也就是专门调查"为什么"一类的问题。描述性调研提出各因素的关联现象，例如，某产品的销售增长与广告费和技术服务费增加、消费者收入增长等因素有关，因果性调研则要找出在这些关联现象中何者为"因"、何者为"果"，哪一个"因"是主要的、哪一个"因"是次要的，各个"因"的影响程度是多大等。

案例与评析

2020年中国图书市场报告（节选）

（艾瑞咨询 2021-04-14）

（1）阅读习惯的改变。2020 年，随着阅读时间的增加，用户对各类型图书的阅读偏好度均有增长；医疗/健康类图书的用户偏好度增长最为明显（45.4%）；用户偏好度的增长也体现在图书销售上——根据京东图书大数据，预防医学/卫生学这一品类图书的销量，2020 年是 2019 年的 5 倍。

（2）为知识付费意愿进一步提升。买书花钱不含糊，人均购买金额逐年增长。2020 年，多数用户的买书支出依然集中在 200~500 元之间，占比达 43.6%；买书数量的增长也一定程度上带动了图书花费的增长，相较 2019 年，2020 年买书金额在 500 元以上的用户占比提升了 6.1%，用户为买书花钱的意愿进一步提升。根据京东图书大数据，图书用户的人均购买金额逐年增长，2020 年图书用户的人均购书支出较 2018 年增长 3.3%。

（3）女性用户呈现出更强大的购买增长态势。根据京东图书大数据，虽然男性用户人均买书金额高于女性，但女性用户数量增速在 2019 年和 2020 年均超过男性用户数量增速，2020 年明显高出 13 个百分点；而对比 2018 年，2020 年女性新用户数量增幅超过男性新用户数量增幅 15%。

（4）"95 后"成为消费新势力。通过京东图书用户画像可以看出，图书用户年轻化越来越明显。"95 后"用户数量占比和件单价有相对明显的增长：25 岁以下用户占比从 2018 年的 16.4% 提升到了 2020 年的 17.6%，"95 后"用户 2020 年的件单价与 2018 年相比，提升了 10%。此前被视为消费潜力的"95 后"已成长为图书消费新势力。

（5）向低线级城市持续下沉。根据京东图书大数据，2018 年至 2020 年，一二线城市的用户数量占比及新用户数量占比逐年下降，三到六线城市的用户数量占比及新用户数量占比逐年上升；与之对应，三到六线城市的成交数量占比及成交额占比也逐年上升，图书市场渠道逐渐下沉。

评析：随着互联网技术的不断发展，电子商务平台成为商家实施市场调研和用户研究的一个重要途径。通过电商平台数据，商家可以了解销售情况，利用数据分析工具可以了解用户画像，利用社交媒体可以了解客户口碑等，在进行市场分析时可以灵活地使用各种手段随时获取相关产品信息，以便增进对市场的了解。

二、国际市场营销调研的内容

国际市场营销调研的范围和广度取决于国际市场营销决策需要多少信息。一般来说，国际市场营销调研的类型主要有六种，不同的调研类型对应着不同的具体内容。

1. 国际市场机会调研

国际市场机会调研就是分析论证本企业产品在国际市场上销售成功的可能性。国际市场机会调研需要搜集的相关资料包括：国际市场和国内市场的产品价格，产品的国际市场总需求量，企业潜在的国际市场份额，影响企业市场份额的竞争因素，企业产品进入国际市场是否会导致企业产品单位成本降低，企业的人力、财力、物力等资源条件。另外，国际市场竞争激烈，因此企业在做出国际市场营销决策之前，还需要对竞争对手进行调研。

在竞争激烈的国际市场上，深入细致地做好国际市场机会调研，有助于企业准确预测产品在国际市场上的销售前景，以及在销售过程中可能出现的各种问题和障碍，以便提前采取相应的防范措施，为国际市场上产品的畅销铺平道路。

2. 目标市场选择调研

企业在进入国际市场时，不可能一举进入所有国家和地区的市场，而是要选择某个或某些国家和地区作为目标市场，市场潜力越大的国家，企业越要优先进入。在评价一国或一个地区市场潜力的大小时，需要收集的资料包括市场潜力、市场竞争情况、目标国的政治法律状况等。

（1）市场潜力是指理想状态下的市场总需求量。在一般条件下，准确计算某国的市场潜力是比较困难的，所以所采用的办法往往是在计算该国国内市场销售总量的基础上对市场潜力进行估算。

（2）了解市场竞争情况需要的信息主要包括该国主要竞争对手是哪些公司、各来自哪些国家、在该国市场各占多大份额、发展趋势如何、营销策略如何、各有何种优势或劣势。

（3）目标国的政治法律状况是指目标国的国内政局是否稳定，目标国的国体、政体、各项有关经济的法律法规及其连续性如何，政府对外来产品和外来投资的一般态度和政策倾向性如何。

3. 国际市场动态调研

调研人员必须确定目标市场的现有规模、类型、可能的变化趋势以及企业产品可以争取到多大的市场份额，可以从以下调查和分析中找到这些问题的答案。

（1）消费者研究。在国际市场中，消费者的人口构成、购买力水平、购买偏好、购买行为等直接影响着市场规模和市场需求结构。所以，消费者研究是进行国际市场动态调研的一项重要内容。除此之外，还要了解工业用户及其他机构等的购买行为，有时工业用户的需求比个人及家庭消费者的需求更大。

📖 案例与评析

跨境B2B电商调查："一带一路"部分国家增幅超230%，成熟市场仍是发展重点

据《经济观察报》2021年10月21日报道（李晓丹）自2020年以来，中国出口电商凭借高度灵活性，逆势实现超20%的高速增长。尼尔森IQ（NielsenIQ）研究显示，美国、墨西哥、英国、澳大利亚、加拿大同比增幅均超过110%，俄罗斯和印度同比增幅超过90%。与中国共建"一带一路"的巴基斯坦、菲律宾、巴西三国电商流量同比增幅超230%，新兴国家增长成为此次热点。

尽管新兴国家增速明显，考虑到原市场体量的庞大以及较高的增长，成熟市场依旧是中国B2B跨境电商的主要目标，其中美国、新加坡、俄罗斯、英国等仍为贸易重点。

尼尔森IQ电商大数据副总裁施燕表示，根据生产要素的不同，美国买家可以分为价格敏感型、质量驱动型和创造型，不同类型买家在采购、交易中所处角色和对供应商核心需求上各有侧重。作为采购低附加值产品的中间人服务型企业，价格敏感型买家需要供应商注重独家经销、价格以及沟通等方面；质量驱动型买家多为对质量要求较高的行业佼佼者，对供应商的要求多体现在产品品质、合作稳定性和服务上；需要创意变现的创造型买家对供应商的诉求主要体现在可信度、价格和定制化等方面。

尼尔森IQ研究发现，新一代信息技术的应用和中国数字基础设施建设的加强，为跨境电商提供良好的产业基础和生态环境。随着大数据、物联网等新兴技术与跨境电商研发生产、物流配送、精准营销等环节逐渐融合，中国跨境电商在技术层面取得领先优势。相较于传统外贸，跨境电子商务具有简化贸易链路、大幅降低贸易成本等优势，能够推动全球价值创造要素的重组，并帮助传统外贸企业实现转型升级，同时RCEP的签署及"一带一路"倡议，为中国跨境出口电商提供了积极良好的发展环境，使中国品牌更好地进入国际市场。

评析：尼尔森IQ是一家业务遍及众多市场的市场监测和数据分析公司，可提供全面、公正的消费者行为洞察，在开拓性消费者数据平台的支持以及分析功能的助推下，为消费品公司及零售商提供决策依据。开展国际市场营销的公司通常情况下都需要借助这类专业的国际调研公司开展调研以获得更准确的信息。

（2）消费量调研。开展国际市场营销的企业不仅需要进行消费者研究以对市场总体规模和结构有所了解，还需要掌握市场目前的消费量以及未来可能的消费量。

通过国际市场动态调研，调研人员能分析和了解市场规模、市场类型及变动趋势，并且可根据上述调查结果对市场进行细分，以便更准确地评估本企业产品在目标市场中的潜在销量。

4. 进入目标市场方式调研

进入目标市场方式调研即调研企业应以何种方式（如出口、许可贸易、国外合资或独资等）进入目标国市场。需要搜集的资料包括：目标国的政治法律情况；目标国的对外贸易政策，如外汇、关税、进口限制等情况，以及目标国政府给予外来企业的优惠条件和施加的限制；目标国的市场潜力；目标国的基础设施情况，如交通、运输、能源、通信等；目标国的市场竞争情况；目标的资源条件，如原材料供应、劳动力价格、技术水平等；本企业具备的人才、技术、管理经验、资金等方面的条件。

5. 营销组合策略调研

选定合适的目标市场，企业还必须采取有效的营销组合策略，为具体策略的制定和实施提供依据。

（1）产品调研。在新经济环境下，产品生命周期缩短，加强产品调研，特别是研究竞争对手的产品，对企业的发展有着非常重要的意义。产品调研应包括下列内容：产品在国际市场的销售情况；出口产品的设计、功能、用途、使用方法和操作安全程度；出口产品所处的生命周期；出口产品的类型和产品组合、售前和售后服务；老产品的新用途和新市场；新技术、新工艺、新材料和新产品的发展趋势；消费者对产品的特殊要求（包括色泽、风味、规格、图案、式样、原料、性能、技术指标以及包装等）；产品的设计、性能、包装方面的改进意见。

（2）销售渠道调研。产品应以最高的效率和最快的速度送到消费者手中，这与加快资金周转、降低成本、提高经济效益的关系极大。销售渠道调研的内容包括：国外各类中间商（包括批发商、代理商、零售商）经销产品的种类及其设施、服务、人员、水平、财务能力、资信状况等；中间商所期望的信用条件和销售条件；对国外各市场零售网点的分析；将产品运至市场的费用、时间、保险及包装要求等。

（3）价格调研。国际市场上的价格受多种因素的影响。价格调研的内容包括：影响价格变化的因素；目标国政府对价格的管制情况；关税方面的政策、税率以及各种国内税对产品价格的影响；各种不同的价格政策对销量的影响；竞争产品、相关替代产品的现行价格、变相提价或降价的方法；新产品的定价策略；产品生命周期不同阶段的定价原则。

（4）促销方式调研。促销方式调研的内容包括：国外市场促销组合、可利用的广告宣传媒体和费用标准；促销推广的方法，如折扣、店内展示、赠送样品、产品搭配销售、抽奖以及以赞助为目的的社会公益活动；竞争者所使用的有效广告宣传方式；代理商、中间商、零售商在促销中的作用；推销员的素质、水平、训练费用及其在产品推广中能起多大的作用。

6. 资源配置决策调研

资源配置决策调研即调研企业应如何把各种资源在目标国市场、各子公司、各产品系列之间进行分配，以获得最优经济效益。制定合理的资源配置决策需要了解的信息包括：企业在目标国市场上的销售潜力如何，如总销量、销售增长率、市场占有率等；企业在目标国市场上的经营状况如何，如在该国获取的利润占企业总利润的比例是多少；在目标国市场使用的推销手段的效果如何、广告效果如何、经营效果变化的原因、渠道成员努力程度如何、销售服务方式如何等；企业的各种产品在目标国市场上的生命周期状况。跨国企业的资源配置决策是一个非常重要且复杂的决策，需要的信息量极大。企业只有在充分掌握这些信息之后，才能不断地调整企业资源在目标国市场、各种产品、各种经营方式之间的分配，使其产生最佳的经济效益。

第二节　国际市场营销调研的方案

一、明确调研问题和目的

要想国际市场营销调研成功，首先要明确所要调研的问题。调研问题应该是战略性的，它涉及确定需要什么信息以及如何高效地获得这些信息，调研问题既不可过于宽泛，也不可过于狭窄，要有明确的界定，并充分考虑调研成果的实效性。其次要基于所要解决的调研问题确定调研目的。在确定调研目的时，要有针对性地选择有意义的调研问题，要使调研问题明确、具体、中心突出。确定调研目的是把企业在实际开展营销之前需要了解和解决的营销问题转化为有待调查的各种因素，确定调查范围并写成书面文件。调研目的清晰明确可以保证后续的调研工作有的放矢。由于国际市场营销调研所面临的是国与国之间、地区与地区之间的问题，不同国家与地区之间的政治、经济、文化的差异，使得国际市场营销调研的环境比国内市场营销调研要复杂得多，因此，一个明确的调研目的就显得尤为重要。

二、确定调研的广度和范围

国际市场营销调研范围是指在调研时具体应该调研哪些问题，应该收集哪些方面的资料以及通过哪些渠道收集资料。国际市场营销调研的范围要比国内市场营销调研的范围更为广泛。比如，当企业要进入一个新市场时，往往要求调研人员提供与该市场有关的一切信息，包括该国的政局是否稳定，具有怎样的文化属性和地理特征；其市场具有何种特性，潜在的经济增长前景如何等。此外，企业还应要求调研部门提供必要的信息来帮助调研人员克服对异国环境的陌生感和语言障碍等困难。

国际市场营销调研范围要比国内市场营销调研范围更为广泛，原因在于企业在进行国际市场营销时所面临的是一个全新的市场。当然，一个企业在进行国际市场营销调研时是否对所有内容都要调研，应该视具体情况而定，一般是突出重点、兼顾全面，以调研目的为主进行调研。

三、拟定调研项目

拟定调研项目就是把已经确定的调研目的和调研范围具体化。在拟定调研项目时，应该注意以下几个问题。

（1）调研项目的提法和含义必须明确具体，不能模棱两可，以免被调查者回答问题时由于理解偏差造成混乱。

（2）调研项目中出现的问题不能带有倾向性，应保持中立，不诱导被调查者进行选择。

（3）所有问题都应是被调查者能回答出的问题，应在被调查者的能力范围之内。

（4）调研项目中问题的提法应设法减少被调查者的抵触情绪，以避免被调查者因回避问题而不作答或提供不真实的答案，从而影响调查结果的准确性。

四、确定资料的来源并整理资料

调研时使用的资料主要包括二手资料与原始资料。二手资料的来源主要包括国际组织和各国政府公布的资料与数据、企业内部的记录和报告，以及从各种渠道得到的间接资料。二手资料的主要问题是缺乏许多国家的资料，尤其是经济不发达的国家；有些国家资料的可靠性低、随意性强；各国资料由于统计口径不同，缺乏可比性。当二手资料不能满足调研需要时，就必须由调研人员着手搜集原始资料。在国际市场营销调研中，原始资料的搜集往往会遇到语言方面的困难，并且不同文化背景下的消费者对调研的反应有明显差异。

搜集资料后，还需要进行科学的整理。整理资料主要包括逻辑审核、计算审核、统计分组和汇总等主要阶段。这几个主要阶段对调研人员提出了较高的要求：①为了分析调研资料，需要熟悉和理解所调研市场的文化背景；②具有丰富的经验且能适应各种情况，能在有困难的条件下得出调查结果；③处理资料时持有谨慎的态度，能对资料的真实性、可靠性和可比性进行判断。

五、撰写调研报告

调研报告是用文字、图表的形式反映整个调研内容和结论的书面材料，它是企业做出营销决策的重要依据。调研报告通常包括三个部分，即前言、报告基本内容和附录。前言部分应指出调研目的，明确相关概念，简要叙述调研所用的方法，必要时也可以提及部分调研结论。报告基本内容部分一般说明调研的假设、论证所用的方法和叙述调研的内容。在这部分内容中可以分析收集到的资料，并给出可能的结论，另外还应说明调研存在的缺点。附录部分一般包括调研所用的全部工具、资料和详细的计算处理结果。

调研报告的撰写应遵循的原则包括简明扼要、逻辑性强、有理有据。国际市场营销调研必须采用一定的、有效的技术方法，报告用语应尽量通俗易懂，使报告易于被决策者理解和接受。

第三节　国际市场营销调研的方法

国际市场营销调研涉及的范围很广，而企业的调研经费和时间有限，因此选择恰当的调研方法对调研人员来说很重要。根据信息来源不同，国际市场营销调研的方法可以分为两类：案头调研（又称二手资料调研）和实地调研（又称一手资料调研）。

一、案头调研

案头调研是对已经存在并以某种目的而收集起来的信息进行的调研活动，也就是对二手资料进行收集、筛选，案头调研是相对于实地调研而言的。案头调研通常是市场调研的第一步，为开始进一步调研先行收集已经存在的市场数据。例如，通过资料研究可以进行市场供求趋势分析、市场相关因素分析、市场占有率分析等。案头调研的核心是找到所需的资料并充分利用这些资料，这是调研取得成功的关键。

1. 二手资料的优点

二手资料是指从各种文献档案中收集到的资料，包括已公布和未公布的资料。使用二手资料主要有以下优点。

（1）节约成本和时间。企业只需花费较少的成本和时间就可以获得有用的市场信息。

（2）弥补实地调研的不足。有些问题依靠企业自身的调查往往不易得出有效结论，如市场规模、市场增长率等，这时借助有关资料往往可以做出较好的判断。在某些情况下，二手资料比原始资料更准确。例如，从政府公开出版物或相关杂志中得到的数据有时要比从竞争对手处得到的数据准确得多。

2. 二手资料的缺点

使用二手资料的缺点主要包括以下几点。

（1）资料的可获得性差。一些规模较小或发展水平较低的市场的体系不完善，政府和其他机构没有能力或兴趣收集与其相关的商业信息。

（2）资料的可靠性差。由于税收、财政、统计制度方面的原因，有时即使能够得到一些精确的数字，其可靠性往往也不强。

（3）资料的可比性和时效性差。由于欠发达国家在资料的搜集、整理、发布上缺乏系统、稳定的制度、方法和执行机构，信息的收集、发布往往不及时，并且可能与企业所调研问题不相适应。即使能够获得一些资料，由于统计方法的不同，这些资料之间也往往缺乏可比性。

3. 使用二手资料应注意的问题

正确、有效地利用二手资料要求调研人员必须认真研究二手资料提供的信息并且充分探查这些信息的来源。如是谁收集和公布了这些资料？这些资料的可靠性如何？为什么收集这些资料？这些资料是否有被故意歪曲的可能性？这些资料是用什么方法收集的？这些资料本身是否存在内在缺陷？这些资料是不是科学地归纳出来的？这些资料是否体现了内在的逻辑性？

4. 二手资料的来源

（1）联合国的有关组织机构。联合国设有多个与国际经济贸易有关的组织机构，如联合国经济及社会理事会、联合国贸易和发展委员会等。这些组织机构常发表大量的统计性和文献性的刊物和资料，它们是二手资料的重要来源。

（2）国际性或区域性集团组织。当今世界区域集团化已呈明显趋势，对世界市场影响巨大，这些区域性集团组织每年也会公开大量的信息。例如，经济合作与发展组织（Organization for Economic Co-operation and Development，OECD）是由 38 个市场经济体组成的政府间国际经济组织，其官方网站与出版物涵盖各经济体工业生产指数、物价指数、国内外贸易指数、批发与零售贸易指数、货币供应量、利率等多方面的信息。

（3）外国政府和信息机构。世界上大多数国家都会积极从事国际市场信息的收集和统计工作。很多政府部门、官方或半官方的信息机构都会经常公布有关数据，包括各国贸易统计资料，关税及海关情况，进口商、零售商、制造商名单，有关政府部门的名称和地址，海外销售和投资等方面的信息。

（4）企业、咨询机构。有些国际大企业会将自己所搜集的信息提供给其他企业，从事信息服务及咨询业务。专门的调研咨询机构一般都拥有比较完善的市场信息系统，具有丰富的国际市场信息收集经验，能向企业提供比较完备的信息服务。

（5）银行。世界上一些规模较大的银行，不仅定期编制自身活动的报告，还编辑出版一些市场报告，内容涉及经济发展趋势、预测和前景展望，重要工业和对外贸易发展状况的信息；有关外国企业的商业地位和投资的信息；有关国外信贷期限、支付成本、外汇汇率等的最新信息。

（6）报纸及杂志。国际上一些著名的报纸、杂志是重要的信息来源。比如，美国的《华尔街日报》（*The Wall Street Journal*）、《财富》（*Fortune*），英国的《金融时报》（*Financial Times*）、《经济学人》（*The Economist*），这些都是研究美国市场或英国市场重要的信息来源。尤其是《华尔街日报》发布的"道·琼斯股票价格指数"以及英国《金融时报》发布的"英国富时 100 指数"，这两种价格指数都是研究世界市场必不可少的经济指标。

（7）商会、各种行业协会。商会、各种行业协会也是极有价值的信息来源。商会可以提供会员名单及其资信情况、当地商业状况和贸易规则，甚至商业网点和组织的详细情况。行业协会则是有关特定产品的最佳信息来源。各协会经常会发布有关行业或特定产品的销售工作、营销特点、增长模式等信息，也会定期出版一些刊物，但有的信息资料只供会员使用。

（8）国际电子数据库。国际联机情报检索系统是计算机与空间技术的结合，是情报、卫星通信和计算机三者的有机结合体。其突破了传统界限，极大地缩短了时空距离，提高了信息收集、检索和使用效率。目前世界上著名的检索系统有 BRS、DIALOG、ORBIT 等。

（9）网络搜索和社交媒体。企业可以通过互联网搜索引擎和社交媒体平台来获取大量的市场信息和用户反馈，从而了解消费者的偏好和行为习惯。

二、实地调研

如果缺乏高质量的二手资料，企业在进行国际市场营销调研时还必须通过实地调研的方式进行资料收集，以此来获取原始数据。

（一）收集方法

通过实地调研进行数据收集的常用方法有以下三种。

1. 询问法

询问法是通过问卷来收集所需资料的一种方法。根据问卷发放方式的不同，询问法又可以分为当面访谈法、电话访谈法、邮寄调研法和互联网调研法等四种。询问法常使用问卷调查进行调研，问卷调查是指将设计好的问卷发放给被调查者，请其回答后以获得所需信息。

询问法的优点是调研对象广泛，调研成本也不高，问卷填写较为自由、灵活、方便，可避免由于调研人员的干扰而产生的调研误差。其缺点是管理不便，调查问卷的回收率低，回收时间长；有时即使回收了大部分问卷，也存在答非所问的情况，因此，调查结果往往难以控制。

2. 观察法

观察法是指由调研人员通过观察或用仪器记录来获取数据的方法。可观察的情况一般包括：人的行动，比如消费者的购买模式；语言行为，比如推销人员与购买者之间的对话内容；表达行为，比如消费者看到商品或广告时的表情和反应。

观察法的主要优点是可避免由于被调查对象的个人问题及问卷设计问题所产生的误差；通过观察可以更快、更准确地搜集数据，例如，通过扫描仪记录消费者所购买的商品，可以方便地获得商品需求信息。其缺点是不能了解消费者做出消费行为的动机、态度、想法和情感；无法了解消费者的私下行为；消费者的当前行为不代表消费者未来的行为。因此，观察法一般适用于探索问题，可以提供初步答案或趋势性建议。

案例与评析

三种常用的深度挖掘海外市场需求的市场调研方法

1. 焦点小组

焦点小组是一个看似简单但组织起来并不容易的调研方式。组织者需要将目标人群聚集在一个房间内，记录大家的对话，不断就各种话题向人们提问。话题可以是关于品牌创意的反响、对新产品推入市场的态度等。组织者需要从人们的讨论中提炼出有价值的观点，当然参与人群不是随机的，需要根据人口统计数据、兴趣、职业等来定向邀请。焦点小组的优势在于其具有极大的灵活性，参与者之间自发的讨论和对话相比严格按照问卷执行的访谈来说，更有可能碰撞出不同的想法。如果组织者没有把控好节奏，导致讨论偏离话题也是有可能的。

2．社交媒体聆听

社交媒体已经成为日常生活中必不可少的一部分，由于人们会在不同社交媒体平台表达观点、分享新闻等，因此社交媒体成为市场研究的宝库，有大量的数据可以挖掘与分析。通过使用社交媒体聆听工具，调研人员可以追踪某一特定主题，然后就相关主题下的发帖进行分析。

3．竞品分析

竞品分析是一种具有高度战略性和特定形式的市场研究方式，调研人员通过分析公司的竞争对手来了解差异化，从而定位产品、服务以及市场细分。竞品可以从不同的角度来分析，比如：市场营销的角度，可以从传播内容、公共关系、搜索引擎优化等分析；产品的角度，可以从产品种类、定价结构等分析。

评析： 每一种市场调研方式都有其自身的优劣势，并不是所有的方法都适用于每个企业。但是，市场调研的重要性是一定不能被忽略的。企业需要结合自身的发展目标、成本以及客观现实选择适合自己的调研方式。

3．实验法

实验法是指调研人员通过改变某些变量（称为解释变量或自变量）的值而保证其他变量不变，用以衡量这些变量（自变量）对其他一些变量（因变量）的影响的方法。例如，要了解价格、广告、产品特色等对销量的影响，就可以采用实验法进行调查。

实验法又分为实验室实验与现场实验两种方式。前者是指将被调查者邀请至实验室，由其对种种问题做出反应或回答。其缺点是不能模拟市场的所有情况，其优点是在隔绝环境中可以控制在现实环境中不能控制的自变量，对企业制定市场策略能起到一定作用。后者是在现场进行实验的方法。其优点是在现实环境中进行，实验结果比较自然而具有真实性；其缺点是影响实验结果的众多因素不易控制。

（二）原始数据搜集应注意的问题

原始数据的搜集应注意以下几个问题。

（1）合理确定调查所需信息。不同国家产品的使用功能存在差异，在有些定义和概念上也存在差异，因此在调查时应保证所调查的国家对所调查的产品有相同的概念和使用方法，否则，数据的比较就没有意义。

（2）合理设计调查问卷。为了保证企业通过国际市场营销调研从不同国家获得的数据具有等价性，问题的形式、内容和措辞应使被调查者容易理解和接受，并方便回答。例如，在发达国家，白领可能属于中产阶层；在经济欠发达国家，白领的社会地位可能会更高。另外，如果被调查者文化程度高，开放式问题往往能使调研人员收集到更多信息。因此，问卷应根据不同国家的具体情况来设计。

（3）合理选择调研方法。在多个国家开展调研时使用同一种调研方法是不恰当的。例如，电话访谈法在发达国家比较有效，因为多数家庭都有电话，并且电话号码表很容易得到。但在发展中国家，这种方法的成本可能比较高，而且并不是所有家庭都装了电话，所以不容易找到目标样本。

（4）合理选择调查样本。国际市场营销调研应根据社会文化的不同特点，选择不同的调查样本。例如，如果调研人员对办公用品市场感兴趣，在美国，通过与秘书人员谈话就能得到关于购买办公用品的信息；而在有些国家，可能需要访问企业中职位更高的人获取相关信息。因此，在不同国家选择的调查样本往往不同。

第四节　国际市场营销调研组织

国际市场营销调研组织的设计必须遵循以下原则：第一，明确调研的职责和目标及相应的调研活动，并加以分类；第二，为实现调研目标应对必要的活动进行分组；第三，把各组的活动委派或授权给专人处理；第四，为调研组织中不同层面的工作协调制定规则。

一、国际市场营销调研的职责分工

国际市场营销调研组织中最常见的问题是职责分工。跨国企业根据自身业务的规模及开展程度，可以利用企业自己的力量，也可以利用企业以外的力量，或者在利用自身力量的同时，取得其他机构的协助来进行国际市场营销调研。

现在许多企业都专门指定一位高层级管理人员来负责海外业务中的市场调研工作，该管理人员有权选择国际市场营销调研的方法，并同负责海外业务的经理人员、企业的专家顾问和企业之外的调研机构密切合作。

还有一些企业设有专门调查国外市场的部门，或者派专人承担调研分析工作。对于大多数企业来讲，设置专门的部门成本过高，由于各个市场情况不一样，每个地区都设置一名分析人员会使调研部门变得庞大。因此，有些企业采取了另外一种方法，即将具体的市场调研任务分配给企业内的有关人员，或聘请市场营销专家来负责这项工作。

另外，在跨国企业中存在一种将市场调研职能分散化的明显趋势。调研职能分散化的显著优点是调研工作由更接近市场的人员来负责。这是因为现场工作人员、常驻海外市场的经理与当地的用户交往密切，所以他们更了解市场发生的变化，以及国外市场的复杂性和多样性。但是，调研职能分散化也存在缺点，那就是它可能会影响人员之间的横向沟通和联系。

二、正确选择和利用国际市场营销调研代理

在国际市场营销调研活动中，一方面，一些小企业没有足够的资金和人力来从事国际市场营销调研工作；另一方面，尽管一些大企业有专门的营销调研部门，但仍有一些调研项目，因为调研费用太高而无法独自完成。因此，为了减少风险和失误，在某些项目上使用国际市场营销调研代理是比较有利的。跨国企业借助国际市场营销调研代理进行市场营销调研具有以下优点。

（1）国际市场营销调研代理具有营销调研方面的特长。长期的营销调研经验、阵容强大的调研队伍、先进完备的调研手段使国际市场营销调研代理能准确、及时地完成调研任务。

（2）国际市场营销调研代理对当地市场比较熟悉，而且不存在语言和文化上的障碍。这使得国际市场营销调研代理的调研可以更加深入，结果更加可靠。

（3）国际市场营销调研代理完成企业调研项目的费用比较低。如果这些项目由企业自己完成，仅出差费这一项支出就已经十分庞大了。

（4）由国际市场营销调研代理得出的调研结果比较客观、中立。如果由企业自己完成该项目的调研，得到的结果可能会掺杂一些主观因素。当然，由于国际市场营销调研代理对企业内部情况不是很熟悉，有些工作需要企业内部人员的配合。

跨国企业是自己完成调研工作，还是将其委托给国际市场营销调研代理，这是一个需要认真考虑的问题。一般来说，当企业处于下述情况时，最好委托外部的国际市场营销调研代理进

行调研：企业自身的调研力量不足；企业到目标国调研，会遇到语言文化方面的障碍；企业所调研的市场规模很小，不值得派专人前去调研；调研项目非常重要，企业自有的调研人员不如国际市场营销调研代理的调研人员更有经验、更专业化。

而当企业处于下列情况时，最好由企业自己完成调研项目：企业有足够的调研力量；企业在该市场进行调研的成本并不高；企业在该市场尚无经验，但该市场潜力大，值得花力气去获得在该市场上进行调研的经验；由于技术方面的原因，企业外部的调研人员难以胜任调研任务。

跨国企业在选定国际市场营销调研代理以后，应该对其进行监督。双方是一种互惠合作的关系，每一方都必须充分信任对方，共同制定调研方案。国际市场营销调研代理可能需要了解企业详细的业务情况，因为这对制订有效的调研计划是十分必要的。企业应尽快提供必要的信息，以便调研活动顺利开展。

如果在国际市场营销调研活动中，企业不能与国际市场营销调研代理经常会面，那么在这种情况下，企业应要求国际市场营销调研代理定期出示书面报告，以便随时了解调研活动的进展情况。这对双方来说都很重要，因为这种书面报告既便于企业监督和控制调研进程，也可以使国际市场营销调研代理从企业那里获得及时、必要的帮助。

在实际调研中，企业对已完成的问卷内容进行检查是必要的，这样企业可以从中获得有关原始资料的一些情况，还可以及时发现有关信息与调研目标之间的偏差，进而通过协商，对问卷做进一步修改。使用国际市场营销调研代理确实有很多好处，但如果国际市场营销调研代理选择不当或对其监督不力，企业的调研投资可能会付诸东流。更为严重的是，它甚至有可能误导企业的国际营销活动，使企业付出惨重的代价。

案例与评析

中国消费市场回暖，可持续发展及数智化趋势明显

据人民网 2023 年 4 月 17 日消息，尼尔森 IQ 公布的报告显示，随着中国各地消费提振措施陆续出台，中国消费市场逐渐回暖，迈入复苏进程，打造差异化消费场景，进行前瞻性产品创新正成为增长新引擎；与此同时，品牌需要适应逐渐盛行的绿色变革，在未来五年内向真正的可持续商业模式转型。

根据尼尔森 IQ 发布的《2023 年中国零售市场复苏展望》，2023 年起，国内餐饮及重点企业销售额将呈现 6.8%的增长，现代渠道主要零售商春节期间快消品销售增长 5.3%，体现出整体消费潜力巨大；中国消费者信心也在逐步回暖中，48%的中国消费者认为对比 2022 年，2023 年家庭收入预期会更好。值得注意的是，可持续发展将引领新消费趋势。调查显示，40%价格敏感度低的消费者认为可持续发展/环保的生活方式对他们来说最重要；28%的消费者已经有意识地付诸行动改变他们的消费方式。

安永的调研结果则发现，超过半数的消费者表示，当前已更加擅长运用科技。同时，企业要高效利用数据和科技，适应不断变化的客户行为，并驱动业务增长。安永认为，ChatGPT 对内容生产和分发产生了颠覆性的影响，其中包括人工智能生成内容（AI Generated Content，AIGC）和搜索引擎。人工智能目前在消费与零售行业主要的应用场景包括：消费者识别与分析、精准营销、无人零售、商品识别、智能客服与智能化运营。

关于如何规模化地应用人工智能技术，安永建议：在业务层面，需要为人工智能的规模化应用创造合适的跨领域协作场景及敏捷运营模式；在技术层面可以利用机器学习运营快速高效地规模化构建、部署、管理 AI 分析及应用；在人才层面需要建立各类员工数据分析、人工智能学习与试练的培训和知识体系；消费与零售企业可以在融合云计算、大数据、物联网等技术的数字化底座基础之上，构建 AI 技术与服务中台，为数智化升级增添力量。

评析：依据正确的市场信息，企业可以了解市场可能的变化趋势以及消费者潜在购买动机和需求，有助于企业识别最有利可图的市场机会，也有利于企业认清形势，积极做出对策调整并把握新的发展机遇。

第五节　国际市场营销调研的特点

对于国际市场来说，由于营销环境和服务对象的特殊性，市场调研工作有其自身的特点和艰巨性。与国内市场营销调研相比，国际市场营销调研具有以下几个显著的特点。

一、国际市场营销调研范围更广

企业所需掌握的国际市场信息范围更广、内容更为复杂。一方面，企业要在许多国家和地区进行调研，不同国家和地区的市场具有不同的特色，语言、文化、风俗等存在很大的差异；另一方面，企业在进入国际市场之前，需要收集的信息更多。

当企业要进入一个新市场时，往往要求调研人员提供与该市场有关的一切信息，如该国政局是否稳定、它具有怎样的文化属性和地理特征、其市场具有何种特征、市场潜在的经济增长前景如何等。另外，国际市场营销决策所需要的一些信息，如目标国的外汇管理制度等，对国内营销决策来说一般是不重要的。而在国际市场营销中，企业选定某个国家作为目标市场后，应选择以何种方式进入目标国，这就需要企业对目标国的相关法律、外资和外贸政策等有深刻的理解。

二、国际市场营销调研难度更大

国际市场营销调研比国内市场营销调研更复杂、更困难。国际市场营销调研常会遇到的问题和障碍如下。

1. 语言问题

在国际市场营销调研中，由于各国之间的文化差异，在原始资料收集的过程中常遇到的一个问题便是调研人员无法准确地表达自己的意图。熟练地掌握和理解当地语言，是顺利、有效完成调研工作的重要前提。例如，在美国，家庭通常只指父母、子女，而在意大利及许多拉丁美洲国家，家庭包括父母、子女、祖父母、伯（叔）父、伯（叔）母及母亲的兄弟姐妹等。因此，有必要让以目标国语言为母语的人对所有调研材料做最后的审核。

惯用语的差异以及准确翻译的困难，有时会使问卷调查无法进行，使得调研难以获得所期望的真实信息，也会影响被调查对象对问题的理解。调研人员要特别注意这些差异。为了克服语言障碍，在翻译问卷的过程中，要注意翻译的结果是否符合当地的语言习惯和用法。

2. 社会文化问题

文化差异会产生各种各样的问题，有些问题虽然微不足道，但是可能会导致调研的失败或调研成本的急剧增加。由文化和民族差异而引起的问卷含糊不清，问题可能出自被调查对象，也可能出自调研人员。社会文化差异导致的调研问题一般有如下几个。

（1）排外情节。在很多国家和地区，由于历史、文化或政治原因，当地居民对外国人或外国机构抱有不信任的态度。

（2）当地调研市场的发展情况。在部分国家和地区，由于经济制度不健全，被调查对象的权益得不到保障，或者被调查对象存在偷税漏税等情况，被调查对象常常采取不合作的态度。

（3）妇女地位问题。在一些国家和地区，妇女可能不被允许与男性调研人员谈话，这就对调研工作造成了很大的困难；在另一些国家和地区，妇女不能从事市场调研工作，这也对调研工作造成了很大的困难。

（4）家庭结构问题。在一些国家和地区，人们生活的基本单位是传统的大家庭，此时调研人员很难确定谁是购买的决策人及哪些是影响决策人做出购买决策的因素。在另一些国家和地区，家族企业在经济中占据重要地位，市场问题往往会演变为家族问题，企业很难通过调研得到准确的市场资料。

（5）社会传统和心理因素问题。有些国家的居民对于个人隐私持非常保守的态度，调研人员很难对涉及个人生活或隐私的问题展开调研。

（6）文化水平问题。当地的文化水平也是一个重要的影响因素，在一些文化水平低的欠发达国家，书面问卷调查可能行不通。

有些文化差异带来的调研问题可以在原始资料收集后再进行处理。例如，在问卷中常见的满意度调查，其中在满意与不满意之间划分的 5 个等级，不同国家人群的回答可能有不同的倾向，或趋于等级的中间位置或趋于某一端，这种反应的偏差需要事后通过统计处理，以增强数据的可比性。尽管文化差异会使得调研遇到各种困难，但调研并非无法完成。在有些国家和地区，可以寻求地方人士的帮助，也可以由专业人员及当地学生充当调研人员，因为他们更了解当地的情况。有时采用不太直接的测量技术与非传统的资料分析方法进行调研可能更为合适。

三、信息之间缺少可比性

由于各国政治、经济、文化和法律等环境的限制，某些在国内适用的调研方法和工具在国外未必适用，各国统计方法、统计时间的差异导致信息的可比性较差。国际市场营销调研中的差异性因素表现如下。

（1）功能差异性。这是指一种产品在不同国家或地区可能有截然不同的功能和使用目的。例如，自行车在我国是一种常见的交通工具，而在欧美等国家或地区骑自行车主要被当作一种休闲方式。因此，自行车在我国的替代品是公共汽车、地铁、出租车，而在欧美，其替代品可能是其他娱乐产品。

（2）定义差异性。这是指各国进行统计时常常先对事物进行分类，而不同国家和地区对同一事物的定义往往不同。例如，"甜点"在英国和法国的定义还包括新鲜水果和各色乳酪，而在美国却并非如此。

（3）概念差异性。这是指一种概念在某一文化中很常见，而在另一文化中却可能不存在，或者有不同的意思。例如"知识产权"和"反倾销"，这些概念在发达国家早已家喻户晓，而在一些发展中国家则不太受重视。因此，调研人员在进行国际市场营销调研时，不应完全照抄照搬在本国习以为常的概念，而需要注意对特定概念加以修正。

（4）时间差异性。这是指大型跨国企业的国际市场营销调研活动往往在多个国家和地区同时进行，但并不能认为这种"同时"获取的数据有可比性。例如，在西方国家，圣诞节前是购物高峰期，而在我国，春节前是购物高峰期。

（5）样本差异性。调研人员收集数据时常用抽样调查法，即从一类特定的人群、企业群体或其他群体中抽取部分人或企业作为样本，并以样本的特征代表所要研究的总体的特征。开展国际市场营销调研时，首先，调研人员必须界定各个国家和地区中要比较的总体的范围，区分各个总体中应包含哪些个体，注意不要增加或遗漏个体。其次，样本的规模和具体的抽取方法是由调研的实际情况而定的。

（6）翻译差异性。翻译过程中有时无法找到完全对应的词汇，并且容易出现各种理解错误，因为不同的人对于同一句话有不同的翻译方式。为了减少错误，可以采取对照翻译、平行独立翻译、小组翻译等方法。

为了克服上述困难，企业可以采取以下措施：加强调研人员对当地文化背景的了解；提高调研人员运用调查方法的熟练程度；确保调查方法与当地文化相适应；加强调研人员的创造性和适应性；采用一些有效的非常规方法；邀请当地人员或机构参加调研工作。

四、国际市场营销调研的组织工作更复杂

国际市场营销调研的组织工作要比国内市场营销调研复杂得多。调研项目及企业的具体情况不同，使得国际市场营销调研的组织工作有多种选择及相应的风险。国际市场营销调研组织中最常见的问题是责任分工。例如，跨国公司调研时，跨国公司的母公司与子公司在调研中的关系应如何处理？怎样选择国内调研公司和国外调研公司？调研职能分散化的趋势将给人员之间的横向沟通和联系带来哪些影响？使用国际市场营销调研代理时应如何对其进行监督？这些问题显然比国内市场营销调研中所遇到的问题复杂得多。

> **课堂讨论**
>
> 互联网的发展会对国际市场营销调研产生哪些影响？你认为在其影响下，未来的国际市场营销调研会呈现出哪些新趋势？

本章小结

国际市场营销调研就是指运用科学的信息搜集、信息处理的方法和手段，有目的地系统搜集、记录和分析国际市场的信息，为企业做出国际市场营销决策提供科学依据。

国际市场营销调研的具体内容主要包括国际市场机会调研、目标市场选择调研、国际市场动态调研、进入目标市场方式调研、营销组合策略调研和资源配置决策调研。

根据调研的目的和功能，可以把国际市场营销调研分成探索性调研、描述性调研和因果性调研等三种类型。

国际市场营销调研的方法包括案头调研和实地调研两种。案头调研主要是进行二手资料的搜集、整理和研究；实地调研是指由调研人员搜集一手资料而得出调研结论的过程。

国际市场营销调研方案制定包括明确调研问题和目的、确定调研的广度和范围、拟订调研项目、确定资料的来源并整理资料以及撰写调研报告等五个步骤。

国际市场营销调研组织工作应注意明确调研职责分工、正确选择和利用国际市场营销调研代理。

国际市场营销调研与国内市场营销调研相比，其特点在于国际市场营销调研范围更广、难度更大、信息之间缺少可比性以及调研的组织工作更加复杂。

综合练习题

一、单项选择题

1. 当对于调研内容和性质并不是特别明确时，适合采用（　　）。

A. 探索性调研　　　B. 预测性调研　　　C. 描述性调研　　　　D. 因果性调研

2. （　　）需要企业严格定义所调研的问题。

A. 探索性调研　　　B. 预测性调研　　　C. 描述性调研　　　　D. 因果性调研

3. 宏观营销环境调查、市场竞争调查属于（　　）调研的内容。

A. 国际市场机会　　　　　　　　　　B. 目标市场选择

C. 营销组合策略　　　　　　　　　　D. 进入目标市场方式

4. 国际市场营销调研的第一个环节是（　　）。

A. 问卷设计　　　B. 二手资料收集　　C. 数据分析　　　D. 明确调研目的

5. 二手资料的缺点不包括（　　）。

A. 可获得性差　　　B. 可靠性差　　　C. 获得成本高　　　D. 资料可比性差

二、判断题

1. 当企业在某市场上尚无经验，但该市场潜力大，值得花力气去获得在该市场上进行调研的经验时，最好由企业自己去完成调研项目。　　　　　　　　　　　　　　　　　　　（　　）

2. 国际市场营销调研与国内市场营销调研相比，除了调研范围广以外，没有太大的差别。　　　　　　　　　　　　　　　　　　　　　　　　　　　　　　　　　　　　（　　）

3. 国际市场机会调研包括消费者研究和消费量调研。　　　　　　　　　　　　（　　）

4. 根据调研的目的和功能，可以把国际市场营销调研分为探索性调研、描述性调研和因果性调研等三种基本类型。　　　　　　　　　　　　　　　　　　　　　　　　（　　）

5. 进入目标市场方式调研包括产品调研、销售渠道调研、价格调研和促销方式调研。　　　　　　　　　　　　　　　　　　　　　　　　　　　　　　　　　　　　　　（　　）

三、简答题

1. 国际市场营销调研有哪些类型？

2. 国际市场营销调研主要包括哪些内容？

3. 实地调研有哪些常用方法？如何进行案头调研？

4. 一套完整的国际市场营销调研方案应包括哪些内容？

5. 国际市场营销调研与国内市场营销调研相比有何特点？

四、案例分析题

看麦当劳与肯德基如何选址

麦当劳和肯德基把店开在哪里，哪里就门庭若市，让人不得不佩服其选址的高明。

一、麦当劳的选址

麦当劳只在适合购买汉堡的地方开店，所以几乎它的每家店都非常成功。正因为麦当劳的选址坚持对市场全面资讯的掌握和对位置评估标准的执行，其开设的餐厅，往往都能健康、稳定地成长和发展。它不惜花费重金、不怕浪费更多的时间在选址上。麦当劳一般不会斥巨资去开发新的市场，而是会去寻找适合自己的市场；不会认为哪里都有其发展的空间，而是会尽可能选择可以完全复制母店经营模式的店址。用一个形象的比喻来说，就是麦当劳不会给每个人量体裁衣，它需要做的只是寻找能够穿上它的衣服的人。麦当劳选址的步骤如下。

首先，市场调查和资料信息的搜集。需要搜集的信息包括人口、经济水平、消费能力、市场发展规模和潜力、收入水平以及前期研究商圈的等级、发展机会和成长空间。

其次，对不同商圈的物业进行评估，包括人流测试、顾客能力对比、对可见度和方便性的考虑等，以得到最佳的位置和做出合理的选择。在了解市场价格、面积划分、工程物业配套条件及权属性质等方面的基础上进行营业额预估和财务分析，最终确定该位置是否适合开设一家麦当劳餐厅。

最后，店面投资是一个既有风险，又能够带来较高回报的决策，所以还要更多地关注市场定位和价格水平，既要考虑投资回报的水平，也要注重中长期的稳定收入，这样才能较好地控制风险，达到投资收益最大化的目的。

二、肯德基的选址

地点是餐饮企业经营的首要考虑因素，餐饮连锁经营也是如此。连锁店的正确选址，不仅是其成功的先决条件，也是实现连锁经营标准化、简单化、专业化的前提条件和基础。肯德基选址决策一般是两级审批制，需要经过两个委员会的同意，一个是地方公司的委员会，另一个是总部委员会。其选址成功率几乎是百分之百，是肯德基的核心竞争力之一。肯德基选址的步骤如下。

（一）商圈的划分与选择

1. 划分商圈

肯德基计划进入某城市前，首先会通过有关部门或专业调查公司收集这个地区的资料。获取资料后，就开始规划商圈。商圈规划采取的是计分的方法，例如，这个地区有一个大型商场，商场营业额为 1000 万元计 1 分，5000 万元计 5 分，有一条公交线路加多少分，有一条地铁线路加多少分。这些分值标准是肯德基多年累积下来的一个较准确的经验值。通过打分把商圈分成几个大类，以北京为例，有市级商业型（西单、王府井等）、区级商业型、定点（目标）消费型，还有社区型、旅游型等商圈。

2. 选择商圈

选择商圈即确定目前重点在哪些商圈开店，主要目标是哪些商圈。在商圈选择的标准上，一方面要考虑自身的市场定位，另一方面也要考虑商圈的稳定度和成熟度。餐馆的市场定位不同，吸引的顾客群不同，商圈的选择也就不同。肯德基与麦当劳的市场定位相似，顾客群基本上重合，所以在商圈选择方面也是一样的。可以看到，有些地方在同一条街的两边，往往一边是麦当劳，另一边是肯德基。

（二）聚客点的测算与选择

1. 确定商圈内最主要的聚客点

肯德基开店的原则是：努力争取在最能聚客的地方和其附近开店。古语说"一步差三市"，意思是开店地址差一步就有可能差三成的生意，这跟人流动线（人流的活动线路）有关。这就需要派人去实地测量，得到一套完整的数据之后才能确定地址。

2. 选址还要考虑人流动线会不会被竞争对手截住

例如某个社区的马路边有一家肯德基，客流主要自东向西走。如果往西 100 米，竞争对手再开一家西式快餐店就不妥当了，因为主要客流是从东边过来的，再在西边开店，大量客流就会被肯德基截住，这个店的效益就会不好。

麦当劳和肯德基的选址要诀中有许多有益的思路值得企业学习，能够让企业在进行商铺选址时更有把握。

问题：（1）麦当劳和肯德基在选址过程中分别调研了哪些内容，使用了哪些调研方法？（2）分析麦当劳和肯德基在选址过程中由于决策思路不同而带来的调研差异。

第七章　国际市场竞争战略

【学习目标】

掌握行业竞争结构分析方法；掌握国际市场竞争对手分析方法；了解跨国企业竞争战略；了解国际市场战略联盟。

【引例】

时隔近四年，华为手机重返海外市场

据界面新闻 2023 年 5 月 11 日报道（陆柯言）当地时间 5 月 9 日，华为在德国慕尼黑发布了 P60 系列手机及系列旗舰产品。这是华为手机时隔近四年之后，再度在海外举办大型发布会。欧洲一度是华为极为重要的市场。按照惯例，华为旗舰手机往往会将首发地点选在欧洲，之后再在国内发布。但在美国制裁的影响下，华为手机逐渐将市场重心转回国内。

2019 年是华为在海外市场的转折点。在该年一季度，华为在欧洲拿下近 20% 的市场份额，仅次于三星，但在二季度遭美国制裁之后，谷歌方面随即断供华为。此后，华为手机仍然能够继续使用安卓系统，但新机却不能再预装和使用谷歌移动服务 GMS。GMS 不仅涵盖谷歌地图、Gmail、搜索、Youtube、安卓应用市场等服务，也包括提供给开发者使用的 GMS Core 功能。如果手机上并未预装 GMS Core，那么任何使用它来开发的 App 都无法在手机上正常使用。

虽然这对中国用户影响不大，但却给华为在海外的销量带来了冲击。对海外用户来说，没有 GMS 就像中国用户无法使用微信、支付宝、百度等基础软件一样。为实现相关功能的替代，华为在经过 9 个月的努力后，推出了华为移动服务 HMS 生态。通过提供 HMS Core，吸引海外的软件厂商开发适用于华为手机的软件，从而补充 HMS 的短板。

欧洲发布结束后，华为旗舰产品还将陆续登陆中东、非洲、亚太、拉美等区域。不过，目前谷歌方面的供应并未松动，华为在海外仍将继续推行 HMS 生态。为照顾海外用户的使用习惯，海外版 P60 系列将不搭载鸿蒙系统，而是搭载 EMUI 系统。

市场调研机构 Counterpoint 发布的数据显示，华为一季度国内出货量同比增长 41%，成为唯一实现正增长的国产品牌，市场份额从去年 6.2% 上升到 9.2%。由于去年欧洲智能手机市场整体低迷，OPPO、vivo 都有相应的收缩动作，这也为华为重返欧洲市场提供了机会。尽管缺少 GMS 仍将是华为手机在海外市场的一大挑战，但要"争取回到市场最前"的华为，开始找回属于它的存在感。

评析：华为积极参与国际市场竞争并开拓海外市场，有利于扩大其产品或服务需求，提高销量和市场份额，有利于提高企业国际知名度和声誉，提高其品牌价值和影响力，也有利于提高其创新能力和竞争力，优化其产品质量和提高服务水平，增强企业与不同国家和地区的客户、供应商、合作伙伴等的交流和合作，拓宽视野和增加资源。

经济全球化的发展使跨国企业的营销活动全球化，国内市场竞争上升为更为复杂和更加激烈的国际市场竞争。国际市场竞争在新时代背景下有着市场竞争环境更复杂、市场竞争主体发生变化、单一竞争优势壁垒消失、技术创新成为竞争的重点和前沿、政府在市场竞争中的作用加强等特点。

第一节　国际市场行业竞争结构和竞争对手分析

企业将营销活动从国内市场拓展到国际市场，必然要面临新的国际市场营销环境，特别是要面对国际市场竞争环境以及经验更为丰富、实力更为强劲和眼界更为宽广的全球市场竞争对手。认清自己所处的市场竞争环境和确认自己的竞争对手，并制定一系列行之有效的市场竞争战略就显得特别重要。

一、行业竞争结构分析

行业竞争结构分析通常采用迈克尔·波特的"五力分析模型"。五力分析模型将大量不同因素汇集在一个模型中，以此来分析一个行业的基础竞争态势，如图7.1所示。

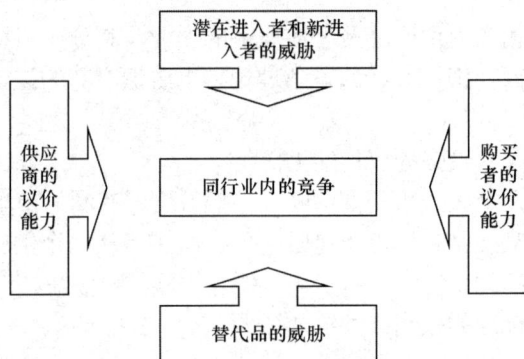

图 7.1　五力分析模型

1. 潜在进入者和新进入者的威胁

当一个行业的吸引力很强，即它的潜在增长力非常强的时候，会有很多企业想要进入或刚进入。前者叫作潜在的进入者，后者叫作新进入者。如果该行业的生产量超过产品的需求量，新进入者进入后，行业内竞争加剧可能会导致价格下降，接着导致利润下降。

进入壁垒是指新进入者在进入某个行业或市场时所遇到的困难。新企业进入不同行业的难度不同。进入壁垒主要包括规模经济、品牌优势、顾客忠诚、资本需要、配送渠道、政府行为与政策（如国家综合平衡统一建设的石化企业）、自然资源（如冶金业对矿产的依赖）、地理环境（如大型造船厂只能建在海滨城市）等方面，其中有些壁垒是很难借助复制或模仿的方式来打破的。

2. 替代品的威胁

替代品是指同该行业生产的产品一样可以满足相同需求的其他产品。替代品的出现造成了原有产品的价值被替代品转移。替代品的威胁阻止了原有产品价格的上涨，同时二者互相促进、不断竞争博弈，从而促进了产品质量的不断提高。

决定替代品威胁大小的因素有以下三个，即替代品价值、转换成本以及消费者使用替代品的倾向。而这种来自替代品生产者的竞争压力的强度，可以具体通过考察替代品销售增长率、替代品生产者的生产能力与赢利扩张情况来加以描述。在应对替代品的威胁时，除非生产者在提高质量或降低价格时，还能降低成本，否则就可能因为替代品造成的威胁而面临销量和利润下降的风险。

3. 购买者的议价能力

决定购买者议价能力的基本因素为购买者的价格敏感度和相对议价能力。价格敏感度决定购买者讨价还价的欲望有多大，相对议价能力决定购买者能在多大程度上成功地压低价格。此外，购买者对产品的知悉程度、转换成本的高低以及自身向后整合的可能性都是影响其议价能力的主要因素。

满足如下条件的购买者可能具有较强的议价能力。

（1）购买者的总数较少，而每个购买者的购买量较大，占卖方销量的比例较大。

（2）购买者的购买量占据着本行业总销量一定的百分比。

（3）卖方行业由大量规模较小的企业所组成。

（4）购买者所购买的基本上是一种标准化产品，同时向多个卖方购买产品在经济上可行。

（5）购买者有能力实现后向一体化，而卖方不可能实现前向一体化。

（6）购买者要购买的产品不是非买不可的重要产品。

4. 供应商的议价能力

供应商是指直接向零售商提供产品及相应服务的企业及其分支机构、个体工商户，包括制造商、经销商和其他中介商。根据波特的竞争理论，上游供应商的议价能力取决于双方议价能力的强弱对比。

供应商在如下情况下具有较强的议价能力。

（1）供货行业被少数几个大的生产商垄断，它们占据着有利的市场地位。

（2）供应商自己的产品在某种程度上是唯一的，购买者从一个供应商换到另一个供应商有一定的困难或需要付出较高的代价。

（3）供应商拥有制定标准的权利或关键的资源。

5. 同行业内的竞争

同行业内的竞争与许多因素有关，如行业进入壁垒的高低、竞争对手的数量和势力的均衡程度、产品或服务的差异性和转换成本、行业退出壁垒的高低、产业生产力的增加幅度以及产业内企业采用的策略和背景的差异程度等。

一般来说，在下述情况下，同行业内的竞争将加剧。

（1）行业进入壁垒较低，势均力敌的竞争对手较多，竞争参与者范围广泛。

（2）产业增长缓慢，市场趋于成熟，产品需求增长缓慢。

（3）竞争对手受行业条件吸引，采用削价促销或其他竞争手段来增加销量。

（4）竞争对手提供几乎相同的产品或服务，产品差异化程度小，用户转换成本很低。

（5）退出成本较高，即退出竞争要比继续参与竞争代价更高。

产业竞争分析模型的分析结果对产业中的所有相关企业在制定竞争战略时是有帮助的，但企业在制定具体的竞争战略时，还需要对竞争对手和自身的实际情况进行具体分析。

二、国际市场竞争对手分析

跨国企业要想在国际市场激烈的竞争中立于不败之地，除了行业竞争结构分析外，还要从另一个角度进行分析，即竞争对手分析。竞争对手分析可以遵循以下程序进行，如图7.2所示。

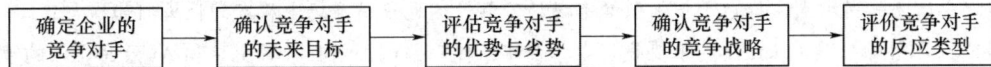

图7.2　竞争对手分析的程序

1. 确定企业的竞争对手

企业在确定竞争对手的过程中，要解决以下几个既相互关联又有区别的问题。

（1）界定竞争对手的范围。竞争对手的范围可大可小。比如，对于生产化妆品的资生堂公司来说，欧莱雅公司无疑是其主要的竞争对手，但生产保健产品的公司也可能是它的竞争对手，因为消费者增加了对保健产品的购买量就有可能减少对化妆品的购买量。例如，生产凉茶的加多宝公司，在国内的竞争对手包括王老吉、和其正，也包括生产其他饮料的知名企业；如果出口国外，那么其竞争对手将是进口国的本地饮料的生产企业以及其他进口饮料的生产企业。

（2）识别现实竞争对手与潜在竞争对手。企业在界定竞争对手范围的同时，还要懂得识别现实竞争对手与潜在竞争对手。例如，奇瑞、长城汽车出口国外后，面对的潜在竞争对手既可能是电动汽车等节能环保车型，也可能是地铁等公共运输设施。现实竞争对手对企业的生存会造成很大的威胁，但潜在竞争对手的力量也不容忽视，因为一个企业可能并不会被目前明显的竞争对手打败，却可能在不久的将来被其潜在的竞争对手击败。

（3）分辨主要竞争对手与次要竞争对手。一般来说，与自己的营销组合越相似、目标越相同的企业，就越可能是自己的主要竞争对手，企业的竞争策略应针对主要竞争对手。比如，对于可口可乐公司而言，百事可乐就是其主要竞争对手，因而可口可乐公司必须采取有针对性的竞争策略与之对抗。同时，也不能忽略其他次要竞争对手，因为消费者增加了购买其他果汁饮品的数量，就会减少购买可口可乐的数量。

（4）区别竞争对手的强弱。一般情况下，企业应该将实力弱小的竞争对手视为攻击对象，而将实力较强的竞争对手视为防御对象。但是，企业也不要错过向实力较强但存在明显弱点的竞争对手发起挑战的时机。

📊 案例与评析

微软将OpenAI列入竞争对手名单

财联社2024年8月1日讯，微软与OpenAI的关系正变得愈加复杂。2024年7月30日，微软在其最新的年度报告中将OpenAI这家人工智能初创公司列入了竞争对手名单，同在名单上的包括亚马逊、苹果、谷歌和Meta在内的市值庞大的科技巨头。

微软与OpenAI有长期合作关系，据报道微软是OpenAI的最大投资者，已经向该公司投入了130亿美元。微软作为OpenAI的独家云提供商，并在商业客户和消费者的产品中使用后者的人工智能模型。但两家公司陆续推出的新产品阵容正指向一点，它们正在"入侵"彼此的地盘。

在微软向美国证券交易委员会（SEC）提交的FORM 10-K文件中，微软将OpenAI列为人工智能产品、搜索引擎和新闻广告领域的竞争对手。目前，一些公司选择向OpenAI付费以获取其模型，另一些则通过微软的Azure OpenAI服务获取。而微软的Copilot聊天机器人，作为ChatGPT的替代品，用户可以通过必应搜索引擎和Windows操作系统获取。

OpenAI发布了一个名为SearchGPT的搜索引擎原型，这让微软有些坐不住了。该模型最终计划是将其整合到聊天机器人ChatGPT中。对于这款新的产品，OpenAI指出，用户有机会以更自然、更直观的方式搜索，除了看到查询的答案外，还会看到注明的创作者和新闻出版商。OpenAI正在使用人工智能来强化这种体验，在对话式界面中突出显示高质量内容，为用户提供多种互动机会。OpenAI 通过为消费者提供在线搜索信息的新方式，抢占了搜索引擎市场的份额，这也让该市场上原有的巨头们如临大敌。

评析：尽管微软是 OpenAI 的重要投资者和合作伙伴，两家公司在搜索引擎和 AI 产品领域的重叠使得它们在市场上直接开展竞争。这种"合作与竞争"并存的局面，体现了科技巨头之间日益激烈的竞争关系，也反映了企业需要随着时间的推移不断重新评估和调整自身的竞争对手。

2. 确认竞争对手的未来目标

每一个竞争对手各种行为的背后都有其所隐藏的动机和未来的目标。竞争对手的未来目标广泛地体现在企业的管理和营销战略方面，重点表现在企业获利能力、市场占有率、技术领先、服务领先和广告、宣传领先等方面。例如，一个以提高市场占有率为目标的企业会更加关注销售额稳定增长的竞争对手，而以技术领先为目标的企业则更关注那些能不断推出新产品的企业的发展情况。

国际市场竞争对手未来目标的形成会受到诸多因素的影响，包括国别背景、公司规模、公司历史、目前的管理方式和财务状况等。例如，就日本的公司和美国的公司而言，这两国的公司对于竞争对手所追求目标的看法有很大的差异。美国公司通常以追求短期利润最大化为目标，这是因为眼前的业绩深受股东们的重视，一旦业绩不佳，股东们便容易失去信心，甚至抛出所持有的股票，从而导致公司的资金成本上升。而日本公司往往以提高市场占有率为其目标，而对利润的要求不高。这主要是因为日本公司运作所用的大部分资金来自银行，银行以收取正常的利息而并非以高风险、高报酬为目标，因而日本公司可拥有较长的资金回收期。

3. 评估竞争对手的优势与劣势

为了评估竞争对手的优势和劣势，企业需要了解以下情况。

（1）竞争对手的产品质量如何？在设计上有什么缺陷？价格是否合理？

（2）竞争对手在技术上是否具有领先的优势？

（3）竞争对手的销售额、市场占有率、财务状况如何？

（4）竞争对手将主要力量用在哪些细分市场上？其中哪些细分市场是它的薄弱环节，易于夺取？

（5）竞争对手的营销策略是怎样的？有哪些不完善的地方可以利用？

这是一种静态的比较分析方法，在记录分析的过程中，企业应评估竞争对手的优势与劣势，并按其重要性排序。此外，还有非常重要却容易被企业忽视的一点，就是要通过比较不同时间段的记录，分析对手在其优势方面哪些正变得更强，或哪些正在变弱，在劣势方面是已经有所改善还是比以前变得更加不堪一击。

最后，关键是把竞争对手的优势与劣势与企业自身联系起来，并针对企业自身进行反思，即竞争对手的这些优势与劣势对本企业来说到底是创造了一种机会还是形成了一种威胁，而这些要求企业必须具备敏锐的洞察力和思考能力。

4. 确认竞争对手的竞争战略

竞争对手的竞争战略可以从不同的角度加以确认。

首先，可以从竞争对手未来目标的角度进行分析。例如，那些以技术领先作为其未来目标的企业，通常会更注重人才管理以及新产品研发等方面的策略。

其次，可以从竞争对手在国际市场上所处的地位进行分析。在国际市场上进行营销活动的企业按其市场占有率的不同可以分为市场领导者、市场挑战者、市场追随者和市场补缺者等四种类型。

5. 评价竞争对手的反应类型

企业还需要评价竞争对手的反应类型，以便决定向哪个竞争对手发动进攻或适当回避。竞争对手的反应类型一般包括以下四种。

（1）从容型。从容型竞争对手对其他企业的某一攻击行动会采取表面上看起来漫不经心的态度，既不迅速做出反应，之后做出的反应也不强烈。它可能深信顾客的忠诚，也可能伺机而动，还可能缺乏反击能力等。

（2）选择型。这种竞争对手可能会对某些方面的进攻做出反应，而对其他方面的进攻无反应或反应不强烈。例如，某一竞争对手对其他企业进攻其主营业务时反应强烈，而对进攻其次要业务时反应冷淡。

（3）凶猛型。这一类型的竞争对手对其他企业发动的任何进攻都会做出迅速而强烈的反应。这类竞争对手多为实力强大的企业。

（4）随机型。这种竞争对手对某一攻击行动的反应不可预知，它可能采取反击行动，也可能不采取行动。

通过对竞争对手的系统分析，企业应灵活并准确地对要攻击或要回避的竞争对手进行选择。当国际市场环境或产业环境将要发生变化时，企业须找出那些对市场反应较慢、未能及时调整其竞争策略以适应市场变化的企业并对其进行攻击，而对那些可能会强烈报复、市场反应较灵敏的竞争对手，应适度、适时地加以回避。

第二节　跨国企业竞争战略

美国管理学家迈克尔·波特提出了三种可在一般情况下使用的企业经营竞争战略，它们同样适合作为跨国企业的竞争战略。

一、低成本战略

低成本战略是指通过有效途径降低成本，以建立竞争优势的战略。处于低成本水平的企业能有效防御竞争对手的进攻，因为较低的成本可使其通过降价与对手进行激烈竞争后，仍能在市场竞争中站稳脚跟。例如，我国玩具产品出口企业就曾利用我国劳动力密集的特点，发挥廉价劳动力的优势，以绝对的价格优势占领了美国市场。

1. 低成本战略的形式

企业可以通过各种方式实施低成本战略。

（1）简化产品。例如，日本东芝公司在美国市场推出一种计算机化的 CT 扫描仪，由于省去了那些非消费者必需的且又造价昂贵的功能，该产品的售价比通用电气公司的同类产品便宜40%以上，从而牢牢地占领了美国医疗设备市场。简化产品而取得的低成本优势可以成为企业的竞争优势，但如果实力雄厚的厂家针锋相对地开展价格竞争，会使企业面临较大的风险，因此采用这种战略的企业应拥有足够的财力和良好的成本结构。

（2）改进设计。改进产品的设计或构成也能形成成本优势。如某企业开发的一种可以替代木料的"压缩木料"，这种木料由一般的锯屑木片等压制而成，其成本为竞争对手的一半。又如某计算机厂家凭借其先进的工程技术，改善产品设计，以产品的部件数量少、成本低及装配作业费用便宜取得成本优势。

（3）节约原材料。企业如果能够控制原材料来源，实行经济批量采购与保管，并且在设计和生产过程中注意节约原材料，也能降低产品成本。

（4）降低工资费用。在劳动密集型行业，企业如能获得廉价的劳动力，也能建立一定的成本优势。例如，服装行业中人工成本占 30%，劳动力成本低的国家或企业就占有较大优势。曾经我国乡镇企业的服装加工业务量迅速增加，主要原因之一就是其具有工资成本低的优势。但现在情况已经不同了，随着人工成本的上升，我国劳动力成本优势逐渐消失。在降低费用方面，通过兼并、加强控制等途径，降低各项间接费用，同样能取得成本优势。

（5）生产创新及自动化。生产过程的创新和自动化，可以作为降低成本的重要途径。如美国内陆钢铁公司的产品市场占有率不高，但通过工厂设备的自动化以及营销系统的创新，仍能取得低成本优势。

2. 低成本战略的适用条件及风险

当具备下列条件时，采用低成本战略效果会更好：①市场需求具有价格弹性；②所处行业的企业生产的都是标准化产品，从而使价格决定企业的市场地位；③实现产品差异化的途径很少；④多数客户以相同的方式使用产品；⑤用户转换销售商时，不会发生转换成本，因而倾向于购买价格更优惠的产品。

采用低成本战略也会带来一定的风险。例如，技术变革和技术进步会使以往的投资变得无效；竞争对手通过模仿或向高技术装备进行投资后也降低了成本；只注意到生产成本的降低，而忽略了服务、技术开发、市场营销等方面的成本；忽略产品或市场的变化等。因此，运用低成本战略，一定要考虑技术革新和技术进步的影响，注意竞争对手的战略反应和产品、市场的变化。

🖥 案例与评析

新华社点赞蜜雪冰城："高质平价+本土化"赢得海外消费者

据《新京报》2024 年 12 月 12 日报道，自 2020 年进入印尼市场的蜜雪冰城，门店数量已有 2600 多家，跻身印尼最受欢迎茶咖品牌行列。对此，新华社在《中国茶咖"甜蜜"融入印尼市场》的报道中指出："高质平价是中国茶咖风靡印尼的重要原因。这源于中国茶咖企业构建了完善的供应链体系，以此实现成本控制和全链条食品安全。"

通过建设全球采购网络、生产基地、物流体系等一系列举措，蜜雪冰城打造了中国现制饮品行业内最大和最完整的端到端供应链体系，覆盖采购、生产、物流、研发和品控。大规模的极致高效供应链体系是蜜雪冰城维持产品高质平价的关键，也是其跨地域、跨品类拓展的有力保障。同时，蜜雪冰城通过覆盖全球六大洲、36 个国家的采购网络，整合优质资源并采用数字化工具，保证原材料的质量和稳定供应。其中既包括来自国内的柠檬，也包括来自印尼的咖啡豆等。

此前，央视新闻频道《外贸新观察》关于重庆潼南《从"铬矿"和"柠檬"的进出口看西部陆海新通道的赋能之路》的报道中指出，作为中国本土的茶饮品牌，蜜雪冰城从开设首家海外门店以来，就把东南亚国家作为推广中国优质平价产品的首选之地，而门店最受消费者青睐的柠檬饮品的原料水果，有相当一部分来自重庆潼南。通过不断延伸的西部陆海新通道，不仅改变了过去中国面向东盟市场"西货东出"的局面，也让蜜雪冰城全资子公司雪王农业有限公司从农业生产直达消费市场的供应链越来越成熟。

本土化是中国茶咖品牌融入当地的又一法宝。在印尼，蜜雪冰城既保留了经过国内市场检验的众多高质平价的常青款产品，也基于对当地消费习惯的洞察，推出了部分本地化产品，受到了当地消费者的广泛欢迎。

评析：茶咖市场需求价格弹性相对较大（消费者对价格更敏感），产品不易做到差异化，客户转换销售商几乎没有成本，这些特征决定了主打"高质平价"的蜜雪冰城在国内市场大受欢迎，以同样套路辅以

"本土化"进军海外市场亦获得成功，这些经验值得我们学习。竞争对手模仿会给低成本战略带来巨大风险，端到端供应链体系应该是蜜雪冰城"高质平价"的"护城河"，以"本土化"获得更多海外市场份额应该是蜜雪冰城在加宽加深"护城河"。

二、差异化战略

差异化战略是指为使企业的产品、服务或形象等与竞争对手有明显的区别，以获得竞争优势而采取的战略。差异化战略是使企业获得高于同行业平均利润水平的一种有效的竞争战略。

（一）差异化战略的形式

差异化战略包括多种形式，分为产品差异化战略、服务差异化战略和形象差异化战略。各个企业和各个产品可以同时采用两种或两种以上的差异化战略。必须注意，要对市场进行细分，根据不同的细分市场选用不同的差异化战略。

1. 产品差异化战略

产品差异化战略一般有以下几种形式。

（1）产品质量的差异化。这是指企业为向市场提供竞争对手不可比拟的高质量产品所采取的战略。由于产品质量优异，进而增加销售收入，获得比竞争对手更高的利润。

（2）产品可靠性的差异化。这是与质量相关的差异化战略。其含义是，企业产品具有很高的可靠性，甚至出现故障时，也不会丧失使用价值。

（3）产品创新的差异化。拥有雄厚研发实力的高科技公司，普遍采用以产品创新为主的差异化战略。这类公司拥有优秀的科技人才和创新精神，同时建立了鼓励创新的组织体制和奖励制度，使技术创新和产品创新成为公司自觉的行动。

（4）产品特性的差异化。某种产品如果具有客户需要的某些特性，而其他产品不具备这些特性，就会使该产品拥有别具一格的形象。对于有些产品特性的差异化，广大客户已达成共识。例如，在世界汽车市场上，奔驰轿车具有优质、豪华、象征地位高和价格高的特征，丰田汽车具有质量好、可靠性强、价格合理的特征。

2. 服务差异化战略

服务差异化是市场竞争的重要战略。以质取胜、以服务取胜，是世界上所有卓越企业的共同战略。例如，日本计算机的质量曾经和 IBM 计算机相近，价格也不高，但服务网点少，服务能力略逊一筹，因而未能超过 IBM。

3. 形象差异化战略

形象差异化战略通常有以下两种形式。

（1）产品品牌的差异化。产品品牌可以成为企业重要的竞争优势。如"可口可乐"和"奔驰"等产品品牌可以使客户将其与其他同类产品区别开来。

（2）企业形象的差异化。企业形象的差异化体现在企业识别系统的各个方面。例如，识别系统中的企业标志，应具备简洁、明快、有意义、有特色等特点；识别系统中对企业精神的概括，应体现共性与个性的统一、有特色、有文化底蕴。

（二）差异化战略的适用条件及风险

1. 差异化战略的适用条件

差异化战略适用于下列情况：有多种使产品或服务差异化的途径，而且这些差异化特征被客户看作是有价值的；客户对产品的使用和需求是不同的；实行差异化战略的竞争对手不多。

2. 差异化战略面临的风险

（1）可能会丧失部分客户。如果采用低成本战略的竞争对手压低产品价格，客户为了节省费用，只得放弃差异化产品，转而选择物美价廉的产品。

（2）客户所需的产品差异因素减少。当客户变得越来越成熟，对产品的特征和差别体会不明显时，客户可能就会忽略这些差异。

（3）模仿缩小了产品间的差异。特别是当产品发展到成熟期时，技术实力较强的厂家很容易通过逼真的模仿，减少产品之间的差异。

三、目标集中战略

目标集中战略是指企业将经营重点集中在市场或产品的某一部分的战略，这种战略的重点是瞄准某个细分市场的客户群体或某条产品线。企业采用目标集中战略，能够专心地为较小的战略目标市场提供更好的服务，充分发挥自己的优势，获得比竞争对手更高的效率和效益。

1. 目标集中战略的类型

（1）产品线集中。对于产品开发和工艺装备成本偏高的行业，如汽车工业和飞机制造业，企业通常以产品线的某一部分作为其经营重点。

（2）客户集中。其特点是将经营重心放在不同需求的客户群上，例如，苹果手机以市场中的高收入人群为重点，将产品集中供应给那些注重产品质量而不计较价格的客户。

（3）地区集中。它是指某一种产品能够按照特定地区的需要集中，以获得竞争优势。此外，在经营地区有限的情况下，建立地区集中战略也易于取得成本优势。例如，砖瓦、水泥、板材等建材企业，由于运输成本很高，将经营范围集中在特定地区之内是十分有利的。

2. 目标集中战略的适用条件及风险

具备下列四个条件的企业，适合采取目标集中战略。

（1）具有完全不同的客户群，这些客户或有不同的需求，或以不同的方式使用产品。

（2）在相同的目标细分市场中，其他竞争对手不打算实行目标集中战略。

（3）企业的资源不允许其追求广泛的细分市场。

（4）行业中各细分部门在规模、成长率、获利能力等方面存在很大差异，致使某些部门比其他部门更有吸引力。

目标集中战略也存在一定的风险，如众多竞争对手可能会找到更有效的方式，在服务于特定目标市场方面，超过实施目标集中战略的企业；客户的需求和偏好从企业重点产品转移到一般产品等。这些都会导致目标集中战略失效。

四、不同竞争地位下的国际市场竞争战略

市场领导者、市场挑战者、市场追随者和市场补缺者这四种类型的企业应分别制定不同的国际市场竞争战略。

1. 市场领导者的竞争战略

市场领导者是行业中最大市场份额的占有者，在价格变化、新产品开发、分销渠道和促销等方面对本行业的其他企业起着榜样和导向作用。本行业的其他企业或向其挑战，或模仿，或避免与其竞争。市场领导者常用的竞争战略有三种，即扩大整个市场、保护现有市场份额和不断扩大市场份额。

案例与评析

荣耀在欧洲折叠屏手机市场逐步迈向领导地位

据深圳新闻网 2024 年 9 月 5 日消息，据 Counterpoint 近日发布的报告，荣耀在欧洲折叠屏手机市场逐步迈向领导地位。

（1）荣耀 Magic Vs 系列改变市场格局。报告显示，折叠屏手机销量增长的关键原因之一是竞争加剧。在大折叠领域，一加和谷歌凭借 Open 和 Pixel Fold，在欧洲市场占据了一席之地。但进步最显著的还是荣耀。荣耀于 2023 年年初首次进入欧洲折叠屏手机市场，推出了 Magic Vs，到 2023 年年底荣耀在大折叠手机销量方面仅次于三星。随后，荣耀 Magic V2 更是进一步改变了市场格局，其握持感和功能与传统直屏旗舰智能手机相似，但拥有更大的内部显示屏。荣耀在厚度、重量和续航方面展示了强大的技术能力，这些也都是折叠屏手机用户关心的要素。

（2）荣耀是 2024 上半年欧洲大折叠手机销量同比增长主力军。荣耀在市场上所取得的成果同样令人印象深刻。2024 年上半年相比 2023 年上半年，荣耀在欧洲的大折叠手机销量增长了 22 倍。与此同时，荣耀对整个大折叠手机细分市场的增长贡献最大：2024 年上半年较 2023 年上半年，大折叠手机欧洲市场销量翻了一倍，其中 70% 的增长来自荣耀。

（3）荣耀凭借 Magic V3 为折叠屏手机市场带来更多惊喜。荣耀的 Magic V2 似乎让三星措手不及，而三星正努力追赶。然而，三星在 2024 年 7 月推出的 Galaxy Z Fold6（几乎比荣耀 Magic V2 晚了整整一年）并没有取得太大进展：它仍然比 Magic V2 明显更厚更重，且搭载了与 Fold5 相同的摄像头和电池。与此同时，荣耀似乎实现了不可能的任务，即将于全球市场发布的 Magic V3 不仅厚度进一步减小，性能、续航也再度升级。荣耀端侧 AI 在折叠屏软件、硬件以及跨端赋能上也迎来跨越式升级。比如在软件层面，荣耀 Magic V3 带来了基于用户意图的主动服务体验；在硬件层面带来了 AI 离焦护眼以及干眼友好绿洲护眼技术。此外，荣耀 Magic V3 还支持一系列 AI 应用，如自动笔记、AI 降噪、面对面翻译等功能。尽管三星在 Fold6 的硬件方面没有做出显著改变，但它在 AI 能力上也下了很大功夫，而这将成为下一个智能手机创新的主要战场。

评析： 市场领导者地位是在竞争中自然形成的，但不是固定不变的。市场领导者必须防备竞争对手的进攻和挑战，保护企业现有的市场。市场领导者最佳的竞争战略是不断创新、不断壮大自己。

2. 市场挑战者的竞争战略

市场挑战者是在行业中占据第二位及以后的位置，但有能力对市场领导者和其他竞争对手采取攻击行动，并有希望夺取市场领导者地位的企业。市场挑战者应明确战略目标并确定竞争对手。大多数市场挑战者的目标是增加自己的市场份额和利润，减少竞争对手的市场份额。

3. 市场追随者的竞争战略

市场追随者是指那些在产品、技术、价格、渠道和促销等大多数营销策略方面，模仿或跟随市场领导者的企业。并非所有屈居第二位之后的企业都需要向市场领导者发起挑战，除非该企业具有足够的实力，能以创新、突破发起挑战，否则，追随市场领导者也是一种可行的选择。

追随不仅可以避免挑战可能带来的重大损耗，还可以让市场领导者和市场挑战者承担新产品开发、信息收集和市场开发所需的大量经费，从而减少自己的支出和降低自己面对的风险。市场追随者战略包括紧密追随、选择追随、相距追随。虽然追随战略不冒风险，但也存在明显缺陷。研究表明，市场份额处于第三位及以后位置的企业与市场份额处于第一位的企业在投资报酬率方面有较大的差距。

4. 市场补缺者的竞争战略

市场补缺者是指专门为规模较小或大企业不感兴趣的细分市场提供产品和服务的企业。市场补缺者虽然在整体市场上仅占很少的份额，但是比其他企业更了解某一细分市场，所以其同样能通过提供高附加值的产品或服务获得高利润和快速成长。

规模较小且大企业不感兴趣的细分市场称为补缺市场。一个理想的补缺市场具有的特征如下：有一定的规模和购买力，能赢利；有发展潜力；对主要竞争对手不具备吸引力；本企业具备向这一市场提供优质产品和服务的资源和能力；本企业在客户群中建立了良好声誉，能有效抵御竞争对手的入侵。

市场补缺者的竞争战略的关键是专业化。一旦有强大竞争对手的入侵或目标市场的消费习惯发生变化，市场补缺者就容易陷入困境。所以，市场补缺者要善于创造、保护和扩大补缺市场。

第三节　国际市场战略联盟

当前国际市场竞争已从以"纯竞争"战略为主导转向以"合作竞争"战略为主导，国际市场战略联盟便是企业竞争战略发展的一个体现。

一、国际市场战略联盟的优势与风险

国际市场战略联盟是指两家或两家以上的企业为了在经济全球化中实现某种战略目标，在跨国界的地域建立的合作性的利益共同体。国际市场战略联盟是弥补劣势、强化竞争优势，发展全球战略最迅速和最经济的方法。建立国际市场战略联盟已成为企业开展国际市场营销过程中的一种普遍选择。

1. 建立国际市场战略联盟的优势

（1）突破壁垒，打入新的市场。例如，2016年海尔牵头成立了全球首个家电业智能制造创新战略联盟，该联盟围绕智能制造、集结研发和制造的优势资源开展协作，以期未来中国制造引领全球智能家电。

（2）分摊成本，共担风险。国际市场战略联盟使企业能够分摊新产品和新工艺开发的固定成本，并分担风险。例如，摩托罗拉与东芝结盟的原因之一就是分摊建造微处理器生产设施的高额固定成本。微处理器制造业是资本高度密集型行业，摩托罗拉与东芝分别投资近10亿美元，降低了单独一方投资的风险。

（3）优势互补，提高竞争能力。企业各有所长，有的具有资金优势，有的则具有技术优势或市场优势。一家企业有时难以独自开发某项技术或开展某一业务，如果和其他企业结盟，有利于形成综合优势，提高整体竞争能力。例如，2019年IBM与美国电话电报公司（AT&T）宣布双方达成一项为期多年的战略联盟协议，根据该协议，IBM将借助其专业技术帮助AT&T商业解决方案的内部软件应用实现现代化，而AT&T将利用其最新技术来帮助IBM改善网络解决方案。

（4）有利于企业取得行业领导地位。例如，卡特彼勒作为全球工程机械领域的领导者，保持竞争优势的原因之一就是善于与他人结盟，卡特彼勒与美国利氏兄弟、德国增材制造商 FIT AG 公司和汽车制造商纳威司达等公司在各个领域结成了广泛联盟。

（5）创造规模经济。小企业不能实现规模经济，通过结盟，可扩大规模，产生"1+1>2"的协同效应，从而降低成本、提高效率。

2. 建立国际市场战略联盟的风险

尽管建立国际市场战略联盟可以给企业带来明显的优势，但国际市场战略联盟也存在着失败的风险。建立国际市场战略联盟常见的风险如下。

（1）可使企业竞争对手以低成本获得技术和市场。如日本在机床和半导体工业中的成功，主要就是通过与美国企业建立国际市场战略联盟而获取的。国际市场战略联盟有时会使拥有优势的一方为自己培养竞争对手，逐渐在全球市场上丧失竞争力。

（2）协作冲突难以避免，合作前景难以预料。国际市场战略联盟内在的不稳定性，给管理带来了重大挑战。合作伙伴之间可能无法沟通，并且可能在如何管理企业上存在分歧，甚至成功的联盟也有可能因分歧而最终破裂。

二、国际市场战略联盟的类型及选择

国际市场战略联盟根据其组成的方式，可以分为股权联盟和非股权联盟；根据参与联盟的企业的发展水平或资源状况，可以分为互补性联盟和传授型联盟；根据合作的战略目标的差异性，还可以分为技术研发联盟、生产合作联盟、营销联盟和价值链多层次合作联盟。下面主要介绍根据组织形态划分的三种常见的国际市场战略联盟类型。

1. 非正式的国际合作联盟

非正式的国际合作联盟是指由来自不同国家的两个或两个以上的公司之间自愿签订不具有法律约束力的协议而组成的联盟。这种合作不受法律约束，一旦不能有效合作，联盟关系可以随时终止。合作的不稳定性导致合作伙伴之间不愿意过多分享各自的技术、资源和信息等。

2. 正式的国际合作联盟

正式的国际合作联盟是指由来自不同国家的两个或两个以上的公司之间签订具有法律约束力的协议而组成的联盟。这种联盟规定了每一个合作伙伴对相互合作的贡献，这种贡献可能是管理者、技术专家、工厂设备、原料、资金、信息或技术等，同时与其他合作伙伴共享它们所不具备的某些知识、技能和特殊资源。产权信息或知识的共享提高了合作伙伴的参与程度，并且在协议中还明确规定了合作伙伴的法律责任。正式的国际合作联盟在高新技术产业很普遍，因为该行业通常需要很高的研发成本并且风险较高。

3. 国际合作企业

国际合作企业是指由来自不同国家的两个或两个以上的母公司共同投资创办的独立法人实体，投资者在独立公司中拥有不同比例的股权或所有者权益。国际合作企业的投资者不一定平均占有公司的股权，在某些国家或某个行业，当地法律经常要求当地的合作伙伴拥有大于50%的股权。在确定初始股权时，国际合作企业不一定强调资金投入，一个合作伙伴可能提供先进技术、土地或矿产资源，而另一个合作伙伴则提供所需的全部资金。

📇 案例与评析

上海迪士尼度假区与玛氏中国达成战略联盟

据上观新闻网 2023 年 11 月 1 日消息，2023 年 10 月 31 日，上海迪士尼度假区和玛氏中国共同宣布双方达成为期数年的战略联盟。作为全球知名的食品企业，玛氏中国正式成为上海迪士尼度假区糖果和巧克力官方合作伙伴，把其标志性的品牌包括德芙、M&M'S 等带至度假区，为游客传递甜蜜与快乐。

上海迪士尼度假区总裁及总经理薛逸骏表示，玛氏中国将用其"甜蜜"的特色为经典的迪士尼庆祝活动增添更多神奇，以其深受喜爱的美味糖果和巧克力为游客带来更多快乐，上海迪士尼将与玛氏中国共同打造更加卓越的游客体验，为每一位游客、每一个家庭创造更多难忘时刻。

作为双方战略联盟的一大亮点，玛氏中国将成为未来度假区一年一度万圣节庆祝活动的糖果和巧克力赞助商。事实上，在 2023 年迪士尼万圣节特别活动期间，玛氏中国已参与度假区年度传统项目"不给糖就捣蛋"活动，和度假区一起为游客提供糖果和巧克力。

在接下来的数年中，上海迪士尼度假区将携手玛氏中国为游客带去更多"甜蜜"惊喜。度假区将会在一系列特别场合及节庆活动中打造以玛氏中国旗下巧克力和糖果为原料的限时菜单；一系列以上海迪士尼度假区为主题、在度假区内发售的玛氏产品也将逐一推出，供游客选购。未来，玛氏中国还将开展一系列线上线下的活动，将迪士尼的神奇延续至度假区之外。

评析：上海迪士尼度假区与玛氏中国的战略联盟体现了国际品牌通过合作拓展市场和提升顾客体验的策略。这一联盟不仅增强了品牌的全球影响力，也促进了双方在消费者心中的品牌认同，通过跨品牌合作优化了资源配置，提升了市场竞争力。

三、国际市场战略联盟成功因素分析

国际市场战略联盟能否成功，一般取决于以下几个因素。

（1）具有战略上的适应性。在实际考虑组建联盟以前，企业要寻找对自己的业务发展有补充作用的合作伙伴，如具有地理位置上的优势或能力等方面的优势。例如，福特汽车公司和大众汽车集团正式签署战略联盟协议，双方将实现在中型皮卡、商用车和电动车领域内的优势互补、协同合作，从而更好地满足各自在欧洲及其他地区市场的消费者快速增长的需求。

（2）相互贡献价值。合作要能够创造有效价值。通过合作，合作伙伴能具有更强的市场竞争力。合作伙伴能够创造价值的前提是合作双方相互配合，如果哪一方不加以改变以相互配合，就不可能协调运行、产生合力，也不可能提升竞争力。

（3）关注长期发展。合作双方要有一个明确的、共同的远景目标。合作伙伴要多关注在未来几年中可能取得的收益，而不要只关注短期的利益。

（4）保持亲密关系。成功的合作关系往往会超越一般的交易关系而达到相当紧密的程度，这不仅体现在相互信赖上，还体现在资源和信息共享上。合作伙伴之间定期进行事业和策略规划，分享成本与定价资料、产业和产品技术专利等。共享的内容远远超越了传统交易的内容，并逐渐延伸至长期的事业上。例如，IBM 的供应商可以佩戴 IBM 的徽章，常驻 IBM 办公，而且可以获取专利权以外的工程设计资料，还可以参与 IBM 的采购和产品设计会议。

（5）相互信任，求同存异。战略联盟的成功依赖于合作伙伴之间的相互信任。为此，合作伙伴之间要加强跨文化沟通，强调相互理解，提倡相互学习，放弃本位主义思想，做到求同存异。管理人员之间要注意建立良好的个人关系，以营造良好和谐的联盟关系。

四、国际市场战略联盟实施中的关键问题

1. 选择联盟还是并购

并购的优点是并购方拥有对方的所有权与控制权，但也可能因此而背上沉重的包袱，降低营运效率并失去自己的优势。如美国通用公司就只保留了其在本行业中居前三位的子公司，售出了其他的公司，从而焕发了新的活力。国际市场战略联盟如果运用得当，不但能获得整体效益，而且能致力于发展自己的优势。但由于国际市场战略联盟具有组织上的不稳定性以及管理

上的复杂性，其成功率只有 50%左右。然而，成功实施战略联盟的企业的业绩远胜于未实施战略联盟的企业。

2. 选择合适的合作者

国际市场战略联盟成功的关键在于选择合适的合作者，选择合作者时要注意以下几点。

（1）在组成国际市场战略联盟之前，每一方要了解其他各方希望在短期和长期内要从合作中达到什么目的，合作各方是否有共同认可的战略目标。

（2）合作各方应能互相帮助，实现各自的目标。

（3）合作各方要有其他各方所缺乏的能力，才能实现优势互补，业务范围相辅相成，如外国公司贡献的技术能力和当地公司贡献的营销能力就是一种典型的能力互补。

（4）合作各方应彼此高度信任，坦诚相待。

（5）合作各方应对彼此有一定的依赖性，需要各方提供的资源和能力，并且各方的依赖性应是均衡的。

（6）合作各方应彼此相容，在企业文化上相契合。要在企业内部创造"易于合作"的文化，善于进行跨文化的沟通。

（7）合作各方不能投机取巧，不能一味隐藏实力而单方面利用其他各方，不能亏待自己的合作伙伴。

（8）合作各方应避免因各方规模相差太大造成矛盾。研究表明，各方均为优等或中上等业绩的企业组成的联盟成功率较高。

3. 制定完善的协议

组建联盟前应协商以下重点问题：联盟生产什么产品或提供什么服务；联盟的产品卖给谁、卖到什么地方；联盟的组织与控制的方式；联盟各方的责任；谁提供生产技术、工厂地点、雇员培训以及营销培训；谁拥有联盟开发的新产品或新技术；联盟利润如何分配；组建联盟是否签订正式协议；协议的执行应遵循哪一国的法律以及联盟如何解散等。如果成立合资企业，还应就合资企业的名称、各方的贡献及合资企业董事会如何构成等问题进行协商。建立国际市场战略联盟前，应由技术专家和富有谈判经验的人员组成谈判小组对联盟协议加以协商。

4. 采取适宜的管理方式

国际市场战略联盟的管理方式一般有以下几种，联盟企业应根据实际情况灵活选择。

（1）母公司主导型。由于一方是联盟的主要股权所有者，其管理人员在联盟组织中担任着大多数重要的职位。

（2）共享管理权型。合作各方在董事会、高层管理队伍和管理职能领域指派数量近乎相等的管理人员，共享管理权。

（3）分开控制型。当某一合作方拥有不愿意完全分享的特有技能或技术时，它可以坚持在受保护的领域独立决策，如在营销、生产、研究与开发上，某一合作方可以独立决策。

（4）独立管理型。正式的国际合作联盟在法律上是独立的组织。在经营决策上，联盟几乎拥有全部的决策自主权，通常会招募来自企业之外的管理人员及其他雇员。

（5）轮流管理型。合作伙伴轮流担任联盟管理中的关键职位。例如，联盟高级经理与管理队伍每年轮换一次，每个伙伴企业轮流指派自己的经理担任。这有助于培训管理和技术人才，并将这种专门知识加以转移，因此来自发展中国家的联盟伙伴较愿意采用这种管理方式。

5. 联盟的终结

联盟达到目标后即可终结，如果不能实现战略目标，要么增加投入，修正并强化联盟关系，要么终结联盟。在联盟建立前，合作各方就应计划好其生存期、终止的程序以及单方面提前终止协议的违约条款。不少联盟终结后，其中一方会被另一方并购，因此企业事前最好有所计划，是准备成为并购方还是被并购方。如果准备成为并购方，就要避免对方筹码随时间而增加，防止被并购价格套牢；如果准备成为被并购方，应避免使母公司的其他事务及人事过多地介入合作事务中。

课堂讨论

某食品企业主要有三种产品且主要在本地生产、在邻国首都销售。该企业最近有几件事需要处理（见表 7.1），请根据国际市场竞争战略和企业战略管理的相关理论进行分析，判断哪些事件是与战略有关的问题，哪些不是，并将结论和理由填入表 7.1 中。

表 7.1　课堂讨论记录表

事件	是不是与战略有关的问题，请说明理由
事件 1：聘请专家对企业存在的问题进行了诊断，专家发现企业内部的生产流程不合理，从而造成了成本居高不下、隐性成本无法核算，于是筹划对生产流程进行改造	
事件 2：目前三种产品的销售情况不错，市场需求旺盛，订单较多；但由于工作人员的疏忽，一些订单登记、个别送货时间、品种与数量出现了差错，一些客户因此产生了怨言	
事件 3：食品属于时限性很强的产品，各销售点的订货量相对较少，订货频繁，周期短；该企业的物流配送一直是个大问题，邻国有一家专业的物流企业希望能利用自身的专业优势来承担该企业在当地的物流配送任务	
事件 4：企业目前并未对目标顾客进行细分，有人提议企业专门开发分别针对儿童和白领的高档营养食品	

讨论：分小组讨论并制定企业应对相关事件的有效战略。

本章小结

跨国企业必须认清自己所处的竞争环境并确认自己的竞争对手。国际市场竞争对手分析一般包括行业竞争结构分析和国际市场竞争对手分析。

行业竞争结构分析通常采用迈克尔·波特的"五力分析模型"。国际市场竞争对手分析应遵循一定的程序进行。

跨国企业竞争战略包括低成本战略、差异化战略和目标集中战略等三种。低成本战略是指通过有效途径实现成本降低，以建立竞争优势的战略；差异化战略是指为使企业的产品、服务或形象等明显区别于竞争对手，以获得竞争优势而采取的战略；目标集中战略是指企业将经营重点集中在市场或产品的某一部分的战略。

国际企业可以根据自身的市场竞争地位选择四种不同的竞争战略，即市场领导者战略、市场挑战者战略、市场追随者战略和市场补缺者战略。

国际市场战略联盟是企业竞争战略发展的一个体现，组建战略联盟时应注意分析联盟的优势、风险及联盟实施中的关键问题。

综合练习题

一、单项选择题

1. 产品差异化战略的形式不包括（　　　）。
   - A. 产品质量差异化
   - B. 产品价格差异化
   - C. 产品创新差异化
   - D. 产品特性差异化

2. 目标集中战略的类型不包括（　　　）。
   - A. 产品线集中　　　B. 客户集中　　　C. 资源集中　　　D. 地区集中

3. 国际市场竞争对手分析的第一步是（　　　）。
   - A. 确定竞争对手的优势和劣势
   - B. 评估竞争对手的反应模式
   - C. 确定企业的竞争对手
   - D. 确认竞争对手的战略

4. 可口可乐公司因其在行业中的地位，可采用的市场竞争战略是（　　　）。
   - A. 市场追随者战略
   - B. 市场补缺者战略
   - C. 市场领导者战略
   - D. 市场挑战者战略

5. （　　　）的做法是一种最脆弱的竞争手段，往往容易遭到东道国政府的严厉起诉和管制。
   - A. 提供优质产品
   - B. 降低产品价格
   - C. 改善服务
   - D. 改进产品包装

二、判断题

1. 竞争对手的范围可大可小，企业分析竞争对手时需先界定范围。（　　　）
2. 市场领导者常用战略为增加市场份额和利润，减少竞争对手的市场份额。（　　　）
3. 市场补缺者是指专门为规模较小或大企业不感兴趣的细分市场提供产品和服务的企业，因此其利润率较低。（　　　）
4. 国际市场竞争从以"纯竞争"战略为主导转向以"合作竞争"战略为主导，国际市场战略联盟便是企业竞争战略发展的一个体现。（　　　）
5. 公司最直接的竞争者是那些同一行业、同一战略群体的公司。（　　　）

三、简答题

1. 如何进行行业竞争结构分析？
2. 低成本战略有哪些具体形式和适用条件？
3. 差异化战略有哪些具体形式和适用条件？
4. 目标集中战略有什么适用条件与风险？
5. 国际市场战略联盟有几种形式？

四、案例分析题

菜品力驱动餐饮业转向"价值竞争"

据《中国食品报》2025 年 2 月 12 日报道，从食材混搭到烹饪技艺革新、从经典重塑到体验升级，近年来餐饮业竞争愈发激烈、消费需求不断变化、市场环境变幻莫测，但仍有部分餐饮品牌突出重围，其中，菜品力成为众多餐饮品牌破局关键。国家统计局数据显示，2024年全国餐饮收入达5.57万亿元，同比增长5.3%。未来餐饮业的竞争不仅是产品的比拼，更是供应链能力、文化洞察与科技应用的全面较量。唯有回归"做好每一道菜"的初心，才能赢得消费者的长久青睐。

一、食材革新：从混搭到供应链升级

当下，消费者口味日益多元，行业竞争愈发激烈，一道菜品要在众多美食中崭露头角，难度越来越大。餐饮品牌不仅应当掌握烹饪的技巧和配方，将对食物的理解以及个性、创造力和热情融入每一道菜品中，更重要的是要学会洞察消费者需求，研发创新菜品，让菜品借口碑传播，最终成功"出圈"。

食材创新成为餐饮品牌突围的"第一战场"。食材的创新与搭配，能为菜品带来全新味觉体验、实现差异化，还能打造创意爆款，从多维度提升菜品力。食材创新的背后，是供应链能力的较量。越来越多的餐饮品牌开始深度参与供应链建设，甚至自建供应链体系，通过自建中央厨房和冷链体系，实现食材新鲜供应和高效配送；部分餐饮品牌通过集中研发单一品类的爆品，突破供应链上限，提高供应势能。

近年来，消费者对健康日益关注，这使得低糖、低盐、低脂成为菜单标配。餐饮品牌更加注重食材的采购和菜品的研发，优先与可靠的有机食材供应商合作，确保食材的新鲜度、无污染和高品质。同时，部分餐饮品牌推出富含营养的沙拉系列、低糖低脂的主菜以及以植物蛋白为基础的创新菜品，以满足健身爱好者、素食主义者以及追求健康生活方式的消费者群体需求。

二、技艺升级：平价食材的价值逆袭

烹饪技艺的创新，能让菜品改头换面，持续吸引消费者。部分餐饮企业将目光投向平价食材的深度开发，如长沙宴东家的总厨彭从正，凭借一手精湛厨艺，让平平无奇的"胖豆芽炒粉丝"直接火"出圈"，成了门店的畅销菜；四川名菜"开水白菜"，通过复杂工艺将白菜与高汤结合，成为"逆袭"的川菜经典。

智能化、自动化设备的普及让"技艺可复制"成为可能。如喜茶、奈雪的茶等引入全自动奶茶机，提高了制作效率和产品品质。与此同时，个性化定制服务兴起，如高端餐厅提供私人菜单设计，社区餐饮则通过"小份菜""自选搭配"满足多样化需求。

烹饪不再局限于味觉体验，更成为文化传播载体。如广州松苑·浓汤广府菜将15年陈酿花雕融入乳鸽熟醉工艺，以"时间沉淀"为卖点；袁记云饺通过"现包现煮"的明档操作，强化"手工鲜饺"的品牌记忆点。

业内人士表示，创新食材、搭配，巧用烹饪技艺与口味调整，都是夯实菜品力的良方。若能围绕这些策略，打好"组合拳"，则能帮助餐厅构筑起更坚固的竞争壁垒。

三、经典重塑：老味道的新生命力

"当下餐饮消费趋于保守，经过时间沉淀的经典菜品，会再度回归消费者视野。而如何重塑经典，也就成了餐饮品牌提升菜品力的关键。"业内人士如是说。

面对消费保守化趋势，经典菜品的迭代成为安全性与差异化的平衡点。星巴克推出"57%比利时黑巧拿铁"，通过对经典可可比例的调整，上市首日即成销量明星；喜茶以"三倍厚抹茶"系列重新定义茶饮，带动抹茶品类搜索量增长。业内人士表示，将产品元素不断拆分重构、创新迭代，从产品微创新入手，或者围绕产品进行场景、模式的创新，都可能让餐饮品牌"跳出同质化，创造差异化"。经典品类的微创新，将成为餐饮品牌创造差异化的主基调之一。

经典菜品的价值不再局限于口味，更延伸至场景体验。北京萃华楼对切配厚度与烹饪时间分毫必究，以呈现良好口感；"沈阳八大碗"紧扣时节，巧妙将菜品摆成"蛇形"，从视觉与文化层面激活传统老菜，提升菜品价值。此外，沉浸式主题餐厅通过环境设计、互动表演等方式，将菜品与文化 IP 绑定。

中餐出海浪潮中，经典菜品成为文化输出的载体。海底捞海外门店既有中国传统火锅食材，也会结合当地饮食习惯，推出符合当地口味的菜品，为海外顾客提供了深入了解中国文化的机会；蜜雪冰城深入研究东南亚市场的消费特性与口味偏好，推出了多款符合当地口味的产品，如热带水果风味，满足了消费者对新鲜、健康、时尚的追求。国际咨询机构弗若斯特沙利文预测，到 2026 年，海外中式餐饮市场规模有望达 4098 亿美元。对此，业内人士表示，能否将经典菜品本地化，如调整辣度、结合当地食材，将成为餐饮品牌立足的关键。

业内人士认为，目前，餐饮业正从"流量竞争"转向"价值竞争"。菜品力不仅是产品创新的体现，更是供应链能力、文化洞察与科技应用的集大成者。回归做好每一道菜的初心，才是穿越周期的终极答案。当行业步入存量时代，唯有以菜品为核心，构筑差异化的价值壁垒，才能立于不败之地。

问题：餐饮业为了"跳出同质化，创造差异化"付出了很多努力，请分析餐饮业是否满足差异化战略的适用条件。

第八章　国际营销目标市场战略

【学习目标】

理解国际市场细分的含义；掌握国际市场细分的标准；掌握选择国际目标市场的标准；熟悉国际目标市场选择及营销策略；理解国际市场定位的概念；掌握国际市场定位的策略。

【引例】

跨境电商需注意目标市场支付偏好

据中新经纬 2023 年 11 月 1 日电（魏薇　实习生张柳）早在 2014 年，Worldpay 就进入了中国市场。作为全球领先的收单机构之一，Worldpay 在进入中国市场后，始终致力于服务中国跨境商户。

Worldpay 于 2023 年 4 月发布的全球支付报告中提到，支付宝等数字钱包已经成为全球领先的电子商务和销售点支付方式。报告预测，2022—2026 年，数字钱包在全球电子商务交易额中的占比将由 49%上升至 54%。与之相对的是，信用卡的占比将由 20%下降至 16%。

从过去几年的数据来看，数字钱包的年增长非常好。从全球看，从相对较低的一个数值到现在已经接近五成，在未来可能达到六成以上。在中国市场，数字钱包占电子商务交易额的 81%，线下已超过 50%。

信用卡作为直接的支付工具，在全球范围内的占比都有所下降。但是，如果看信用卡使用的交易量，它在未来的几年内仍然是持续增长的情况。这是因为无论是数字钱包、先买后付、本地支付方式还是其他的一些支付方式，它们背后有一个很重要的资金来源就是信用卡。在 Worldpay 对钱包用户的统计中发现，有 22%的消费者会将信用卡作为他们数字钱包的资金来源。

要注意对目标市场支付策略的选择，是使用信用卡支付，还是使用当地的支付工具来进行支付，这取决于对当地市场的了解和洞察。在北美，信用卡仍然是目前最主流的支付方式。在拉丁美洲，目前同样是信用卡占据了主导地位，但是拉丁美洲本地的数字钱包增长速度也非常快。像巴西市场非常流行分期付款，也就是说，即使提供了信用卡支付，如果不能提供分期付款，也可能会损失大量客户。

不管哪个市场，如果都只采用一种支付方式，对客户偏好失去了准确的把握，就可能失去商机。这是商户在选择支付工具和支付策略时需要特别注意的。

评析：目标市场战略是企业在国际市场营销中非常重要的一环，只有准确把握目标市场的需求和特点，了解目标市场的趋势，企业才能抢先洞察商机并制定合适的市场策略，通过更好地满足客户需求来提高市场占有率，实现可持续发展。

企业在资源有限的情况下，很难满足整个市场上所有消费者的需求。通过对一定范围的整体市场进行细分，企业可以从中选择一个或几个子市场作为自己的目标市场，并根据各个子市场的消费者群体的需求特点，有针对性地制定不同的营销策略，以便在市场竞争中取得有利地位。

第一节　国际市场细分

市场细分的概念是美国营销学家温斯顿·斯密于 20 世纪 50 年代提出的，并得到了营销学界和企业界的广泛认同和普遍重视。所谓市场细分（market segmentation），就是指企业根据某种标准将大而分散的市场分为若干个具有显著不同特征的子市场的过程，细分后子市场的消费者需求基本相同或相似。

国际市场细分是在市场细分的基础上发展起来的，是市场细分理论在国际市场营销中的运用。国际市场细分有两层含义：第一，将整个国际市场细分为若干个子市场，每个子市场由一些营销环境基本相同和相近的国家（地区）组成，企业首先决定想要进入哪个范围内的子市场；第二，企业对选定范围的国外市场进行具体细分，并选择一个或数个子市场作为最终的目标市场。

进行国际市场细分有利于企业发掘国际市场机会；有利于企业及时制定和调整国际市场营销策略；有利于企业合理利用资源，扬长避短，集中人力、物力和财力投入国际市场以获取局部竞争优势；有利于企业分配国际市场营销预算，提高国际市场营销效益。

一、国际市场细分的标准

按最终消费者的不同，国际市场可以分为国际消费品市场和国际工业品市场，这两大市场各有特色，所以细分市场时要依各自的特征设立相应的标准，使细分结果更加合理和客观。

（一）国际消费品市场细分

国际消费品市场是指在国际商业活动中，涉及个人或家庭的衣食住行、文化、教育和娱乐等方面产品的买者和卖者的集合。由于个人和家庭消费者受所在地理区域、年龄、性别、宗教信仰、收入水平、生活方式和购买行为等多种因素的影响，不同消费群体具有不同的需求特征。在国际市场营销中，可以根据消费者不同的需求特征将国际消费品市场按地理、人口、行为、心理等标准进行细分。

1. 按地理细分

所谓按地理细分，就是企业按照消费者所处的地理位置、地理环境等变量来细分市场。在企业的国际市场营销实践中，使用地理标准细分国际消费品市场是惯常的做法。国际市场营销中根据地理位置的不同，习惯将国际市场划分为北美、拉丁美洲、西欧、亚洲、中东等几大市场。比如，比较有代表性的区域性集团包括欧盟、北美自由贸易区、东南亚国家联盟等。当然，如果企业想进入更为具体的市场，还可以在上述区域的基础上进行进一步细分。

采用地理标准细分时应注意，地理因素是一种静态因素，对消费者的划分较为笼统，而且处于同一地理区域的消费者在需求上也存在明显差异，按照地理标准所确定的市场并不总是有效的。因为在地理上相近的国家和地区，其经济状况不一定相同或相似，相邻国家和地区之间也不一定有相同或相似的文化环境。所以按地理细分市场还必须结合其他因素进行。同时，地理环境也是一个重要的细分参考因素。因为地理环境会直接影响人们的生产、生活方式，对消费的需求内容和结构也会产生影响。例如，在气候寒冷的地区人们对取暖御寒产品的需求较大，而在热带地区情况则刚好相反。

2. 按人口细分

按人口细分，就是按照人口总量、性别、年龄、文化程度、人均收入、家庭状况、宗教信仰、民族等人口统计学特征细分市场。人口细分标准是国际消费品市场中最常用、最主要的一种细分标准。其中人均收入、人口总量、年龄和宗教信仰对市场细分的影响最大。

（1）人均收入。人们购买商品时往往首先考虑自己的购买能力，只有具备相应的购买能力，需求最终才能得到满足，而衡量购买能力的一个重要指标就是人均收入。

（2）人口总量。对于低值易耗消费品来说，人口总量是比人均收入更重要的细分变量。比如，我国人均国民生产总值虽然与发达国家相比还有较大的差距，但我国的人口总量巨大，这对于生产软饮料、日用化工品等产品的企业来说，无疑具有巨大的吸引力。

（3）年龄。实际生活中人们习惯按年龄大小将生命阶段划分为婴幼儿、儿童、少年、青年、中年和老年六个阶段。随着社会进步和经济水平的不断提高，不同阶段的消费者分布出现了较大的变化，消费习惯也呈现出多样化的特征，如 20 世纪 90 年代以后，人口老龄化现象普遍。在进行国际市场细分时，这些变化不容忽视。

（4）宗教信仰。宗教信仰对消费者的需求有很大的影响，如伊斯兰教教义禁止信徒饮酒，在穆斯林聚居区推销酒则很不明智。当前，世界范围内除基督教、伊斯兰教和佛教等三大宗教外，还有很多区域性宗教。在进行国际市场细分时，一定要区分不同的宗教派别，了解其教义、习俗和宗教禁忌等。

3. 按行为细分

按行为细分是指企业根据消费者购买或使用产品的时机、消费者所追求的利益、消费者对产品的态度、使用者情况、使用者对某种产品的使用频率、使用者对品牌的忠诚度等行为变量来细分市场。例如，宝洁公司根据消费者追求洗发水的不同功能和特点（如去屑、柔顺光泽、修复受损头发、免洗等）对洗发水市场进行细分，进而开发出了海飞丝、飘柔、潘婷等不同功能的产品。按消费者购买行为特征进行市场细分时，一定要事先进行周密的市场调研，以保证市场细分的有效性。

4. 按心理细分

按心理细分是指企业按照心理变量（如生活方式、个性等）来细分市场。根据经济和地理标准细分市场时，企业需假定在同类经济环境或地理环境中多数消费者的消费行为相似，而实际上，即使在同一层次，消费者的态度、个人看法等也不会完全相同。比如，两个家庭位于同一个城市，收入水平相当，然而由于两个家庭的生活方式、生活态度的不同，各自的消费方式也会不同。

马斯洛需求层次理论将人的需求由低到高依次分为生理需求、安全需求、社交需求、尊重需求和自我实现需求等五类。而随着社会经济的发展，消费者的生活水平不断提高，消费者的需求必然从生理需求向自我实现需求转变。心理变量作为对其他细分变量的有益补充，可以让企业对一个市场的细分更加精确。根据心理变量来细分国际消费品市场，还有利于企业针对不同生活方式和不同个性的消费群体来设计不同的产品和制定不同的国际市场营销策略组合，也有利于企业从市场细分中发现新的市场机会。

📠 案例与评析

全面解码"00后"：为什么他们对消费市场这么重要？

据 VogueBusiness 网 2020 年 10 月 28 日消息，根据国家统计局 2020 年人口普查结果，"00后"人口总数为 1.55 亿。麦肯锡在 2019 年预测，"Z 世代"（包括"95 后"及"00 后"）将为时尚行业持续贡献 3.5%～4.5% 的增速，"Z 世代"中约 22% 的消费者是"高端购物狂"，他们会成为高端品牌争夺的目标，因为他们最可能为产品支付溢价。

在得物 App 上，超过 95% 的用户为"90 后"，其中"95 后"及"00 后"最为活跃，且男性占 60%。在得物 App 的相关负责人看来，在移动互联网时代，每个人如同浮游生物一般，时而聚在一起，时而分开，形成一个个去中心化的新传播节点，因此"00 后"接收信息的方式更为扁平化、碎片化，也更没有偏见且不设限。

有分析指出，几乎一半以上的"00 后"掌握了剪辑视频、拍摄 Vlog，运营自媒体渠道的能力，对于他们而言，当博主不是一件让人大惊小怪的事，而是一个日常化的标签。

根据《2019 腾讯 00 后研究报告》，"00 后"的成长，伴随着国家综合实力和国际影响力的不断提升，越来越多"00 后"在城市中出生和成长，物质生活更加富足，他们很多人从小学阶段就拥有了智能手机，而更安定的社会环境及更优越的生活条件，使得"00 后"整体上更有安全感，也让他们更敢于大胆地自我表达，尤其在网络世界里。这个群体被麦肯锡称为"消费潜力人群"，他们完全不受大环境影响，依然大胆消费。

这群很难被定义的"00 后"，即将定义下一个十年、二十年的消费市场，目前能给他们下的合适总结，就是他们是无限追求自由的一代，就算这种自由或多或少是被社交媒体的"算法"所规训的"自由"。

评析： 随着社会主流消费人群逐渐从"70 后""80 后"向"90 后""00 后"转变，年轻群体个性化的消费特质开始主导市场变化。面对年轻群体崛起、消费需求激变的大环境，各大品牌纷纷开启对于"00 后"市场消费人群的分析，目的是了解其行为特征和需求，使得企业能够更加准确、有效地制定或调整相应的营销策略。

（二）国际工业品市场细分

工业品市场也被称为生产资料市场，由生产和消费原材料、零部件、机器设备等方面的组织构成。工业品市场的营销对象远离个体和家庭消费者，不为大众熟知。虽然其细分变量一般与消费品市场基本相同，但不同的市场特点决定了工业品市场细分与消费品市场细分的关注点必然有所不同。实践经验表明，通常可以根据以下几个标准来细分国际工业品市场。

（1）根据最终用户细分。在国际工业品市场上，不同的最终用户常常因不同的利益追求而对产品有不同的需求。例如，轮胎公司可以根据用户的最终用途将轮胎市场细分为飞机用轮胎市场、军用轮胎市场、一般工业用轮胎市场、农业用轮胎市场等几大子市场；食品企业与印染企业对纯碱的要求有天壤之别；火力发电厂与水力发电站、大型水电站与小型水电站对发电机的具体要求也相差甚远。

（2）根据用户规模与购买力大小细分。进行国际工业品市场细分时，用户规模与购买力大小也是一个不容忽略的重要因素。企业可以根据用户规模和购买力的大小将用户划分为大客户、中等客户和小客户。比较而言，大客户规模大、购买力强，对各方面的要求相对较高，对企业的营销成功与否也起着至关重要的作用。当然，其他类型的客户也不可忽视，但应当有所区分，营销策略亦应有所不同。

（3）根据购买组织的特点细分。购买组织的特点涉及企业的组织结构和组织系统是什么，购买决策产生的过程和程序是怎样的，什么人参与购买决策，他们在购买决策过程中充当什么角色、起什么作用等问题。一般认为，参与企业购买决策的人员和数量与企业所购买的产品、自身的规模和管理模式密切相关。

国际工业品市场上的购买大多属于集团购买，由于集团购买一般具有决策过程复杂、时间集中、采购量大等特点，因而购买组织的特点对购买行为的影响尤为突出。因此，在进行国际工业品市场细分时，应当正确区分不同购买组织的特点，了解参与购买决策的人员，正确认识他们在购买过程中的地位和作用、他们各自所关注的利益和需求，做到有的放矢、扬长避短，从而制定相应的营销策略，以获取销售的成功。

图 8.1　组合细分法

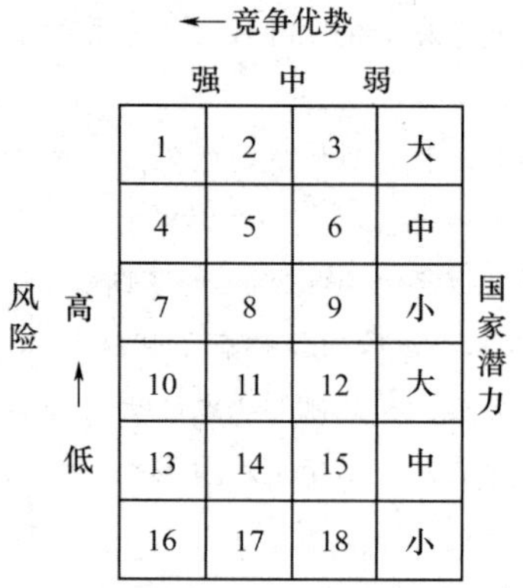

（三）组合细分法

1980 年，里兹克拉（Rizkallah）提出了一种新的、以战略计划为基础的划分国际市场的方法，称为组合细分法。这种方法要求从国家潜力、竞争优势和风险等三个方面把世界各国分成 18 类进行分析，如图 8.1 所示。

国家潜力是指企业的产品或服务在一国市场上的销售潜力。衡量国家潜力的指标包括人口规模、经济增长率、人均国民收入、消费模式等。

衡量竞争优势时主要考察内部因素和外部因素两方面。内部因素是指企业在一国市场上所占份额、企业资源条件、进入该国市场的有利条件，以及企业适应该国特点的能力和企业的优势。外部因素包括该行业中已有竞争对手的竞争力、来自替代品行业的威胁以及国内外的行业结构。

风险是指企业在该国面临的政治风险、财务风险和业务风险。影响风险大小的因素主要包括企业的产品在某一国家的政治敏感度；企业母国政府与该国的政治关系；企业的经营目标与经营行为是否符合该国政府和公众的要求；该国的政治制度、政治目标；该国公众对外国企业和外国产品的态度和民族主义情绪；该国通货膨胀情况与货币政策；该国商业基础设施和自然条件等。

二、国际市场细分的注意事项

（1）国际市场细分标准的选取取决于消费者需求差异的大小。如果消费者需求差异较小，可采用单一标准；如果消费者需求差异较大，则应选取双重或多重细分标准。

（2）国际市场细分标准不是越多越好，如果标准选取过多，子市场多了，企业反而难以选择，或者会因分散经营注意力而缺乏必要的市场效率，最终得不偿失。

（3）因为国际市场上的消费者需求和竞争者状况每时每刻都在发生变化，所以企业应注意信息的搜集，随时跟进市场的变化，并在必要时进行市场细分的调整。

（4）究竟选择哪一种标准来细分国际市场，往往还取决于产品本身的性质。例如，对从事耐用消费品营销的企业，以人均收入作为细分标准可能更有意义；对于那些旨在全球范围内经营，以国际市场作为主要目标市场的跨国公司而言，组合细分法可能更有利于其抓住国际市场营销机会。

总之，在进行国际市场细分时，企业应根据自身的具体情况，综合考虑市场、产品等多种因素，选取有效的细分标准，为选择有利的目标市场奠定坚实的基础。

案例与评析

王老吉加快布局美国和加拿大市场

据财经涂鸦 2023 年 10 月 31 日消息，王老吉公司在广州召开 2023 年国际市场发展战略研讨会，并正式发布全新海外品牌名称"WALOVI"，旨在打入海外本土市场，向世界传播凉茶文化、吉祥文化。"WALOVI"这一商标由王老吉公司于2020年注册，注册类别包括方便食品和啤酒饮料。

早在1925年，王老吉凉茶就远赴英国伦敦参会，成为最早走向世界的中华民族品牌之一。此后，几经改革和更名的王老吉成为广药集团旗下的重要中华老字号企业，并在近年来加快出海的脚步。为全面推广吉祥文化，让更多人了解王老吉，王老吉针对全球不同市场开展品牌运营，逐步布局国外市场，在全球100多个国家进行商标注册和产品销售，销售网络覆盖全球，终端网点超千万个，做到了"有华人的地方就有王老吉"。

2018年11月，王老吉首个海外凉茶博物馆在纽约开馆；2019年4月，广药集团王老吉"让世界更吉祥 用吉祥文化对话世界——王老吉（东京）凉茶博物馆项目启动仪式"在日本东京举行；2019年11月，在《财富》全球科技论坛上，王老吉携手瑞士SGS、国际性学术组织世界中医药学会联合会发布全球首个《凉茶饮料国际标准》。2022年2月28日，王老吉大健康正式发布了新十年战略，提出要打造"时尚王老吉、数字王老吉、创新王老吉、责任王老吉"，争创"全球饮料NO.1"，全力进军欧美饮料主流市场，让世界看见更年轻的王老吉。

在国外本土化市场的过程中，王老吉将第一步定调在亚洲。亚洲特别是东南亚国家和地区华人很多，无论是当地已有的中国传统文化还是中医药文化，都为王老吉走出中国、走进东南亚提供了便利条件。据王老吉方面发布的数据，王老吉在华人市场覆盖率达90%，目前已进入亚米、亚马逊等线上平台，线下已进入知名连锁超市，2023年进入美国主流渠道Costco（开市客）。未来，王老吉将持续推进布局加拿大本土市场。同时，在美国通过建设王老吉凉茶博物馆、投放线上线下广告等方式，进一步打开美国本土市场。

评析：目前越来越多的国产消费品牌受到国内外消费者青睐，进入国际市场舞台，并逐渐扩大中国品牌的影响力。但无论企业进军哪个国际市场都需要意识到不同市场需求和偏好是不同的，企业要在充分把握本土化市场需求和调研基础上，进行市场细分、目标市场选择与产品定位的设计。

第二节　国际目标市场选择及营销策略

对国际市场进行细分之后，应该选择哪个或哪些子市场作为最终目标市场呢？企业又应该制定什么样的营销策略来为最终目标市场服务？这些问题有必要在市场细分之后进行进一步讨论。

一、国际目标市场的选择

跨国企业在国际市场营销中，面对海外纷繁复杂的市场环境，要想寻求市场机会，以尽可能低的风险、尽可能高的投资回报，成功开拓海外市场，其首先要做的就是选择正确的目标市场。

国际目标市场就是企业在细分国际市场之后，从中选定的一个或几个作为自己的营销对象的市场。例如，奔驰的目标市场为高收入群体，民用食盐的目标市场则是民众。

企业在对整体市场进行细分之后，要对各细分市场进行评估，然后根据市场潜力、竞争状况、本企业资源条件等多种因素决定把哪一个或哪几个细分市场作为目标市场。一般来说，选择国际目标市场时应考虑以下标准。

（1）可测量性。可测量性是指企业选定的国际目标市场的规模、购买力和基本情况是可以测量的。而这种测量需要借助国际市场营销调研，即企业可以通过各种市场调查手段和销售预测方法，来测量国际目标市场现在的销售状况，并预测未来的销售趋势。

（2）可获利性。可获利性是指企业所选择的国际目标市场应当有较大的发展潜力，消费者有较大的消费需求和较强的购买能力。企业进入这一市场后，有望获得足够多的销售额和较好的经济效益。

（3）可进入性。可进入性是指企业所选择的国际目标市场未被垄断，企业的资源条件、营销经验以及所提供的产品和服务使企业在所选择的国际目标市场中具有较强的竞争力。如果在一个完全垄断的市场上，厂商只有一个，产品也是唯一的，没有任何替代品，而且该厂商对价格有很大程度的控制，那么其他企业想要进入这一市场几乎不可能。

（4）可行性。可行性是指企业选择的国际目标市场符合企业的实际情况，能使企业有效地制定国际市场营销战略和策略，并能有效地付诸实施。同时，企业在国际目标市场上还要能便利地调整其营销战略和策略，以应对各种可能的市场变化。

案例与评析

频频加注印度、东南亚的苹果暂时还离不开中国

据钛媒体 2024 年 8 月 9 日消息，从 2024 年公开的一二季度数据来看，全球智能手机市场正在走出阴霾，重新走向正增长的轨道上。成熟市场的复苏力度仍较小，相比之下新兴市场节奏较快，已成各家手机品牌的必争之地。值得一提的是，新兴市场除了三星、小米、OPPO、vivo 以及传音这样的传统玩家，苹果也逐渐加注，加入战局。

过去两三年的时间里，苹果开始加大在东南亚、印度等市场的投入力度。不仅如此，印度、马来西亚等国家，也终于有了苹果官方直营店，更多的新店也在路上。

印度和东南亚是苹果最大的两个增长市场，因为这些国家和地区的中产阶级不断壮大，消费者的消费能力不断增强。随着当地经济水平的提升，苹果也有了更多的潜在用户，大有复制中国市场之势。不过，由于文化、政策、教育以及管理等多方面的差异，导致印度、东南亚等新兴市场暂时很难替代中国。

目前苹果在中国的总目标市场是印度和东南亚市场总和的三倍左右。然而，鉴于印度和东南亚人口众多且价格上涨趋势明显，预计这一差距将在未来几年内迅速缩小。不过即便是这样，面对着两倍的市场差额，中国仍是苹果放不下的核心市场。

无论是从生产效率上，还是在政策上，苹果都很难再遇到像中国这样提供如此扶持的市场。基于全球风险的考虑，苹果确实在逐渐迁移产业链，但在较长一段时间里，苹果还是离不开中国，或者说是找不到替代者。

评析：国际企业选择正确的目标市场至关重要，它直接影响企业市场份额和赢利能力。苹果加大对印度和东南亚市场的投入，反映了其对新兴市场潜力的看重。但由于中国的生产效率和政策支持仍难以被替代，因此苹果在拓展新兴市场的同时，仍将继续重视中国市场。

二、选择国际目标市场的过程

（一）对所有国家和地区的市场进行筛选

对所有国家和地区的市场进行筛选的目的主要在于缩小选择的范围，降低进一步评估的成本。具体的筛选过程包括以下几个方面。

1. 分析目标市场消费者的特征

通过对现有的或潜在的消费者的消费行为和特征进行分析，企业可以选择有利于充分发挥企业竞争优势的市场作为目标市场。

2. 直接估计市场的规模

首先，从企业所能够获得的统计资料入手，找出影响产品市场前景的各项因素。其次，估计各项因素对产品市场前景具体的影响程度。最后，依据企业对各项影响因素的预测，推算出未来一定时间内产品在目标市场的销售前景。

3. 间接估计市场规模

间接估计市场规模主要是通过对目标市场国的宏观经济指标（如国民生产总值、国内生产总值、人均国民收入、物价指数等近几年的数据）进行分析，间接地推算出市场规模。

4. 做出接受或放弃的决策

完成前述工作之后，企业就应该初步做出接受或放弃某一目标市场的决策。这里可以用以下三种方法来进行选择。

（1）市场选择指数法。市场选择指数就是指企业对某细分市场的各个影响因素的评分经加权后所得的综合指数。首先确定影响企业产品在某细分市场上的销售前景的因素，然后赋予其相应的权重，并对各影响因素的现有状况进行评分，最后以加权得分高者作为企业的目标市场。

（2）市场机会指数法。市场机会指数就是指某个细分市场在整个市场的销售地位（如排名）与企业产品在该细分市场的销售地位（如排名）的比值。通过各细分市场的机会指数，了解企业在各个细分市场上的发展潜力。市场机会指数大于 1，一般说明该细分市场的潜力较大，应注意开发；反之，则考虑放弃。

（3）市场增长指数法。市场增长指数是指本企业产品在各细分市场上的销售额的增长速度。增长指数高，说明细分市场的潜力大，一般应注意大力开发；如果增长指数为负数，则应考虑放弃。

（二）评估行业的市场潜力

在评估行业的市场潜力时，有两个因素影响较大，即市场目前的规模和企业战略计划期内市场未来的增长规模。在选择目标市场时，应在现有市场规模和市场未来的增长率之间进行权衡。当现实市场规模小，市场未来的增长率也低时，该市场就属于应该被淘汰的市场；相反，如果现实市场规模大，市场未来的增长率又高，那么该市场应该是理想的市场。而其他的市场情况则较难判断，这时就需要结合企业的战略目标（是关注现实市场规模还是关注市场未来的增长率）来进行取舍。

三、国际目标市场的营销策略

国际目标市场营销策略是企业在营销活动中制定的一项重要策略。根据国际目标市场的不同，企业可分别采取以下三种不同的营销策略。

1. 无差异市场营销策略

无差异市场营销策略是指企业将产品面向的整个市场视为一个国际目标市场，用单一的营销策略开拓市场。例如，可口可乐公司在 20 世纪 60 年代以前曾以单一口味的品种、统一的价格和包装、同一广告主题将产品推向所有消费者，采取的就是这种策略。

无差异市场营销策略的理论基础是成本的经济性。生产单一产品可以减少生产与储运成本；无差异的广告宣传和其他促销活动可以节省促销费用；不涉及市场细分，可以减少企业在市场调研、产品开发、各种营销组合方案制定等方面的营销投入。这种营销策略适用于需求广泛、市场同质性高且能大量生产、大量销售的产品。

对于大多数产品，无差异市场营销策略并不一定适合。首先，消费者需求从客观上来看千差万别且在不断变化，一种产品长期为所有消费者所接受的情况非常罕见。其次，当众多企业都采用这一策略时，会导致市场竞争异常激烈，同时在一些小的细分市场上，消费者需求得不到满足，这对企业和消费者来说都是不利的。最后，当其他企业针对不同细分市场提供更有特色的产品和服务时，采用无差异市场营销策略的企业可能会发现自己的市场正在被蚕食，却又无法有效地予以反击。

正是由于这些原因，世界上一些曾经长期实行无差异市场营销策略的大企业最后也被迫转而实行差异性市场营销策略。被视为实行无差异市场营销典范的可口可乐公司，面对百事可乐等公司的强劲攻势，也不得不改变原来的策略，一方面向非可乐饮料市场进军，另一方面针对消费者的不同需求推出多种类型的新产品。

2. 差异性市场营销策略

差异性市场营销策略是指企业将整体市场划分为若干细分市场，针对每一个细分市场制定一套独立的营销方案。比如，服装生产企业针对不同性别、不同收入水平的消费者推出不同品牌、不同价格的产品，并采用不同的广告主题来宣传这些产品，采用的就是差异性市场营销策略。

差异性市场营销策略的优点是小批量、多品种，生产灵活、针对性强，使消费者需求能更好地得到满足，由此可促进产品的销售。由于企业在多个细分市场上经营，所以采取这种策略在一定程度上可以降低经营风险；企业一旦在几个细分市场上获得成功，就有助于提高其形象及市场占有率。

差异性市场营销策略的不足之处主要体现在两个方面。一是会增加营销成本。由于产品品种增多，管理和储存成本将增加；由于企业必须针对不同的细分市场制订和实施独立的营销计划，其在市场调研、促销和渠道管理等方面的营销成本也将增加。二是可能会使企业的资源配置不能有效集中，顾此失彼，甚至会使企业内部出现彼此争夺资源的现象。

案例与评析

挖掘出海快速增长点，泡泡玛特在东南亚找到答案

据 36 氪出海 2023 年 10 月 25 日消息，9 月 26 日，位于北京朝阳公园的泡泡玛特城市乐园开幕，初步串联起从潮玩、门店、展览、游戏到线下乐园的全产业图景。在 IP 孵化和盲盒玩法之外，泡泡玛特正试图为自己的故事找到更多新主题，在"像迪士尼"的道路上更进一步。

2023 年 9 月上旬，泡泡玛特在新加坡举办海外首届 PTS（Pop Toy Show）国际潮流玩具展。2023 年 9 月 20 日，泡泡玛特泰国首店开业。作为东南亚经济最发达的国家之一，新加坡是泡泡玛特出海的第二站。泡泡玛特逐步在东南亚扩张。

泡泡玛特海外业务总裁文德一称在选择海外市场时，综合了经济体量、收入、城市化率、和与中国的地理距离等宏观层面的硬指标，选择进入日韩、东南亚和欧美市场。相较于日韩市场和欧美市场来说，东南亚是一个较新的市场。不过东南亚市场的消费者整体年轻化，且近几年互联网渗透速度非常快，消费者对于新鲜的潮玩文化接受度较高。当地的潮玩消费者画像也与国内接近：女性占比更高，占 65% 左右，年龄集中在 20～35 岁。而欧美市场整体年龄段会更高，在 25～40 岁甚至 45 岁。这也让包括泡泡玛特在内大大小小的潮玩品牌出海优先考虑东南亚。

但具体到东南亚各国，情况仍然迥异。东南亚市场覆盖的国家较多，历史和文化差异导致每个国家之间的情况差别非常大，收入和消费差异也很大。具体来说，新加坡和泰国对于潮玩的概念的理解更加深入，而马来西亚、菲律宾、越南等市场，还需要品牌进一步渗透，加长宣传时间。

评析：泡泡玛特作为潮流文化娱乐的一个代表品牌，其成功进军海外市场离不开其对不同细分市场差异的理解，以及其因地制宜而制定出的差异性市场营销策略。应对文化差异，制定更精细化的运营、经营策略，持续和深入地差异化，是泡泡玛特运营海外目标市场的典型特征。

3. 集中性市场营销策略

集中性市场营销策略是指企业集中力量进入一个或少数几个细分市场，实行专业化生产和销售。实行这一策略意味着，企业不是在一个大市场中角逐，而是力求在一个或几个子市场中占有较大的份额。例如，某个生产空调的企业专门生产安装在汽车内的空调；又如某个汽车轮胎制造企业只生产乘用车轮胎而不生产货运汽车轮胎。

集中性市场营销策略的指导思想是，与其四处出击收效甚微，不如集中突破一点取得成功。这一策略特别适合资源有限的中小企业。中小企业由于受财力、技术等方面因素的制约，在整体市场中可能无力与大企业抗衡，但如果能集中优势资源进入大企业尚未顾及或尚未建立绝对优势的某个或某几个细分市场，其成功的可能性会更大。

在国际市场营销实践中，企业如何选择目标市场策略，取决于产品、市场等多方面的条件。企业资源充足、实力雄厚、管理水平较高，可采用差异性或无差异市场营销策略；资源有限、无力顾及整体市场或多个细分市场的企业，可采用集中性市场营销策略。

总之，在国际市场营销中，正确选择国际目标市场非常关键，选择合适的目标市场营销策略也很重要，企业只有综合各种因素、权衡利弊，才可能在国际市场竞争中取得成功。

第三节　国际市场定位

一、国际市场定位的概念

市场定位于 20 世纪 70 年代由美国营销学者提出，并很快被世界各地的营销人员和管理者接受。国际市场定位是指企业在国际市场细分的基础上，对其产品或服务以及企业形象进行设计，以便在目标消费者的心目中占有独特位置的过程。

市场定位正是通过研究目标消费者的需求和偏好，给产品确定一个恰当的位置，来获得消费者的认同和好感的。市场定位所确定的不是产品在市场中的位置，而是产品在消费者心目中的位置，它取决于消费者如何看待这种产品。

市场定位是国际市场营销战略体系中的重要组成部分，是企业国际市场营销活动取得成功的重要保证。企业进行市场定位可以得到以下几个方面的好处。

（1）确定本企业的产品特色，以区别于竞争对手的产品。例如，百事可乐是定位于年轻人的可乐。

（2）针对本企业的产品特色，可以制定合适的市场营销组合策略。如果已经采用"高质高价"定位，企业就必须生产优质产品并以高价销售，选择供应商时就要考虑供应商的等级，并且要做高质量的广告宣传。

（3）可以充分发挥企业的产品优势和资源优势。合理的市场定位能使消费者很容易识别企业和产品的特色和优势。

二、国际市场定位的策略

市场定位是一种竞争策略，它揭示了一种产品或一家企业同类似的产品或企业的竞争关系。市场定位方式不同，竞争态势也不同，下面介绍几种常见的国际市场定位策略。

（一）产品定位策略

产品定位就是根据产品的属性、功能、质量、价格等和消费者的需求来进行国际市场定位。其目的是突出产品的某些特色或个性，形成一个独特清晰的市场形象，吸引那些偏爱本企业产品特色或个性的消费者。一般有如下几种产品定位的方法。

（1）产品属性定位，强调构成产品特色的某种因素，如产品成分、材料等，并且通过营销手段宣传这个特色。这个特色相较于竞争对手的同类产品来说应具有明显的差异性和优越性，企业可以此作为广告宣传的诉求点，进行市场定位。例如，北京全聚德烤鸭依靠其独特的风味而获得广大消费者的喜爱。

（2）产品利益定位，强调产品能给消费者带来某种特殊的利益，或者能满足消费者某种特殊的消费需求。例如，柯达公司曾经推出全自动傻瓜照相机，消除了许多消费者不会操作相机的困扰，"只要一按快门，其余工作由我完成"的广告语深入人心。

（3）产品使用者定位，是指企业针对不同类型消费者的需求和偏好，对产品及其营销组合因素进行改进，使之符合消费者的需求和偏好，并以此作为市场定位的诉求点。例如，日本资生堂化妆品公司曾经提出"体贴不同岁月的脸"的口号，针对不同年龄阶段的消费者提供了不同功效的化妆品。

（4）产品用途定位，是指企业根据产品的用途或者使用的特定场合来定位。如宝洁公司推出的"海飞丝""飘柔""潘婷"等三种洗发水，可以分别满足消费者去头皮屑、润发及护发的要求。

（5）产品质量-价格定位，是使用比较多的一种定位策略。企业可以进行优质高价定位，这时一定要强调其产品质量优异，确实物超所值；也可以进行低价定位，这时可以强调其产品物美价廉，产品的质量在同类产品中虽然不是最好的，但是绝对可以保证其质量过关，并且性价比是最高的。

案例与评析

用友软件在海外市场的定位和目标市场推进策略

据 36 氪网 2022 年 12 月 19 日消息（吴思瑾）用友软件目前已经覆盖了国内大部分省市地区，随着中国各行业企业开始走向全球化，用友的客户也开始全球化进程，因此对用友也提出了全球化的需求，软件行业产能和运输成本无限制的特点，助推了用友全球化的速度。

关于用友的海外市场定位，用友海外事业部总经理郭葆春表示，"说到定位，需要先说用友的客群分类。我们把高端客户分为 L1 和 L2，L1 是指世界 500 强和国央企等集团管控型企业，L2 是指它们的省市级分支机构。中端客户分为 M1 和 M2，这类客户的企业规模为中型。在产品上，NC Cloud 主要面向高端 L2 客群，同时兼顾一部分高端 L1 客群。U8 主要服务于中端 M1 和 M2 客群。"

用友作为"过江龙"企业，在进入新市场时，也会遇到国际厂商在国内市场的问题，就是很难在低端市场里打败本土企业；而 U8 作为用友的中端产品，在 2003 年时已经十分成熟，产品力比海外本土企业更高，性价比也更高，因此竞争力更强；同时，高端产品 NC Cloud 才刚刚上市，还处于试水期，所以在策略上，用友选择带着 U8 先行，随着 NC Cloud 的逐步完善和成熟，2008 年开始在海外商业化。随着国际厂商逐渐进入亚太地区，NC Cloud 的性价比优势也逐渐显现。

关于用友在选择目标市场和推进顺序方面的策略，郭葆春表示："如果用一句话来回答的话，就是秉承'先生存后发展'的原则。具体来说就是按照'先易后难'的顺序逐步向外推进，过程中讲究'发达地区优先'的策略。"

评析：用友软件在国际目标市场的定位设计中灵活使用了"产品使用者定位"策略，根据产品不同属性和用户需求设计出高端和中端两种不同定位。其早期以中端产品为契机进入国际市场，而后又通过灵活的"先生存后发展""先易后难"的目标市场推进策略，逐步向不同地理区域的市场扩展。

（二）竞争定位策略

进行竞争定位时，首先要认真分析竞争对手的产品特征，在此基础上再确定本企业的产品在市场上的位置。在分析研究的基础上，企业可采用如下四种竞争定位策略。

1. 对抗定位

对抗定位是一种与在市场上占支配地位的竞争对手"对着干"的竞争定位策略，是指企业把产品定位在与竞争者相似或相同的位置上，同竞争者争夺同一个细分市场。一般来说，当企业能够提供比竞争对手更令顾客满意的产品时，可以实行这种定位策略。例如，百事可乐与可口可乐的竞争、肯德基与麦当劳的竞争。

采用这种定位策略的企业必须调查市场上是否可以容纳两个或两个以上的竞争者，以及自己是否拥有比竞争对手更多的资源和更强的能力，产品是不是可以比竞争对手做得更好，或在市场营销策略上是否可以比竞争对手更具吸引力。否则，对抗定位可能会成为一种非常危险的战术。当然，这种定位策略可以塑造企业的形象，一旦成功就能取得巨大的市场份额。如百事可乐就采用了对抗定位策略，从而成功地获得了很大的市场份额。

2. 避强定位

避强定位是指避开强有力竞争对手的市场位置，而选择竞争对手忽略的空白市场作为自己的定位依据。由于这种定位策略的市场风险较小，成功率较高，常常为多数企业所采用。

避强定位的经典案例是 21 世纪初七喜在美国市场的定位。由于可口可乐、百事可乐的市场占有率极高，并没有给其他品牌留下很大的发展空间，在这种情况下，七喜公司另辟蹊径，以"非可乐"饮料进行市场定位，成功地避开了强劲的竞争者，在实行"非可乐"定位策略后的第一年销售额就猛增 10%。

3. 反向定位

反向定位是利用有较高知名度的竞争对手及其声誉来引起消费者对自己的关注、同情和支持，以达到在市场竞争中占有一席之地的效果。企业可以主动说出自己的差距或缺陷，以增加消费者对自己的信任。反向定位具有较大的风险，如果消费者喜欢最好的产品或服务，这种策略往往会让企业的愿望落空。因此，在使用这种策略时，要强调存在的差距并不会影响消费者的核心利益。

反向定位的经典案例是美国的阿维斯（Avis）汽车租赁公司，它公开承认自己在美国汽车租赁行业排在第二位，提出的口号是"Avis 只是汽车租赁行业的第二。为什么选择我们呢？因为我们更努力"。在提出这个口号前的连续 13 年里，阿维斯一直在亏损，但当它承认自己是本行业的第二后便开始赢利。

4. 间接定位

间接定位是指通过对竞争对手的产品进行定位，达到为自己产品定位的目的的一种策略。这种策略适用于当消费者无法分清企业产品和竞争对手产品的时候。例如，小米手机在早期发展中通过间接定位，和苹果手机形成了差异化。小米并没有直接与苹果进行正面竞争，而是通过对比和借鉴苹果的成功之处，在"性价比"和"高端体验"之间找到了一条合适自己的差异化路线。

（三）重新定位策略

重新定位是指企业采取特定的市场营销组合策略，改变目标消费者对其产品原有的印象，使目标消费者对其产品新形象进行重新的认识和接受。

初次定位后，随着时间的推移，新的竞争者进入市场，选择与本企业相近的市场定位，致使本企业产品的市场占有率下降；或者，由于消费者需求和偏好发生转移，原来喜欢本企业产品的消费者转而喜欢其他企业的产品。在这些情况下，企业就需要对其产品进行重新定位。所以，一般来讲，重新定位是企业为了摆脱经营困境，重新获得竞争力和提高市场占有率的手段。

发现新的产品市场时也可以采用重新定位策略。例如，某些专门为青年人设计的产品在中老年人中也开始流行后，这种产品就需要重新定位。但采用重新定位策略也具有一定的风险，因为它可能会使企业失去一部分品牌的忠实消费者，所以应谨慎使用这种定位策略。

总之，企业在进行市场定位时，一定要认真分析目标市场中各目标消费者群体的状况和市场竞争状况，结合企业的综合实力做出最有利于企业的市场定位，并根据市场的变化和发展不断调整市场定位。

三、国际市场定位的步骤

国际市场定位是一项复杂的工作，企业既要充分了解目标市场对产品的需求状况，又要关注行业中市场竞争的状况，再结合本企业的资源，对自身及自身产品在市场上所处的位置做出综合评价。具体来说，企业及其产品的市场定位一般需要经过以下几个步骤。

（1）了解目标消费者对产品的需求偏好和评价标准。市场定位的目的是为本企业产品创造独特的卖点，或为企业塑造一个独特的形象，以引起消费者的注意和购买兴趣。因此，市场定位首先要求企业了解消费者对产品的需求偏好是什么，影响消费者的购买行为的产品特征有哪些，他们又是如何来评价这些产品特征的，然后根据消费者对产品的需求偏好及评价标准对产品特征进行分类。最后，根据上述分析结果，企业即可选择可进行市场定位的产品特征。

（2）分析竞争者的市场定位及其竞争优势。企业需要分析在目标市场上存在哪些竞争者，包括东道国的竞争者及来自第三国的竞争者；每个竞争者的定位依据和策略是什么；竞争者的竞争潜力和竞争优势是什么；这些竞争者的市场定位又有什么差异；它们所宣传的产品特征是否符合消费者的需求偏好，如果不符合，差异在哪里；每个竞争者的优势是什么，劣势又是什么；本企业能否形成区别于竞争者的竞争优势或更强于竞争者的同类优势。在以上问题中，明确、选择和建立自己的竞争优势尤为重要。

> **课堂讨论**
>
> 分析我国的剪纸、旗袍等传统工艺品是否存在进入国际市场的机会？如果存在进入国际市场的机会，企业该如何打入国际市场呢？

（3）分析企业自身的潜在竞争优势。分析竞争者的优势在于知彼，分析自身的优势在于知己，知己知彼方能在激烈的国际市场竞争中让自己处于有利地位。竞争优势是在对企业的比较优势加以整合，并在企业发挥核心竞争力的基础上产生的。比较优势是指相对于竞争者而言，企业自身所具有的优势，如知名的品牌、优良的产品品质、丰富的营销经验、独有的供货和销售渠道、优秀的员工、较低的成本、领先的产品技术、先进的管理技术、获取与分析市场竞争信息的能力等。核心竞争力是指根植于企业内部组织运营中的知识、技能与经验的结合体，是一种更加持久且难以被模仿的竞争能力。

（4）选择竞争优势与定位策略。选择竞争优势是指对企业可利用的竞争优势进行分析，确定各竞争优势的优先顺序。通常按照以下标准来衡量优先等级。①重要性。要能够给相当数量的消费者带来实惠。②独特性。既没有其他企业使用，也不能再以更独特的方式被使用。③可沟通性。易于被消费者接受并理解。④独占性。不易为其他企业所模仿。⑤获利性。企业能够从中获得利益。企业在确定了最具有价值的竞争优势后，就可选择定位策略，进行市场定位。

（5）准确沟通及传播企业的定位。完成市场定位以后，企业可以通过广告等方式进行定位宣传，把定位信息有效地传递给消费者，并避免因宣传不当而使企业市场定位与公众的理解产生偏差。企业市场定位策略的实施，需要企业上下协调一致的努力。企业的营销组合策略、员工的思想观念、企业的组织结构等，都应符合市场定位的要求，反映市场定位的观念，这样才能保证市场定位目标的实现。

本章小结

市场细分是指企业根据某些标准将大而分散的市场分为若干个具有显著不同特征的子市场的过程，细分后子市场的消费者需求基本相同或相似。

国际消费品市场常用的细分标准包括地理、人口、行为、心理等。国际工业品市场常用的细分标准包括根据最终用户细分、根据用户规模与购买力大小细分和根据购买组织的特点细分等。

国际目标市场就是企业在细分国际市场之后，从中选定的一个或几个子市场作为自己的营销对象的市场。选择目标市场时应考虑以下标准，即可测量性、可获利性、可进入性及可行性。国际目标市场营销策略分为无差异市场营销策略、差异性市场营销策略和集中性市场营销策略等三种。

国际市场定位是指企业在国际市场细分的基础上对其产品或服务以及企业形象进行设计，以便在目标消费者的心目中占有独特位置的过程。国际市场定位策略包括产品定位策略、竞争定位策略和重新定位策略等三种。

综合练习题

一、单项选择题

1. （　　）不是国际工业品市场常用的细分标准。
   A. 根据最终用户细分
   B. 根据用户规模与购买力大小细分
   C. 根据购买组织的特点细分
   D. 根据组织竞争力细分

2. 一般来说，选择国际目标市场时应考虑的标准不包括（　　）。
   A. 目标市场的可进入性
   B. 目标市场的可获利性
   C. 目标市场的可测量性
   D. 目标市场之间的相关性

3. （　　）不属于按照人口细分。
   A. 按人均收入细分
   B. 按人口总量细分
   C. 按年龄细分
   D. 按使用频率细分

4. 下列不属于组合细分法维度的是（　　）。
   A. 风险
   B. 竞争优势
   C. 替代品威胁
   D. 国家潜力

5. 选择目标市场的方法不包括（　　）。
   A. 市场机会指数法
   B. 市场选择指数法

C. 购买力分析法   D. 市场增长指数法

二、判断题

1. 采用地理标准细分时应注意，按照地理标准所确定的市场并不总是有效的。（   ）

2. 在理解国际市场细分时，首先需要将整个国际市场细分为若干个子市场，每个子市场由一些营销环境基本相同和相近的国家（地区）组成，然后再对选定范围内的市场进行具体细分。

（   ）

3. 无差异市场营销策略由于其成本经济性，适用于所有企业。（   ）

4. 集中性市场营销策略可通过专业化生产或销售而获得竞争优势。（   ）

5. 强调构成产品特色的某种因素，如品质、价格、成分、材料等，属于利益定位。

（   ）

三、简答题

1. 国际市场细分有什么作用？
2. 国际消费品市场细分的标准主要有哪些？
3. 国际工业品市场细分的标准主要有哪些？
4. 国际市场细分有哪些注意事项？
5. 选择国际目标市场时应考虑哪些因素？
6. 国际目标市场营销策略有哪些？
7. 国际市场定位的含义和作用是什么？
8. 国际市场定位策略有哪些？

四、案例分析题

中国游戏出海：成果斐然，但机遇与挑战并存

据环球网科技 2024 年 7 月 27 日综合报道，随着中国游戏产业的快速发展，出海已成为众多游戏企业的必然选择。中国游戏企业通过不断创新和拓展，已经在全球游戏市场中占据重要地位，但同时也面临着诸多挑战。

1. 出海成果斐然，海外市场布局多元化

《2023 年中国游戏产业报告》显示，中国游戏在出海市场的总收入达到了 163.66 亿美元，相较于十年前增长了近九倍。从北美、欧洲到东南亚、中东，中国游戏企业的海外市场布局日益多元化，不断开拓新的市场疆域。

悠星网络是游戏出海领域的代表企业之一。自 2017 年起，悠星网络先后发行了《碧蓝航线》《明日方舟》《蔚蓝档案》等多款高知名度产品，在日、韩、欧美等市场多次登顶畅销榜。这些游戏不仅在当地市场取得了巨大的成功，还为中国游戏企业在海外市场树立了良好的品牌形象。

悠星网络不仅组建了本地发行团队，还成立了动画制作公司，通过四格漫画、小说、广播剧等多种形式，将游戏产品打造成为更具生命力的 IP，从而在不同文化背景下实现深度共鸣。

此外，华为终端、虎牙旗下海外直播平台 Nimo 等平台型企业的加入，也进一步丰富了中国游戏出海的生态体系。这些企业通过创新线上宣发、拓展 IP 内容、结合当地文化做营销等方式，助力中国游戏在全球范围内实现高效发行。

2. 技术革新成为重要引擎

技术革新在中国游戏产业出海过程中扮演了至关重要的角色。在今年举行的全球游戏开发者大会上，腾讯、网易、米哈游等多家中国游戏企业展示了自研游戏、AI 引擎、3D 角色生成技术等多项突破性游戏技术成果。这些技术的应用不仅提升了游戏的品质和体验，也为中国游

戏企业在全球市场的竞争中赢得了先机。

以米哈游的《原神》为例，其成功背后是米哈游在游戏开发过程中采用的先进技术和创新理念，如实时渲染技术、大规模多人在线交互系统等。同时，米哈游还积极运用云计算和大数据技术，对游戏进行持续优化和更新，确保玩家能够享受到稳定、流畅的游戏体验。

除了米哈游，其他中国游戏企业也在积极探索和应用新技术。例如，腾讯在游戏引擎、AI算法和虚拟现实等方面取得了重要突破；网易则在云游戏领域取得了显著进展，通过云计算和流媒体技术，实现了游戏的即时加载和流畅播放，为玩家带来了更加便捷的游戏体验。

3. 机遇与挑战并存，出海之路任重道远

尽管中国游戏出海取得了显著成果，但行业仍面临着诸多挑战。如文化差异、缺乏本土化人才、地区汇率波动等问题依然存在。此外，随着全球游戏市场的竞争日益激烈，中国游戏企业还需要不断应对来自国际同行的竞争压力。

面对这些挑战，中国游戏企业需要积极寻求与国际同行的合作机会，通过技术交流、市场共享、联合开发等方式，共同提升游戏产品的国际竞争力和市场影响力。在全球化视野下，中国游戏企业还需要更加深入地了解目标市场的语言、文化和消费习惯，实现产品和服务的本土化。

问题：（1）中国游戏出海针对目标市场采取了什么策略？你认为这种策略有什么优点？
（2）中国游戏企业在海外市场开拓中存在的挑战有哪些？该如何应对？

第九章　国际市场进入战略

【学习目标】

对国际市场进入模式有清晰的认识；掌握各种国际市场进入模式的优劣势；掌握适用于不同企业的国际市场进入模式；掌握影响企业进入国际市场的因素；了解"一带一路"的已有成果和发展趋势。

【引例】

中国物流装备企业国际市场进入战略

（整理自《物流技术与应用》2023 年第 5 期江宏《中国物流装备企业进入国际市场的挑战与策略》一文）

在国内国际市场双循环政策下，随着"一带一路"倡议的稳步推进，中国制造企业、物流企业都在进行全球化布局，进一步推动了物流装备企业进入海外市场。但总体来看，中国物流装备行业全球化发展处于起步阶段，构建适应海外市场需要的技术能力与服务能力，是中国企业在全球市场竞争中占据优势的关键。

从供给侧来看，全球物流装备产能并不稀缺，除了国际知名的物流装备企业外，很多国家也有自己的物流装备企业。因此，中国物流装备企业走向海外市场就意味着要与全球化企业以及进入国家的本地企业直面竞争，除了"价格"优势外，如何进一步提升综合竞争力尤为关键。技术方面，要以工匠精神打磨技术，提高产品的稳定性与可靠性，实现产品标准化、模块化，加强产品研发创新。此外，重视系统仿真，因为在国外的物流设备安装、维护成本非常高，通过仿真来实现对系统故障的诊断，早发现早排除，有利于降低安装实施的成本。人才方面，国际化人才处于短缺的状态，企业要重视并加强人才培养，建立国际化人才体系。企业文化建设方面，全球化意味着企业进入一个文化多元化状态，以什么样的企业文化与发展理念管理好企业，使不同国家的员工形成统一的价值观，这也是值得企业深入思考的。内部管理方面，面对不同地域的营商环境，以及使用不同语言的人，通过系统化的知识管理以及管理系统，有助于实现企业规范化管理与运营效率提升。

重视本土化发展，携手当地合作伙伴开展业务，他们更熟悉本国的语言、社会环境、法律环境、项目审批流程等，有助于项目顺利落地，也可以更好地为客户提供项目实施与售后等服务。通过参展以及网站推广等方式，建立良好的品牌形象，提高品牌知名度。中国企业要抱团出海，产业链上下游建立合作共赢关系，避免"内卷"。

评析： 中国庞大的经济规模、完善的产业链决定了物流仓储场景的复杂多样，为物流产品与技术发展提供了广阔的空间。中国领先的物流装备企业通过充分开发和精细打磨产品，打造行业解决方案，提供全面的服务支持，通过国内的标杆项目不断积累经验，已经具备相当的全球市场竞争力。相信在这些企业的带动和引领下，中国物流装备企业一定会在全球市场走得更快更远。

当国内市场满足不了企业生产能力时，为了扩大销售，获取更多的利润，企业需要考虑走出国门，登上更大的国际市场舞台。面对陌生的语言和文化、不确定的政治和法治环境、不同的消费需求和偏好，是保守地间接出口投石问路，还是大胆地投资经营奋力一搏？这是企业需要深入调研和分析的重要问题。

第一节　国际市场进入模式

国际市场进入模式是指企业将其产品、技术、技能、管理方式或其他资源引入特定海外国家或地区的方式和策略。而选择以何种模式进入目标国市场是企业的核心战略决策之一，因为它将直接影响企业进入外国市场后经营活动的成败。如果选择不当，就容易造成损失，而且从一种模式转换到另一种模式通常需要付出高昂的转换成本。因此，企业在选择国际市场进入模式时需要进行深入的分析、周全的规划和准确的判断。

总体来说，企业可以通过以下三种模式进入目标国市场：出口模式、合同模式和投资模式。这些模式的主要差异在于：出口模式输出的是实体产品；合同模式输出的是技术、服务、管理经验、营销诀窍等；投资模式输出的则是资本。出口模式可以细分为间接出口和直接出口；合同模式可以分为许可证贸易、国外装配、合同制造和特许经营；投资模式可分为合资经营和独资经营，如图 9.1 所示。选择合同模式和投资模式时，企业承担的政治、经济风险更大，控制产品生产与销售的能力更强，利润潜力也相对更大。进入国际市场的模式不同，表明企业进入国际市场的程度不同。

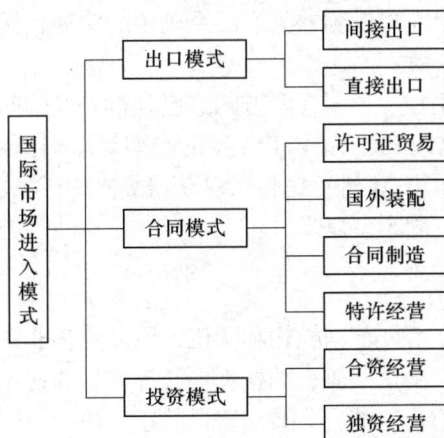

图 9.1　国际市场进入模式

一、出口模式——间接出口

间接出口是指企业在目标国以外的国家生产产品，通过中间商向目标国出口产品，而企业本身并不从事实际的出口业务。它是一种传统的企业进入国际市场的模式，也是目前我国企业进入国际市场的主要模式。

由于间接出口面临的政治风险最小，所以这种模式常被企业作为进入政治不稳定的目标国的初始方式。此外，当目标国的市场容量及消费者偏好未能被准确探知时，间接出口可以起到投石问路的作用。

（一）间接出口的形式

1. 贸易公司

贸易公司由于拥有专业的人才、丰富的渠道、多层次的信息来源、雄厚的资金实力、多年积累的经验和信誉，迄今为止仍然是我国企业进入国际市场采取的主要形式。但是随着我国越来越多的企业具备了登上世界舞台的实力以及我国"走出去"战略的实施，贸易公司的地位正在下降。

贸易公司根据经营业务范围的大小分为专业贸易公司和国际贸易公司两种。专业贸易公司仅从事进出口业务；国际贸易公司是多样化经营的大型商贸公司，除了进出口业务外，还从事生产、内贸、房地产、金融等业务。例如，早期的英国东印度公司、近期的日本综合商社等都是国际贸易公司的典型代表。

2. 出口管理公司

当企业没有设立出口部门时，可以委托出口管理公司为其开展出口业务并支付其佣金。出口管理公司通常为几家企业同时代理出口业务，以企业的名义与国外客户洽谈生意，同时与出口企业保持密切联系，在产品价格、流向方面会征得企业的同意。这种公司的优势在于拥有外贸营销人才以及渠道，并和出口企业有密切的信息联系，其弱点在于一般规模较小，熟悉的市场有限，往往只代理几种产品，很少能包办生产企业在全球市场的出口业务。随着企业出口能力的不断增强，企业建立自己的出口部门后就可以直接出口。

3. 合作出口

合作出口是指一家企业利用自己的渠道出口自己的产品的同时还附带出口另一家企业的产品。二者之间的关系可以是买卖关系，也可以是代理委托关系。通常来讲，前者企业实力较强，代理后者企业的非竞争性产品既可以弥补其产品系列中的空缺，又可以发挥规模效应，以取得更大的利润。

合作出口方式在我国使用较少，但在西方国家已是很普遍的间接出口形式。例如，日本的柯尼卡美能达公司曾利用 IBM 在美国销售其生产的小型复印机，尽管柯尼卡美能达公司在美国有自己的分销渠道，但是利用 IBM 进行销售可以获得更高的市场覆盖率。而 IBM 也可以因此不用自己生产就能销售较便宜的小型复印机。

（二）间接出口的优势

间接出口因为不需要建立海外营销机构和队伍，所以优势非常明显：①企业能够节省大笔开销，包括收集产品的价格、销售渠道、消费者偏好等信息的费用，以及维持营销机构和人员正常运作的费用，出口资金的负担不大。②出口风险小。由于中间商承担了向国外出口产品的大部分风险，相应企业承担的风险也较小。③灵活性较大。根据国际市场行情和企业经营状况的变化，企业可以选择是否继续与代理商合作。

（三）间接出口的劣势

由于间接出口中企业与国际市场相隔离，因此间接出口也有劣势：①由于企业自己没有直接出口产品，企业对于国际市场的销售经验积累缓慢。②企业没有自己的销售渠道，对于短时间内全面进军国际市场非常不利。③企业无法控制产品的出口价格和流向。④企业难以树立产品品牌形象并且难以建立其在国际市场上的声誉。

间接出口是一种初级形式的国际市场营销活动，是企业进入国际市场的过渡方式，这种模式适用于刚开始从事国际市场营销活动的中小企业。当企业完成进入国际市场的过渡后，应转向直接出口或采取更高层次的国际市场进入模式。

二、出口模式二——直接出口

直接出口是指企业主动开展出口业务，直接与国外客户联系、调查目标市场、寻找买主、联系分销商、准备海关文件、安排运输与保险，从而实现产品的出口。直接出口是国际贸易的高级形式。企业通过间接出口获得一定的国际市场营销经验后，可转向直接出口，开展真正的国际市场营销。

1. 直接出口的形式

直接出口的形式主要有通过国外中间商出口和企业自设国外营销机构两种形式。

国外中间商包括国外代理商、国外经销商、国外进口商和国外批发商等，这些中间商与国内的中间商具有类似的特点。通过国外中间商进行直接出口可以降低销售成本，迅速进入并占领国外市场，因此，企业刚进入国际市场时倾向于采用国外中间商这一直接出口形式。

企业自设的国外营销机构既可以是具有法人资格的国外营销子公司，也可以是不具有法人资格的驻外办事处。这些机构主要从事销售工作和产品实体的分配工作，甚至还从事产品维修工作。这种方式可使企业直接接触国外市场，对市场需求和竞争有更深入的了解，信息搜集更加迅速、全面、准确，有利于企业决策和对营销组合的调整；但缺点是要在国外进行较大的投资，增加了产品成本。因此，中小企业或对市场把握不大的大企业应慎用此形式。

2. 直接出口的优势

直接出口具有以下优势：①能及时掌握国外市场动向，从而有利于企业改进产品，提高产品对国际市场的适应性和竞争力；②有利于积累跨国营销经验和建立企业在国际市场上的声誉，从而有利于企业开拓国际市场；③有利于增强企业对产品流向和价格的控制能力；④相对于间接出口，通过直接出口获取的利润更大。

3. 直接出口的劣势

直接出口的劣势如下：①需要增设专门的外销机构和人员，承担渠道费用；②加重了资金周转的负担，增加了运营的风险；③企业需要自己寻找客户、收集资料、开拓渠道，这对于中小企业来说难度较大；④需要突破目标国的关税壁垒和非关税壁垒，增加了国外营销的难度和成本。

一个初次进行直接出口的企业一般会遇到寻找客户、建立自己的国外分销渠道等方面的困难。如果解决不好，企业就无法顺利进入国际市场。

案例与评析

国有中医药企业国际化进入模式

国有中医药企业倾向于采取合资模式进入国外市场，并更可能选择国家文化距离低的东道国（地区）。中医药企业对国际化进入模式的选择是基于复杂因素综合权衡的结果，由于东道国的中医药文化差异与市场需求不同，加之跨国企业自身条件各异，其进入模式是差异化的。民营中医药企业拥有强大的营销能力来形成组织的资源优势，能够有效减少国家文化距离带来的劣势，则企业更倾向采用独资模式。而在低行业规范距离和低国家文化距离共同形成的低中医药文化差异下，即使缺乏营销能力，民营中医药企业也倾向选择独资的进入模式。高国有股权下的合资模式与低国家文化距离、低东道国市场需求和中医药企业的低营销能力是高度匹配的，这证实了中国政府在推动"中医药出海"战略的过程中，为了减少东道国对中医药跨国企业的负面反应和限制，在制度和行业层面采取的一系列的投资促进措施是行之有效的，使国有中医药企业在固有的风险控制特征下，能够有效规避东道国低市场需求和企业能力不足的负面影响。

评析： 中医药企业应从制度视角理解东道国（地区）与中国之间的正式制度差异和非正式制度差异共同导致的企业国际化所面临的中医药文化差异，因而在国际化之初应谨慎评估由行业规范距离和国家文化距离共同形成的影响所可能带来的风险。在此基础上，企业应意识到选择恰当的国际化进入模式是应对中医药文化差异的有效举措，应重视对国际化进入模式的选择。

三、合同模式

（一）许可证贸易

许可证贸易是一种契约式的交易方式，是指企业向目标国某企业提供某种专有资产以换取相应的使用费的一种贸易方式。许可证贸易的专有资产包括商标、生产工艺、专利和技术诀窍等。许可证贸易的核心就是无形资产使用权的转移。许可证贸易的使用费一般为销售收入的1%~15%。技术不发达的国家可以利用许可证贸易以较小的投资获得较大的经济效益，缩短技术差距，享受技术进步的好处。对于出口方来说，利用许可证贸易能收回科研投资和风险成本，使科研成果的价值不至于被损耗。

1. 许可证贸易的形式

（1）独占许可证协议，即在规定的地区内，被许可方在协议的有效期内对许可证协议项下的专有资产享有独占的使用权，许可方不得在该地区内使用该项技术制造和销售产品，也不得把同样的技术授予该地区内的任何第三方。

（2）排他性许可证协议，又称全权或独家许可证协议，即在规定的地区内，许可方和被许可方在协议的有效期内对许可证协议项下的专有资产都享有使用权。但许可方不得将此种权利授予第三方，即许可方不得与第三方签订内容相同的许可证协议。

（3）普通许可证协议，即许可方允许被许可方在规定的地区和时间内享有使用协议中所规定的利用专有资产制造和销售相关产品的权利。但这种权利不是独占的，对许可方（或出让方）没有限制，该专有资产的使用权转让给被许可方后，许可方仍可在该地区内使用该专有资产或将其使用权授予第三方。

（4）分许可证协议，又称从属许可证协议，即在协议的有效期内，被许可方有权以自己的名义把协议项下的专有资产授予第三方使用。

（5）交叉许可证协议，又称互换许可证协议，即双方以价值相当的专有资产，在互惠的基础上，交换这些专有资产的使用权和产品的销售权。这种许可形式对双方来说一般都是互不收费的。这种方式常在合作生产、合作设计时使用。

2. 许可证贸易的优点

许可证贸易已被证明是本国企业向国外市场渗透的一种有效手段，它有以下几个方面的优点。

（1）许可证贸易是避开进口国贸易壁垒或绕过完全封闭的市场的较好途径，如规避高额进口关税。

（2）可以规避国际市场营销过程中的很多风险，如营销策略失误风险、资金周转风险、汇率波动风险、外汇管制风险和没收征用的政治风险等。尤其是当企业由于风险过高或者资源方面的限制而不愿在目标国市场直接投资时，许可证贸易不失为一种好的替代模式。

（3）便于服务性质的企业进入国际市场，如各种类型的咨询公司、技术服务公司等本身并不制造产品的企业，许可证贸易为它们的无形产品（技术）进入国际市场提供了便利条件。

（4）小型企业也能进入国际市场。小型企业如果拥有某项具有竞争力的技术或专利，就可以通过许可证贸易进入国际市场，这对资金薄弱、整体实力较弱、缺乏国际市场营销经验的小型企业来说尤为重要。

3. 许可证贸易的缺点

许可证贸易的缺点如下。

（1）签署许可证协议的双方等同于买卖关系，不管被许可方在目标国市场上的经营状况如何，许可方都不能对其进行直接控制，而市场经营状况不佳可能会对许可方及其产品的品牌形象及企业声誉造成不良的影响。

（2）与其他进入模式相比，该模式的收益较少。

（3）许可方的收益还会受到被许可方的经营状况、营销方式、销售能力等的制约。

（4）许可方把一部分优势技术、独有品牌转让给被许可方，可能会培养一个国际市场上的竞争对手。所以，许可方要在转让前权衡利弊并规划好补救措施。

（二）国外装配

国外装配是指企业在母国生产零部件，然后运到目标国市场组装成完整的产品，组装后的产品可在当地销售或出口到第三国。此种进入方式可为目标国提供一定的就业机会，因此企业较容易为目标国政府所接受。如美国接受日本丰田、三菱等品牌的汽车组装业务；我国接受荷兰菲利浦，日本东芝、日立等公司的家用电器组装业务；奇瑞汽车在俄罗斯、乌克兰、伊朗、埃及、印度尼西亚、乌拉圭等多个国家建立了组装工厂。对于企业而言，国外装配的特点是运费低、成本低、关税低、投资少，因此不论是发展中国家还是发达国家的企业都在采用此方式。比如，美国美赞臣奶粉在世界各国也有类似的组装业务，即在美国生产奶粉，然后运到世界各国的工厂进行分装。

（三）合同制造

合同制造是指企业为了开拓目标国市场，与当地企业签订订货合同，要求对方按合同规定的质量、数量、时间生产本企业所需要的产品或零部件，交由本企业以本企业的品牌销售；实际上是把生产地点设置在目标国，在当地生产、当地销售，使国际生产和国际销售紧密结合在一起。这种模式可以充分利用当地的资源优势和劳动力成本低的优势。但是，因为企业要提供技术援助和管理支持，所以这种模式有可能会为企业培养未来的竞争对手。

（四）特许经营

特许经营是指许可方将工业产权的整个经营体系（如专利、商标、企业标志、技术诀窍、经营理念、管理方法等）特许给目标国独立的公司或个人使用。被特许方必须按照许可方的政策和方法经营，并交付初始费用和销售提成。许可方要给予被特许方生产和管理方面的帮助，例如提供设备、帮助培训、融通资金、参与一般管理等。

在特许经营中，许可方提供产品、系统和服务，被特许方则提供市场知识和管理人员。两者结合起来，既能灵活地适应当地的市场条件，又能使许可方保持对被特许方有一定程度的控制力。

标准化的经营方式可最大限度地扩大特许品牌、商标的影响力，用较少的资源迅速拓展国际市场并获得可观的收益，同时这种合作模式政治风险较小。但是，这种模式要求许可方的品牌、商标及其产品和服务具有较大的吸引力。麦当劳采用的就是这种模式。

四、投资模式

随着经济全球化和各国经济实力的增长，越来越多的企业选择以投资模式进入国际市场。投资模式是企业进入国际市场的高级形式，也是企业国际市场营销走向成熟的标志。这种模式并不适合刚开始涉足国际业务的企业，而适合已经具有丰富的国际市场营销经验、实力较强和国际市场发展潜力较大的企业。由于可以绕开贸易壁垒，不受关税和其他进口方面的限制，这种模式成为企业规避贸易摩擦的主要方式。我国政府现在大力提倡的"走出去"战略就是鼓励企业以投资模式进入国际市场。投资模式分为合资经营和独资经营两种形式。

1. 合资经营

合资经营是指企业与目标国的一家或几家企业共同投资、共同经营、共分股权及管理权、共担风险的经营模式。很多国家的当地政府都不提倡甚至禁止在某些行业设立外商独资企业，那么合资就是次优选择。一旦该国的独资资格放开，企业就可以先人一步抢占市场。合资经营的形式可以是收购当地企业的部分股权，或当地企业购买外国企业在当地的股权。当然，合资各方还可以共同出资建立一个新的企业。

（1）合资经营的优势：①合作伙伴的专业知识、信息网络、营销渠道、营销技能等都能为合资企业所用，从而快速打开国际市场，树立企业及其产品的良好信誉和形象。②通常受到当地政府的欢迎、鼓励，常伴有土地、贷款、税收等方面的优惠政策。③合资各方可以有效整合优势产品，并将营销专长结合起来，发挥取长补短的作用，实现共赢。

（2）合资经营的劣势：①各方在资源分配、投资决策、营销策划和财务管理等企业重大决策方面很难长期取得一致意见，各方之间的分歧、冲突会阻碍各方的进一步合作。②对企业的控制力较弱，企业的决策难以执行，或者决策效率和执行效率低下。③企业的核心技术很难保密，一旦合作决裂，将会给企业带来强劲的对手。

2. 独资经营

独资经营是指企业独自到目标国去投资建厂，进行经营活动。独资企业独立经营、独享利润并独自承担经营风险。独资企业需要具备雄厚的资金、丰富的国际市场营销经验、众多的管理人员才能与目标国企业在该国市场中一争高下。独资经营对企业的实力有着较高的要求。日本企业在我国的子公司多采取独资经营的方式。

并购和创建是独资经营的两种形式。并购是指企业在目标国购买某公司股权以取得该公司的所有权与经营权。创建是指企业在目标国购买厂房设备、设立组织机构、招聘人员等来建立一个新企业。并购常需处理原企业与被并购企业的职工、客户和供应商等方面的关系，还要处理已经存在的各种契约、非契约关系，这常会给企业带来一些麻烦。

（1）独资经营的优势：①企业对在目标国设立的独资企业的控制力较强，包括生产规划、资源分配、营销活动、财务管理和人员激励等，对其进行调整的效率也较高。②企业可以降低对技术失去控制的风险。③没有中间环节，经营利润较为丰厚，经营收益完全归独资企业所有并由独资企业自由支配。

（2）独资经营的劣势：①企业投入大，需要雄厚的资金、丰富的国际市场生产及营销经验、大量的技术及管理人才等。建设周期长、灵活性差、转型慢，因而整体的投资风险比较大。②企业需要熟知在目标国经营的相关法律、行业规范，并善于与当地政府与企业沟通、协调以及建立业务关系。③企业需要独自承担目标国市场的经济及政治风险，如货币贬值、外汇管制、政策转变、战争动乱、政府没收等。

案例与评析

向越南转移供应链的三个关键步骤:"中国+1"市场进入策略

(整理自《进出口经理人》2019 年 7 月 Dezan Shira & Associates 文章)

将供应链转移至越南主要以三种形式进行:代表处+当地供应商,外商独资企业,合并与收购。

1. 代表处+当地供应商

对于计划尽快重组供应链的企业来说,外包给当地供应商是最快的解决方案。在这种模式下,外国企业与当地工厂签订合同,由当地供应商生产符合外国企业要求的产品。外国企业向当地供应商订购产品,不需要在越南设立实体。

计划与多个供应商长期合作的企业通常会选择设立代表处来监督当地的生产,并以代表处为销售和业务发展的成本中心。这种模式在服装行业尤其流行。

与中国不同,越南的供应商市场仍处在起步阶段。有计划地通过外包给当地供应商进入越南市场的企业,应该了解当地市场的生产能力。

2. 外商独资企业

外商独资企业是指由外国投资者完全控制的在越南的公司实体。上市公司、在中国拥有强大供应商网络或者计划在越南长期投资的企业往往更喜欢采用这种市场进入模式。

选择自行投资建设生产设施可以更好地利用当地合作伙伴的市场经验和网络。企业应对越南的投资环境有清晰的了解,并多次前往该国考察备选地点、物流供应商和基础设施网络。

绝大多数制造业企业都选择在越南工业区内建厂。外商独资企业设立一个法律实体通常需要 4~6 个月的时间,而全面投产可能需要长达 1 年的时间。

需要搬迁的企业通常选择在过渡期间与当地工厂合作,并在生产设施建设完工后向全面生产过渡。

3. 合并与收购

外国企业还可以通过收购当地的企业来获得越南企业的营业执照、工厂、劳动力和市场网络,从而迅速进入越南市场。

收购的另一个潜在好处是企业能快速了解当地市场,当地合作伙伴可以提供更多的机会让企业接触供应商、客户,甚至还可以提高企业品牌在越南的知名度。

并购的准备时间大约需要 2~4 个月。但是,这不包括合资企业之间谈判所需的时间。涉及利益分配、领导决策和其他权利义务的谈判常常会推迟并购,然而这些都是成立一个合资企业的重要组成部分,不能匆忙决定。计划收购的企业需要承担被收购方的债权债务,如果是合资企业,则可能面临经营限制。

评析:越南改革开放起步晚,营商环境有待进一步完善,被并购企业是否有正在进行的法律纠纷和未公开的债务,并购企业需做好尽职调查。

每种市场进入模式都需要投入相应的成本。一次错误的选择将会使企业蒙受巨额损失。企业要依据自身条件及外部环境恰当地选择国际市场进入模式。常见的七种国际市场进入模式的特征如图 9.2 所示。

	间接出口	直接出口	许可证贸易	国外装配	合同制造	特许经营	投资模式
进入深度	浅						深
投资规模	小						大
灵活性	好						差
风险性	低						高
市场份额	低						高
可控程度	高					低	高

图 9.2 国际市场进入模式的特征

第二节　影响企业进入国际市场的因素分析

国际市场进入模式不是一成不变的，应随着内外部环境的变化而变化。国际市场进入模式的选择不仅需要基本判断，还需要对现实情况进行更为深入的战略分析，才能使企业顺利进入国际市场。影响企业进入国际市场的因素是复杂的、多种多样的，其中主要取决于三方面的因素，即目标国因素、母国因素和企业内部因素。

一、目标国因素

（一）目标国市场因素

目标国市场因素主要包括目标国市场规模、市场结构和营销技能。

1. 市场规模

目标国市场规模与潜力常常是企业进入国际市场的重要考量依据。规模大的市场常常会吸引大量的直接投资；而规模小的市场更适合用间接出口或代理的方式试探市场的需求，待得到验证后再采取更为积极的进入模式。

有时市场的需求不能仅用规模来衡量，市场潜力也是需要考虑的因素之一。潜力大的市场即使规模较小也能赢得国外投资者的青睐，如瑞士，因为其具备很强的购买力、理想的商务环境和适度的税收制度，世界经济论坛《2017—2018 年全球竞争力报告》显示，瑞士在全球最具竞争力的国家中已经连续九年名列第一，所以针对一些高端产品，企业可以考虑以直接投资的模式进入。

2. 市场结构

根据垄断竞争理论，市场结构分为完全竞争、完全垄断、寡头垄断和垄断竞争四种。完全垄断市场的进入壁垒太高，市场完全由独家企业占领，其他企业很难进入；寡头垄断市场和垄断竞争市场的进入壁垒较高，但对于拥有资金、成本、技术、管理、渠道及商誉优势的大型企业，直接投资进入还是有机会的；完全竞争市场由于不存在任何进入壁垒，可以考虑采用出口模式进入。

3. 营销技能

企业营销技能的水平决定了其进入目标国市场的难度。如果企业营销技能水平低，不必冒险直接投资，此时宜选择出口模式进入，更容易取得良好的效果；反之，宜选择投资模式进入。

（二）目标国环境因素

目标国环境因素主要包括目标国政治风险、政府管制以及地理距离与文化差异。

（1）目标国政治风险。如果目标国政局不稳，执政党频繁更迭，可能会导致其经济政策不连贯，外商利益得不到保障。加之经济萧条不景气、消费不足，企业进入该目标国市场宜选择风险低的间接出口、许可证贸易模式，从而减少可能遭受的退出损失。

（2）政府管制。政府管制分为经济管制和社会管制两类。经济管制是指对价格、市场进入和退出条件、特殊行业服务标准的控制。此外，对运输、金融证券、外汇等的管制也属于经济管制。社会管制主要用来保护环境以及劳工和消费者的健康和安全。如果目标国政府管制较为严格，适合以风险较小的合同模式进入；如果政府管制较宽松，则以投资模式进入收益更为丰厚。

（3）地理距离与文化差异。如果企业的母国和目标国之间的地理距离远，以间接出口或直接出口模式进入目标国市场的企业就要承担更多的产品运费和人员联络及交通费用，这会不利于企业的成长，因此宜用投资模式进入；如果企业的母国和目标国之间的地理距离近，则上述费用较少，宜以出口模式进入。母国与目标国之间的文化差异越大，企业用来熟悉该国语言文化、消费偏好及风俗习惯的时间就越长，企业进入模式宜从出口模式开始；待摸索熟悉后，再采用高级的模式进入。

（三）目标国成本因素

目标国成本因素包括用于生产的原材料、能源、劳动力、资本等要素成本和辅助生产的交通、运输等基础设施的使用成本。低廉的要素成本、便捷的基础设施和发达的通信交通网使企业更倾向于以投资模式进入，高成本会促使企业以合同模式进入。

二、母国因素

影响国际市场进入的母国因素主要是母国的市场规模、生产成本和经济政策导向。

（1）市场规模。若母国的市场规模小，受到限制，则不利于企业经营能力的提高，企业应侧重于向外发展，并选择出口模式进入目标国市场；若母国国内市场规模大，生产的又是劳动密集型产品，那么企业应选择在目标国直接投资的进入模式，在目标国生产后再返销国内。

（2）生产成本。当母国生产成本高于目标国时，企业往往以对外投资模式进入目标国市场。

（3）经济政策导向。企业应根据母国政府的经济政策来选择进入目标国市场的模式。例如，一个国家在经济起飞阶段，政府通常鼓励企业出口赚取外汇，以便购买技术和设备；而在积累了一定的外汇储备后，一国政府常鼓励资本输出，那么有实力的企业以对外投资模式进入目标国市场则是恰当的选择，大多数发达国家的政府采取的都是这种经济政策。

三、企业内部因素

1. 产品因素

产品因素对选择国际市场进入模式也有较明显的影响。

（1）当产品是技术密集型产品，售价较高并且对售后服务要求较高时，可以选择非契约式的进入模式，如对外投资。这种模式的好处是既控制了技术的输出，获取了高额利润，又满足了消费者对售后的要求；反之，则可以选择出口模式。

（2）若产品特色显著则可以选择出口模式，即使负担了运费及关税，产品在目标国市场仍然具有竞争力。若产品为标准化产品，区位的选择没有太大差别，结合成本因素，则可以选择投资模式。

（3）随着服务业在现今产业结构中所占比重上升，服务产品走出国门登上国际舞台已成为一种趋势。鉴于服务产品"生产即消费"的特殊性，一般应采用对外投资模式，比如对餐饮、酒店、旅游观光、银行、咨询、设计、培训、广告等方面的投资。

2. 资源投入因素

企业的规模和实力是选择国际市场进入模式的重要影响因素。如果企业规模大、资金雄厚、技术先进、人力资源丰富，可以考虑以对外投资模式进入；反之，则可选择以风险更小的间接出口或直接出口模式进入。

影响国际市场进入模式选择的内外部因素如表 9.1 所示。

表 9.1　影响国际市场进入模式选择的内外部因素

因　素	一般性选择				
	间接/直接出口	许可证贸易	成立分公司	对外投资	服务契约
外部因素（目标国）					
销售潜力小	√				
销售潜力大				√	√
分散型市场竞争结构	√		√		
寡头垄断型市场竞争结构					
营销基础差			√		
营销基础好	√				
生产成本低				√	
生产成本高	√		√		
限制性进口政策		√		√	√
宽松型进口政策	√		√		
限制性投资政策	√	√			
宽松型投资政策				√	
地理距离近	√		√		
地理距离远				√	√
经济繁荣				√	
经济萧条	√				√
外汇管制	√				√
外汇自由兑换				√	
外币汇率下跌				√	
外币汇率上升	√		√		
文化差距小			√	√	
文化差距大	√	√			√
政治风险低			√	√	√
政治风险高	√	√			
外部市场（本国/母国）					
市场规模大				√	
市场规模小	√		√		
分散型市场竞争结构	√				
寡头垄断型市场竞争结构				√	
生产成本低	√		√		
生产成本高		√		√	√
鼓励出口	√		√		
限制国外投资	√	√			√
内部因素					
差异化产品	√		√		
标准化产品				√	
服务密集型产品			√	√	
服务型产品		√		√	√
技术密集型产品		√			
产品适应性低	√				
产品适应性高		√	√	√	

因　素	一般性选择				
	间接/直接出口	许可证贸易	成立分公司	对外投资	服务契约
资源有限	√	√			
资源丰富			√	√	
投入低	√	√			√
投入高			√	√	

课堂讨论

海尔集团在世界家电市场上具有举足轻重的地位。在网络搜索引擎以"海尔在全球"为关键词搜索相关资料，就企业特性而言讨论、总结海尔集团是如何成功进入国际市场的。

本章小结

国际市场进入模式是指企业将其产品、技术、技能、管理方式或其他资源引入海外特定国家或地区的方式和策略。而选择以何种模式进入目标国市场是企业的核心战略决策之一。因此，企业在选择国际市场进入模式时需要进行深入的分析、周全的规划和准确的判断。

国际市场进入模式分为间接出口、直接出口、许可证贸易、国外装配、合同制造、特许经营、合资经营和独资经营等。原则上来说，越是采用靠后的模式，投资规模越大，企业承担的政治、经济风险越大，可获得的市场份额越高、利润越丰厚；而控制产品生产与销售的能力则由高转低再提高。进入国际市场的模式不同，表明企业进入国际市场的程度不同。企业要依据自身条件及外部环境恰当选择进入国际市场的模式。

影响企业进入国际市场的因素是复杂的、多种多样的，其中主要取决于三方面的因素，即目标国因素、母国因素和企业内部因素。前两者为企业外部因素，后者为企业内部因素。

国际市场进入模式不是一成不变的，应随着内外部环境的变化而变化。市场进入模式的选择不仅需要基本判断，还需要对现实情况进行更为深入的战略分析。

综合练习题

一、单项选择题

1. 当产品是技术密集型产品，售价较高并且对售后服务要求较高时，可以选择（　　）。这种模式的好处是既控制了技术的输出，获取了高额利润，又满足了消费者对售后的要求。

    A. 间接出口　　　　B. 直接出口　　　　C. 合同模式　　　　D. 投资模式

2. 一个国家的能源供应、交通运输、通信设施以及商业基础设施状况与国际市场（　　）。

    A. 无多大关系　　　　　　　　B. 完全没有关系

    C. 有相当大的关系　　　　　　D. 有密切关系

3. 独资企业拥有（　　）的所有权。

    A. 50%以下　　　　　　　　　B. 所有股东中最高的

    C. 50%以上　　　　　　　　　D. 100%

4. 合资经营的优势不包括（　　）。

A. 合作伙伴的资源都能为合资企业所用，从而快速打开国际市场

B. 合作伙伴对企业的控制力较强，决策效率和执行效率较高

C. 通常受到当地政府的欢迎、鼓励，常伴有土地、贷款、税收等方面的优惠政策

D. 合资各方可以有效整合优势产品，发挥取长补短的作用，实现共赢

5. 独资经营的劣势不包括（　　　）。

A. 企业投入大，投资风险比较大

B. 企业需要熟知在目标国经营的相关法律、行业规范，并善于与当地政府与企业沟通

C. 企业对在目标国设立的独资企业的控制力较强

D. 企业需要独自承担目标国市场的经济及政治风险，如货币贬值、外汇管制、政策转变、战争动乱、政府没收等

二、判断题

1. 相较于直接出口，间接出口的资金负担比较重。　　　　　　　　　　　（　　）

2. 合资经营的优势在于合作伙伴的专业知识、信息网络、营销渠道、营销技能等都能为企业所用，从而快速打开国际市场，树立企业及其产品的良好信誉和形象。（　　）

3. 相较于间接出口，直接出口的优点在于投资少、风险小。　　　　　　（　　）

4. 以合同制造的方式进入国际市场是指企业通过与外国企业签订合同来转让技术、服务等无形产品而进入国际市场的方式。　　　　　　　　　　　　　　　　（　　）

5. 进入国际市场可供选择的方式有多种，按照进入的难易程度和风险主要分为以下几种：出口、许可证贸易、海外组装、合同制造、特许经营、对外投资等。　　　　（　　）

三、简答题

1. 简述企业进入国际市场的模式。

2. 简述间接出口的模式并对其进行评价。

3. 简述四种合同模式的优缺点。

4. 简述合资经营的优势及劣势。

5. 影响企业进入国际市场的因素都有哪些？

四、案例分析题

关于中国高端装备制造业进入国际市场的研究

高端装备制造业是我国重点行业之一，是推动工业转型升级的重要引擎。在国内市场增量空间有限以及全球经济一体化的背景下，为寻求全球战略资源更稳定的供给，降低外部供应链动荡对国内经济生产的风险，以及通过对外输出领先技术、优势产能从而占有外部市场的超额利润，"走出去"是行业发展的必然趋势。

企业所处的国内市场环境不确定性越高，企业可能受到的环境冲击越大，企业从外部获取资源就会受到较大的限制，多数企业会选择出口贸易这种成本和风险更低的模式进入国际市场；而随着国内市场环境的改善，企业会逐渐采取成本和风险较高的模式进入国际市场。

中国高端装备制造产业结构升级有两条道路：一条是将有比较优势细分产业转移到其他国家，为总体产业结构升级创造有利条件；另一条是进行学习型对外直接投资，到发达国家配套先进的生产要素以服务于国内产业结构升级，以获取并长期保持企业技术优势。随着科技变革的速度不断加快，越来越多的中国高端装备制造企业选择采用合资并购的方式来进入国际市场。企业的政治关联在国内市场环境不稳定的时候对市场进入模式的正向影响才会更加显著。

问题：（1）并购进入模式的优点有哪些？（2）以上案例对我国企业实施"走出去"的战略有何启示？

第十章　国际市场产品策略

【学习目标】

对国际市场产品及相关概念有清晰的认识；熟悉国际市场产品的标准化和差异化策略；掌握国际市场产品的调整和适应策略；掌握国际产品生命周期理论；掌握国际市场新产品开发过程和模式；掌握国际市场品牌策略；了解国际市场产品的商标与包装策略。

【引例】

王老吉发布国际品牌标识　将加大海外市场开发

据《北京青年报》2023年10月31日报道（记者 张鑫）王老吉2023年国际市场发展战略研讨会在广州举行。大会发布了王老吉国际品牌标识"WALOVI"以及《王老吉国际市场发展战略报告》《全球饮料市场发展报告》等。

随着消费者的健康意识日益增强，以凉茶为代表的天然植物饮料成为消费市场新宠。在全球饮料市场赛道中，即饮天然植物饮料已经成为全球饮料市场快速增长的赛道之一。由于天然无添加特点，天然植物饮料更加符合消费者需求，发展势头正猛，前景空间广阔。从2020年到2022年，王老吉已连续三年成为全球销量第一的天然植物饮料。这也直观印证了，王老吉已进入国际主流市场与渠道，并确立全球领先的市场地位。

民族品牌出海，要从国内"走出去"，更要"走进去"，进入海外消费者的心里。品牌标识，便是消除文化隔阂的重要符号。现场，王老吉联合知名品牌设计公司利平科特共同打造的国际品牌标识"WALOVI"正式发布。

以品牌出海，带动大健康产业国际化、高质量发展，是本次研讨会的着眼点。广药集团面向改革开放这扇窗，背靠粤港澳大湾区，行走在"一带一路"两大经济带上，使王老吉多年来保持高质量发展。王老吉作为集团"走出去"的排头兵，打造了"文化引领+产品贸易"的双引擎，已成为海外了解中国的一条重要纽带。

评析：中国企业"走出去"彰显了新时代的品牌新力量。品牌出海能够帮助企业进入新的市场，扩大市场规模，提高市场份额。在全球市场中，企业可以面对更多的消费者，提高品牌知名度和影响力，提高企业的形象和声誉。在新的市场中，企业可以与当地企业合作，开拓新的业务渠道，获得更多的商业机会。在国际市场上，企业可以获得更多的资源和技术支持，降低生产成本，提高企业的竞争力。

国际市场营销组合中，产品是最核心和最重要的要素。离开了产品，定价、渠道和促销便失去了意义。产品策略是国际市场营销策略的基础，也是制定其他策略的核心和出发点。

第一节　国际市场产品及相关概念

一、国际市场产品的概念

所谓"产品",是指由企业提供的、用于满足消费者需求的任何东西。国际市场营销中的产品概念与一般市场营销中的产品概念是一致的,它是一个广义的、整体的概念,既包括实体产品,也包括诸如服务、地点、经验、事件、信息和创意等不可见的内容。

企业不能简单地将对产品概念的理解停留在产品实体上。站在消费者的角度上来看,产品使消费者获得了一系列效用,产品的概念不仅包括产品的外形、质地、包装、标签,还包括品牌提供的信心、制造商的声誉、消费者拥有和使用产品时所获得的其他效用以及服务。

产品的核心利益是指消费者真正希望得到的基本服务或利益,如消费者买化妆品是希望变得美丽、体现气质、增加魅力等。完整的产品包括有形产品、期望产品、附加产品和潜在产品。有形产品是指产品的基本形式,如冰箱的有形产品不仅包括冰箱的制冷功能,还包括它的质量、造型、颜色、容量等。期望产品是消费者购买产品时通常希望默认获得的一组属性和条件,例如,购买旅游服务时,消费者通常会对交通设施、旅游景点和食宿地点的舒适、安全、令人满意的程度有一个相应的预期。附加产品通常指增加的服务和利益。潜在产品是指该产品最终可能会实现的全部附加部分和将来会转换的部分,代表了产品未来的发展和变化。

产品的整体概念提示我们,企业之间产品的竞争,已经不限于核心产品的竞争,更多的是附加产品和潜在产品的竞争。识别和把握消费者对于产品核心功能以外的消费期望,开发满足消费者潜在需求的产品,对于开展国际市场营销的企业来说尤其重要。

二、国际市场产品的类型

按照产品参与跨地区和跨国竞争的程度,国际市场产品可以分为以下四种类型:当地产品、国家产品、国际产品和全球产品。

1. 当地产品

当地产品是指仅在国内某一地区市场上销售和参与竞争的产品。由于受到企业规模和实力的制约,大多数小规模企业生产的产品都属于当地产品。另外,国内不同地区市场之间的行政垄断、人为阻隔,以及产品的一些自然属性等方面的原因,也为当地产品的生存和发展提供了广阔的空间。由于地方保护主义的存在和烟草销售的体制原因,某些行业会有很多品牌仅在本省区内销售,同时一些全国性品牌难以有效进入该省区。

2. 国家产品

国家产品是指仅在单一的国内市场中销售的产品。这可能包括两种情况:一种是该产品仅在一国范围内销售,比如那些暂时没有走出国门,但已经在国内市场上广泛销售的国内产品;另一种情况是,一些跨国企业为了迎合特殊国家市场的特殊需求而推出的仅在该国范围内销售的特殊产品。这种特殊需求可能来源于该国市场上消费者的特殊偏好,例如,针对我国文字特点而专门研发的汉化软件产品,就主要在我国销售。

对于企业而言,经营国家产品的机会成本较大,因为这类业务不利于企业在营销、研发、生产等领域实现规模经济,也难以积累向其他市场拓展的有价值的经验,不利于营销经验的跨国共享。同时，一国市场的容量往往有限，因此，很多本地企业在取得稳定的国内市场占有率之后，都会走向国际化的经营道路。

3. 国际产品

国际产品是指在区域性国际市场上销售的产品。相较于国家产品，国际产品已经走出了国门。由于它所面临的不同国家的市场往往是相似的，故这样的市场被称为区域性国际市场。比如在欧洲市场上，由于欧盟内部已经基本形成了一个类似国内市场的商品自由流通的局面，所以很多企业的产品都成为国际产品。

4. 全球产品

全球产品是指企业开发的能够满足全球市场需求的产品。例如，索尼公司推出的随身听产品曾使得全世界的人都可以边走路边欣赏音乐。随着产业国际化、全球化趋势的演进，很多企业都面临着开发全球产品的压力。如果企业想拥有自己的全球产品，可以对只为一个国家市场设计的产品进行改造，使之满足全球市场的需求，实现从国家产品、国际产品向全球产品的转变。

第二节　国际市场产品标准化与差异化策略

国际市场产品与国内产品在很多方面都有差异，国外消费者对产品的要求也不同于国内消费者，但这绝不意味着国际市场产品与国内产品是毫无关系的。事实上，跨国企业在国外销售的产品或服务与国内市场紧密相连，只是一般都要根据当地消费者的习惯与偏好而加以适当的改进。标准化与差异化是在国际市场营销中做出核心产品决策时应考虑的主要内容。

一、国际市场产品标准化

标准化是指在一个国家（或地区）或全球市场上提供统一的产品，而差异化是指企业根据不同国家的市场改进产品，提供不同于国内市场的产品，使之适应当地市场的需求特点。促使国际市场产品标准化的因素主要有以下几点。

（1）生产的规模经济。标准化产品在原料采购及生产过程中具有相当大的规模经济效益，它可大大减少企业采购、生产、包装和储存的成本。

（2）营销的规模经济。尽管有些营销活动必须依照各国环境的不同而有所差异，但大多数标准化产品的营销活动还是可以使企业获得规模经济效益。例如，在许多国家同时开始一种新产品的宣传而非依次进行，这不仅会吸引国际主要媒体更多的注意力，而且会压缩竞争对手的反应时间，竞争对手在所有的竞争市场都面临马上开展的竞争。

（3）研究开发的规模经济。如果企业大量销售标准化产品，其研究开发费用就可以在更多的标准化产品中进行分摊。另外，企业无须针对每一个具体的市场开发独特的产品，因而可以降低产品的开发成本。

（4）消费者的流动性。有些产品（如吉列剃须刀）在消费者出国旅行时仍需购买，标准化产品可以帮助他们快速识别产品，有利于提高消费者对产品和品牌的忠诚度。

具有关键性技术规格的产品更趋于标准化。这是因为一方面技术产品受各国的政治、文化等环境的影响较小；另一方面，为了满足接口方便、联机并网等需要，大多数技术产品都必须实行标准化策略，即使要变化，也只是细微的改变，如电压和计量制的更换等。

二、国际市场产品差异化

主张实行产品差异化的学者认为，各个国家市场的需求是各异的，修改产品能大幅度提高销售额，从而能弥补并超过产品修改的成本，使利润有较大的增加。概括来讲，促使国际市场产品差异化的因素有以下几点。

（1）使用状况的差异。虽然各国对绝大多数产品功能的需求差别不大，但是各国对同一产品的使用习惯和使用条件可能有很大的不同，生产此类产品时需对其加以适当的修改。例如，日本汽车最初进入加拿大市场时，车身极易生锈，原来加拿大冬季冰雪较多，有关部门常在公路上撒盐以融化冰雪，汽车受盐腐蚀，车身就容易生锈。为了解决这一问题，日商改进了汽车车身的喷漆配方，在配方中添加了防盐抗锈漆，这一改进大大增强了日本汽车在加拿大市场的竞争力。

（2）市场差异。市场差异包括政治、经济、文化、社会等多方面环境因素的差异，它要求产品差异化以适应不同市场的需要。例如，收入和生活水平的差异导致不同的消费需求，不仅影响冰箱等耐用消费品的大小、功能和特性，而且影响饼干等非耐用消费品的品质和包装。

（3）强制性因素。有时一些强制性因素会迫使跨国企业采用产品差异化策略。政府各项法规的限制更是促进企业对产品本身以及包装、商标等加以修改的主要因素。尤其是食品、药品和玩具等产品，有关规定越多，企业所需做的修改也就越多。

（4）海外营运方式。某些企业很可能早已在各国建立据点，并且在当地拥有生产设备，此类企业就比较容易对产品进行修改，而且更能因地制宜。产品标准化可获得规模经济效益这一好处是毋庸置疑的，而产品差异化可提高销售额也是不可否认的。所以，企业常常面临着是选择产品标准化还是选择产品差异化的困难。

📠 案例与评析

提前实现"海外再造一个泡泡玛特"　85后王宁带着泡泡玛特走向"大潮玩时代"

据央广网 2024 年 8 月 26 日消息，7 月 27 日，泡泡玛特卢浮宫店正式开业，成为首个成功进驻卢浮宫的中国潮玩品牌。7 月 19 日，泡泡玛特印度尼西亚的首家门店在雅加达开业，这是继新加坡、马来西亚、泰国、越南之后，泡泡玛特在东南亚登陆的又一重量级市场。

泡泡玛特董事会主席兼行政总裁王宁在 7 月 21 日的中期业绩发布会上表示，这几年泡泡玛特一直在努力尝试进入更多领域，开发了非常多的好产品，也进入非常多的品类。公司进入一个大潮玩时代，"不再像原来一样，大家对泡泡玛特的理解就是简单的手办。"

自从 2018 年开启全球化战略，依托其全球化艺术家运营体系，泡泡玛特旗下越来越多的 IP 正在释放出强劲的全球影响力：在泰国市场，得益于泡泡玛特成熟的 IP 运营体系和全球艺术家运营能力，CRYBABY 在潮玩及周边产品、IP 授权领域均有优异表现；在美国市场，泡泡玛特也与一位当地艺术家合作，其作品 Peach Riot 在当地取得了优异的市场表现。全球化的亮眼表现也帮助泡泡玛特持续步入发展的"快车道"。在中期业绩发布会上，王宁说，回顾公司 14 年的历史，每一年都保持了增长。王宁还表示，2025 年会是一个里程碑式的一年，随着整体业务的快速增长，销售额有信心突破 100 亿，真正进入百亿级消费品牌的行列中。

这份信心或许来自于泡泡玛特多年来对于 IP 的精耕细作。目前，泡泡玛特的业务围绕着 IP 的孵化运营、潮流玩具零售、主题乐园与体验、数字娱乐等四个板块展开。同时，全球化和以 IP 为核心的集团化发展是当前的主要发展方向。从各个 IP 取得的销售数据来看，泡泡玛特根据各 IP 的特点，实现差异化运营,成功打造了多款经典形象及对应的产品,以满足不同粉丝的需求。

评析:泡泡玛特以 IP 设计为核心,更新与打造不同的 IP 形象,提升了品牌识别力,实现了丰富的产品差异化。实施差异化战略,可以满足顾客某种独特的需求,给顾客带来难忘、独特的体验与回忆,提高了顾客对企业品牌和产品的忠诚度,创造并培育自身独特的细分市场,并在细分市场上形成较高的进入壁垒,获取细分市场带来的利润。

三、国际市场产品标准化和差异化的决策标准

实际上,绝对的产品标准化是很少见的。通常情况下,只是一个产品的一些特征需要改变,如包装所用文字等。例如,当前化妆品常会用几种文字进行包装标示,以尽可能地生产更多的产品和达成规模经济。

标准化通常是以核心产品为基础开始的。例如,在汽车工业中,其核心是生产平台,这样,在同一平台上生产出来的汽车就拥有相同的底盘和车身结构,可以同时承载不同车型的开发及生产制造,生产出外形、功能不尽相同的产品。为削减成本,三菱汽车公司曾计划将其汽车生产平台从 14 个减少到 6 个。

即使再成功的企业也会经常对那些标准的产品(或服务)进行一些本土化的改变。每个国家都有一些特有的规则,例如,瑞典规定司机在发动汽车的同时必须打开车灯,因此要求汽车发动时自动打开车灯。因此,必要的改变是需要的。事实上,应该采用哪一种标准,取决于某一特定产品或服务在特定的市场采取何种策略,以及应用这种策略的实施程度。阿尔鲍姆(Albaum)等人曾将选择产品标准化与产品差异化所需考虑的因素进行汇总,如表 10.1 所示,按表中各种因素不同,企业可以对产品标准化或差异化的执行时机进行决策。

表10.1 产品标准化与差异化的决策标准

因素	产品标准化时机	产品差异化时机
竞争因素		
竞争的力量	弱	强
市场的地位	优势	非优势
市场因素		
消费者偏好的同质性	高	低
细分市场的潜在增长率	低	高
消费者购买力差异	不大	较大
消费者为差异化付出高价的意愿	低	高
产品所满足的市场需求	共同的需求	个别的需求
使用状况	相同	不同
产品因素		
规模经济对制造商的重要性	高	低
创新性产品的小规模生产差异	小	大
产品类别	工业品	消费品
法规与限制	一致	不同
企业因素		
国际市场覆盖范围	许多大市场	少许小市场
企业的资源	有限	充裕

第三节　国际市场产品调整与适应策略

为开拓国际市场,企业应该更多地关注不同国家市场的一些细节,并对产品做出调整以适应各国市场的要求。

一、质量保证

质量保证是企业对其所提供的有关产品特性或功能方面的承诺。质量保证有两个基本功能：一是销售功能。因为质量保证可以降低消费者的知觉风险，促使其做出购买决策。针对价格昂贵的产品、非经常购买的产品、信誉尚未完全建立起来的产品等，采用质量保证策略最为有效。二是保障功能。质量保证不仅可以保障消费者的利益，而且可以将企业对产品所负的责任限制在一定的范围内，以避免售后争端。例如，规定时间限制、使用条件限制、使用程度限制、免费范围限制、服务次数限制等。

就国际市场营销的质量保证来说，同样存在标准化和差异化的决策。显然，质量保证的规模效益不如产品标准化那么明显。质量保证是实行标准化还是选择差异化，主要考虑的因素有以下几个方面。

（1）市场特性。如果企业所选择的国际市场是统一的市场，就需要提供标准化的质量保证，甚至是全球联保。例如，欧盟于1993年1月实行了统一的进口规则，整个欧盟开始采用统一的质量标准。这样，欧盟在开展国际市场营销时，企业只需要提供统一的质量保证条款即可。

（2）环境特性。开展国际市场营销的企业可能在某些国家提供某个标准的质量保证，在其他市场上为了应对竞争，不得不提高质量保证水平。当然，如果产品使用的环境发生变化，产品质量保证可能需要相应进行调整。

（3）产品特性。通常，特定产品的质量保证仅限于基本功能的保证，在这种情况下，可以在全球市场提供统一的产品质量保证条款。

（4）服务设施。提供服务需要相应的设施，如果不可能在所有市场都设置这些服务设施，就应根据具体情况，提供差异化的服务质量保证条款。

二、售后服务

在国际市场上提供售后服务有重要的意义。首先，实行质量保证要求有售后服务的支持。例如，某设备及一部分零部件的保修期为一年，制造该设备的企业就需要安排一些必要的维修设备和人员，以确保实现保修期内的免费维修。其次，售后服务也可作为一种促销手段。某产品可能由于其自身的性质需要定期进行保养和维修，此时提供这类售后服务的企业便可比没有提供这类服务的企业更具竞争优势。大多数企业需要决策是自己提供国际售后服务，还是通过分销商或代理商提供国际售后服务，或者以合同的形式将其外包给第三方。这可能包括把必要的零部件运送到世界各地，并给分销商或代理商提供相应的培训。卡特彼勒公司（美国著名的工程机械、矿用设备、柴油和天然气发动机、工业用燃气轮机生产企业）就是这样做的，并且通过完善的售后服务在全球建立了良好的声誉。

在国际市场上，工业产品日益重要，其售后服务问题需特别注意。通常某些工业产品本身就是生产设备，客户希望该设备可以顺利、持续地生产，即使偶尔因故障而停机，也希望能够在最短的时间内把它修理好。对于客户的这种要求，企业可采用预防性维护保养的服务方式。这种方式要求企业与客户签订定期的维护保养合同，由企业派技术人员定期到客户处开展维护和检修工作。这样做可降低生产设备损坏停机的可能性。不过这种方式通常只有在客户相对集中的市场才较为可行。

工业产品中的一些精密技术产品，通常要求企业提供完善的售后服务。售后服务应采取什么策略，要视具体情况而定，如使用频率的高低、气候的好坏及产品使用者的技能水平等。此外，实行售后服务有个先决条件，即要有充足的零部件供应。这一点往往被许多企业忽视。供应零部件的难处在于产品有很多不同的型号，而不同型号的零部件是不能相互替代的。而且，整件产品可能有许多零部件，其中有些零部件十分昂贵，而每个维修点都必须备齐这些零部件。目前，还没有什么简便易行的措施可以解决这一问题。各企业往往根据自己过去的经验，列出一份经常需要更换的零部件清单，然后在仓库中备齐这些零部件。

另外，售后服务对营销组合策略是非常有益的，它可以从各个方面收集客户反馈的信息。售后服务组织依靠客户的信息反馈，可以为产品的升级换代提供新的构想和思路。

📠 案例与评析

高德上线世界地图：探索国际生活服务市场

据每日经济新闻 2023 年 9 月 3 日报道，从单一的导航工具到本地生活的"搅局者"，高德地图的想象空间还在扩大。2023 年 9 月 2 日，在"一带一路全球行"国际段出发仪式上，高德地图宣布旗下"世界地图"产品正式上线。该产品应用北斗卫星导航系统的全球定位能力，实现境外路线规划和导航服务，还可以基于行程定位记录，点亮用户沿途经过的国家和城市。这也意味着，中国导航工具正式进入海外市场，或将打破国外地图巨头常年垄断的现状。这几年，高德地图的服务延伸至本地生活的各个领域，与包括美团在内的本地生活服务平台的战场逐渐重合。有观点认为，高德的定位正在发生变化。

据高德出行官方公众号，在北斗全球赋能的高德世界地图上，已可实现境外路线规划与导航服务。同时当用户身处某些地区时，还可以在高德地图上查看周边的生活服务，包括餐饮、景点、酒店、购物中心等。高德世界地图已在全球超过 200 个国家和地区上线，用户升级高德地图 App 至最新版后即可使用体验。

高德世界地图的正式上线，离不开北斗系统的全球定位能力。官方资料显示，基于北斗系统定位技术，高德地图近年来陆续上线了车道级导航、红绿灯倒计时、盲区会车预警等创新服务，深受广大用户好评，助推了这一国产高精尖科技在民用出行领域的普惠。

评析：高德一直以来通过导航服务被消费者所熟悉，而此次进军国外市场的高德在导航服务中尝试了做本地生活服务类的项目延伸，同时积极进行各种产品服务创新，扩展了原有产品服务范围。高德通过打造产品独特的用户服务体验，拉近与消费者的距离。通过服务赢得竞争已逐渐成为赢得国际市场竞争的关键。

第四节　国际市场产品生命周期

任何产品的市场生命都是有限的，产品的更新换代也是不可避免的。在国际市场上，产品生命周期的表现形式和内容都与国内市场不同。

一、产品生命周期理论及企业营销策略

（一）产品生命周期理论

在国内市场上，产品生命周期一般分为介绍期、成长期、成熟期和衰退期四个阶段。在产品生命周期的不同阶段，产品特性、市场状况和消费需求分别具有不同的特点，这意味着企业需要认真分析和识别企业产品所处的产品生命周期的具体阶段，并采取针对性的营销策略。产品生命周期各个阶段的销售额与利润的综合比较如图 10.1 所示。

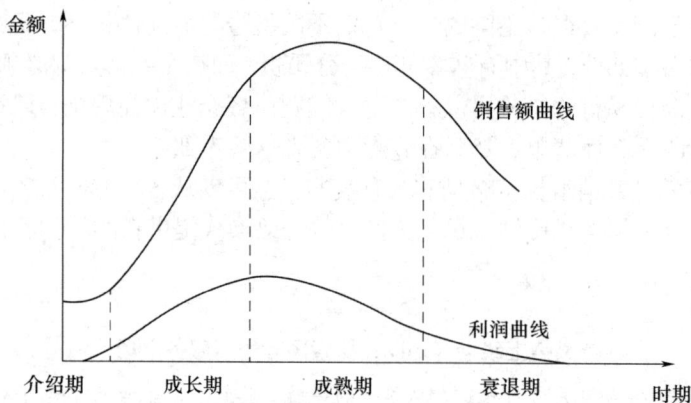

图 10.1　产品生命周期图

（二）不同阶段的营销策略

1. 介绍期营销策略

在介绍期，新产品的销售处于一个缓慢增长的过程之中。此时企业营销的主要目的在于：向潜在消费者宣传新产品，使他们认识和了解新产品功能；引导消费者试用新产品，根据消费者的建议改进和完善新产品；建立和完善良好的分销渠道。新产品的早期消费者应成为这一阶段企业营销的重点对象，通过鼓励他们使用新产品产生示范效应和口碑宣传，企业能够最大限度地缩短介绍期的时间。

在新产品的营销变量组合中，根据价格和促销这两个变量的高低水平交叉搭配，可形成以下四种主要的营销策略。

（1）快速撇脂策略。它是指以高价格和高促销水平的方式推出新产品。如果潜在市场的大部分消费者还不知道该产品，知道它的消费者渴望得到该产品并有能力照价付款，企业可以考虑使用这种双高策略。一方面，这种双高策略可以使消费者迅速了解新产品，提高产品的市场占有率，有利于企业快速收回前期成本；另一方面，这种双高策略也可能引来竞争者。因此，企业应迅速使消费者建立起对自己品牌的偏好。

（2）缓慢撇脂策略。它是指以高价格和低促销水平的方式推出新产品。这一策略的适用情况是：市场规模有限、大多数消费者已经熟悉该产品并认为其物有所值、潜在的竞争压力并不大。

（3）快速渗透策略。它是指以低价格和高促销水平的方式推出新产品。此外，企业往往面临很大的潜在市场，但市场对该产品的认知水平并不高，而且企业面临着很激烈的潜在竞争，大多数消费者都对价格比较敏感。不过随着生产规模的扩大，企业将享受规模经济带来的成本大幅度降低的好处。通过使用该策略，企业能够让新产品迅速进入市场，并取得较高的市场占有率。

（4）缓慢渗透策略。它是指以低价格和低促销水平推出新产品。在市场潜力很大且企业已经具有一定的知名度，但消费者对价格比较敏感，而且企业也面临着潜在的竞争压力但威胁不大时，可使用这一策略。

2. 成长期营销策略

进入成长期的产品，其性能基本稳定，消费者习惯逐渐形成，产品分销渠道比较稳定有效，产品销量迅速增长，单位产品生产成本和营销费用随之下降，利润增加，同时新的竞争对手也在不断涌现。在此阶段，企业的营销策略重点在于：从多方面提升产品的竞争力，以应对日益激烈的市场竞争，尽可能维持市场的可持续增长。

成长期阶段有以下几种营销策略可供考虑：进一步改进和完善产品，包括提高产品质量，增加产品的品种、款式、功能和用途；通过寻找新的细分市场等方式扩大市场规模，适时降低产品价格，提高市场占有率；建立有效产品差异，树立品牌形象，提高客户忠诚度。

3. 成熟期营销策略

当产品处于成熟期时，销量逐步达到最高，然后开始缓慢下降，利润也随之下降，生产成本降到最低水平，但伴随着激烈的市场竞争，企业的销售费用不断增加。

成熟期营销策略包括市场改良策略、产品改良策略和改变营销组合策略。市场改良策略主要是通过扩大市场来增加产品的销量，包括寻找新的消费者、吸引竞争者的消费者、鼓励消费者提高使用率或增加用量、寻求产品的新用途等方式。改变营销组合策略也是产品成熟期企业最常用的手段之一，如降低价格、完善分销渠道、采用不同的促销方式等。

4. 衰退期营销策略

由于技术进步、消费者需求改变等原因，许多产品都会进入销售额缓慢下降甚至是急剧下降的衰退期。此时，产品价格已经在竞争激烈的格局下降到最低点，利润也被大量侵蚀。面对衰退期，企业可以从以下策略中择一而行。

（1）维持策略。它是指沿用以往的分销、价格、促销策略，直到该产品完全退出市场。

（2）收缩策略。它是指将企业的资源集中于少数几个尚有利可图的细分市场上，对其他无利或微利市场则予以放弃。

（3）转移策略。它是指将注意力转向该产品尚处于成熟期或成长期的市场。

（4）放弃策略。它是指在该产品已无改进或再生机会时，当机立断，停止生产和销售该产品。

虽然具有启示作用，但产品生命周期理论仍然有其缺点，主要表现在以下几个方面。

（1）不可预测转折点。尽管有很多产品的销量最终都达到峰值，但是该理论没有表明转折什么时候发生，一些产品可能会在几个月后发生转折，另外一些产品却可能会在数十年后才发生转折。

（2）忽视了行业竞争格局的影响。比如在进入壁垒低、竞争者很多的行业，迅速成长可能伴随着很低的利润水平；相反，在进入壁垒高、竞争者很少的行业，即使在产品衰退期，也可能具有可观的利润水平。

（3）影响要素的内生性。产品生命周期通常是企业经营活动的结果，而不仅仅是由外界因素引起的。对成熟期产品进行持续创新，能够保持产品长盛不衰，而如果对处于成熟期的现金牛产品疏于管理，也可能导致产品过早地退出市场。

二、国际产品生命周期理论及其对企业营销实践的启示

当企业把国内市场扩展到国际市场时，由于受不同国家科技水平和经济发展水平差异的影响，以及产品的跨国生产、跨国投资和跨国贸易等问题，产品的生命周期也就与前述理论有所不同。

1. 国际产品生命周期理论

美国学者雷蒙德·弗农（Raymond Vernon）在1966年提出了国际产品生命周期理论。由于发达国家、较发达国家和发展中国家的经济发展水平、科技发展水平、管理水平以及市场消费

观念存在着一定的差异，因此，新产品进入不同类型国家的时间、方式也有所不同，一般遵循着发达国家先发明生产，再进入较发达国家，最后发展中国家大量生产、消费并出口的逐步传递过程，如图 10.2 所示。

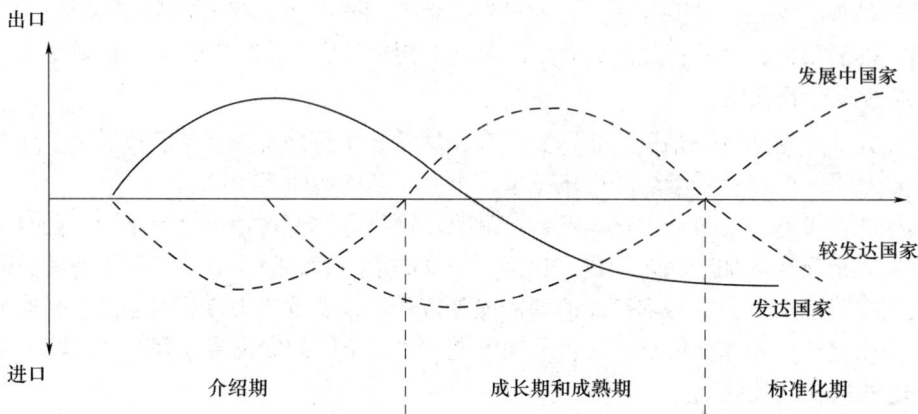

图 10.2　国际产品生命周期图

在国际产品生命周期的不同阶段，有如下的运行规律：在产品介绍期，产品创新国（一般为发达国家）利用其拥有的技术垄断优势，率先研究开发出某种新产品。由于产品尚未完全成型，技术上未加完善，加上国内竞争者少，市场竞争不激烈，替代产品少，产品附加值高，仅国内市场就能满足其摄取高额利润的要求，所以绝大部分产品都在国内销售，仅少量出口到较发达国家。

在产品成长期和成熟初期，由于产品创新国的技术垄断和市场垄断地位被打破，一批国际化的跨国企业开始掌握此技术，竞争者增加，市场竞争激烈，替代产品增多，产品附加值不断降低，企业越来越重视产品成本，较低的成本开始处于越来越重要的地位，较发达国家逐步替代发达国家成为产品生产的主力军。随着发达国家市场逐步走向衰退，较发达国家市场也开始饱和，为进一步降低成本，提高经济效益，抵制国内外竞争者，企业纷纷到发展中国家投资建厂，逐步放弃在国内生产。

在产品成熟中后期和标准化期，产品的生产技术、生产规模及产品本身已经完全成熟，这时对生产者的技能要求不高，原先产品创新国的技术垄断优势已经消失，成本、价格已经成为决定性的因素。这时发展中国家已经具备明显的成本优势，发达国家和较发达国家为进一步降低生产成本，开始大规模地在发展中国家投资建厂，再将产品远销至别国市场。

总的来看，在国际产品生命周期中，发达国家担任的角色从最早的产品创新国到最先的产品出口国，最后随着产品的成熟和标准化，成为该产品的进口国；较发达国家先是产品的进口国，最后成为产品的出口国，但其出口量会在发展中国家的竞争下逐步萎缩；发展中国家继较发达国家之后成为产品的进口国，然后成为该产品的出口国。

国际产品生命周期理论很好地解释了国际贸易和国际市场营销产生的根源与背景：各国在发展新产品上，对于经济实力的增强和技术的发展，各市场需求存在着"时差"，从而决定了同一种产品在不同国家处于产品生命周期的不同阶段，而不同国家在产量、成本、利润上的不同，便导致了国际贸易及国际市场营销的产生和发展。另外，各国在引进新产品时，由于引进产品的渠道、方式及产品在国际市场上的先进性不同，本国的自然资源及该产品所处的生命周期的阶段不同，决定了所引进产品在国际产品生命周期的同一阶段成长和成熟的速度存在差异。因而各国对同一产品的引进、生产、销售存在速度和效益上的差别，进入国际市场的时间和参与国际市场营销的程度也不同。

2. 国际产品生命周期对企业营销实践的启示

国际产品生命周期理论提醒我们，同一产品在不同的国家往往处于不同的生命周期阶段，这意味着企业要根据具体情况采取不同的营销组合策略。

对于发展中国家的企业而言，首先，企业可以从发达国家和较发达国家的先行产品生命周期曲线中，窥得本国产品生命周期的先机，前瞻性地在本国引入新产品，获得本地市场的先发优势，并依靠本国自然资源和劳动力优势，以较低的成本研制生产，将产品出口到原产国。其次，可以利用产品在不同国家市场所处的不同生命周期阶段不断调整市场结构，及时转移目标市场，延长产品生命周期，以达到长久占领国际市场的目的。最后，可以利用产品生命周期理论及时推出新产品，淘汰没有前途的产品，加速出口产品的更新换代。

国际产品生命周期理论很好地揭示了产品从发达国家向不发达国家转移的过程，但很多事实也表明，并不能将该理论简单地作为教条来加以看待，并盲目地套用。

事实上，许多案例证明，产品成熟程度的衡量要比我们想象的复杂得多。此外，产品的跨国流动不仅受到经济因素的影响，还会受到政治、法律等其他因素的制约。由于存在上述诸多因素，生产地就不一定会向收入低的不发达国家转移。汽车行业为我们提供了一个范例。经过多年的发展，汽车似乎已经成为一种非常成熟的产品，然而，这并不意味着汽车产品已经完全标准化了。事实上，汽车是一种差异化程度很高、非常复杂而且日趋尖端化的高附加值产品，汽车的设计和制造方法也处于不断的改进和发展之中。因此，汽车仍主要在收入高的发达国家进行设计、生产和装配。

📠 案例与评析

OPPO首次登顶东南亚全年榜首，2024年东南亚智能手机市场强势回弹

据天极网2025年2月11日消息，市场调查机构Canalys本日发布2024年东南亚智能手机市场数据。数据显示，2024年东南亚智能手机市场厂商出货量达9670万部，同比增长11%，一扫前两年的阴霾，呈现出强势反弹的态势。

其中OPPO首次登顶全年榜首，以1690万部的出货量占据18%的市场份额，同比增长14%。三星以1660万部的出货量紧随其后，传音和小米并列第三，各自占据16%的市场份额，而vivo则以13%的市场份额跻身前五。

OPPO在2024年的出色表现，反映了其在产品优化和高端投资方面的成功。OPPO注重产品的创新和品质的提升，通过提供高价值的产品和服务，赢得了东南亚市场消费者的认可和信赖。A18成为东南亚市场中全年最畅销机型，而迭代更名后的A3x推动了更高的渠道出货量。

值得注意的是，东南亚市场厂商排名频繁变动，表明仅靠出货量领先已无法作为衡量品牌市场地位的可靠标准。价值份额、运营效率和赢利能力等关键因素变得同样重要，这些指标能更全面地评估品牌的健康状况和竞争力。而国内企业要想在国际市场上立足，就必须跳出价格战的泥潭，转而追求高价值竞争。

2025年全球经济环境波诡云谲，谨慎的库存管理将成为厂商制定战略的关键因素。在当前产品生命周期缩短、出货周期加快、每季度新机型不断涌现的市场环境下，厂商在产品初期发布后几乎没有时间和空间来弥补对市场需求的误判。这要求以OPPO、小米、vivo为代表的企业不仅要具备强大的技术创新能力，还要深入了解国际市场的需求和变化，不断调整和优化产品策略和市场策略。只有这样，才能在全球化的浪潮中立于不败之地，实现企业的可持续发展。

评析：在智能手机行业的竞争中，OPPO凭借产品创新与市场策略优化，成功登上东南亚市场榜首。在快速变化的市场中，厂商不仅要应对生命周期的变化，还需关注市场需求、品牌价值和赢利能力等多维度因素，灵活应对市场变化。

第五节　国际市场新产品开发策略

在科学技术突飞猛进、产品更新换代速度正在加快的现代经济生活中，企业能否及时把握消费者需求的脉搏，及时成功地开发出新产品，改进现有产品，已成为关系企业生死存亡的关键。

一、新产品的分类

国际市场营销中的新产品是一个广泛的概念，从不同角度理解有不同的含义。从企业角度来看，新产品是指第一次研发和生产，并推向市场的产品；从消费者角度来看，新产品是指第一次认识和使用的产品。新产品按其创新程度可以划分为以下几种类型。

（1）全新型新产品。全新型新产品是指应用新原理、新技术、新材料，具有新结构、新功能的产品。该类新产品在全世界能开创全新的市场。

（2）改进型新产品。改进型新产品是指在原有老产品的基础上进行改进，使产品在结构、功能、品质、花色、款式及包装上具有新的特点，能更多地满足消费者不断变化的需求。

（3）模仿型新产品。模仿型新产品是企业对国内外市场上已有的产品进行模仿生产后的产品，是本企业的新产品。

（4）形成系列型新产品。形成系列型新产品是指在原有的产品大类中开发出的新的品种、花色、规格等，从而与企业原有产品形成系列，扩大产品的目标市场。

（5）降低成本型新产品。降低成本型新产品是指以较低的成本生产性能相同的新产品，主要是指企业利用新科技，改进生产工艺或提高生产效率，削减原材料的成本，但保持原有功能不变的新产品。

（6）市场再定位型新产品。市场再定位型新产品是指产品进入新的市场而被称为该市场的新产品的企业老产品。

二、新产品开发过程

一个完整的新产品开发过程要经历构思的产生、构思的筛选、概念的发展与测试、制定营销战略规划、商业分析、产品实体开发、市场试销、商业化等八个阶段。

1. 构思的产生

构思是指利用创造性思维对新产品进行设想或创意的过程。缺乏好的新产品构思已成为许多行业新产品开发的瓶颈。企业通常可从内部和外部寻找新产品构思。企业内部人员包括研究开发人员、市场营销人员、高层管理者及其他部门人员。企业可寻找的外部构思来源有顾客、中间商、竞争对手、企业外的研究和发明人员、咨询公司、营销调研公司等。

2. 构思的筛选

根据构思研制出来的新产品不一定都能被市场接受。据统计，每40个构思中只有1个构思形成的新产品会被市场接受，也就是说构思的成功率约为 2.5%。因此，一定要对构思进行筛选，筛选的主要依据是构思形成的产品是否符合企业的长期或短期发展目标、企业是否具有开发此产品的能力、此产品是否有发展前途、此产品的市场潜力的大小、原材料的来源是否有保证等。

3. 概念的发展与测试

产品构思与产品概念不同。产品构思是企业创新者希望提供给市场的某种产品的初步设想，产品概念是企业从消费者的角度对产品构思进行的详尽描述，即将产品构思具体化，描述出产品的性能、具体用途、形状、优点、外形、名称、提供给消费者的利益等，让消费者能一目了然地识别出新产品的特征。任何一种产品构思都可以转化为几种产品概念。一般通过对以下三个问题的回答，可形成不同的产品概念：谁使用该产品？该产品提供的主要利益是什么？该产品适用于什么场合？

产品概念的测试主要是调查消费者对产品概念的反应，测试内容如下：产品概念的可传播性和可信度；消费者对该产品的需求程度；该产品与现有产品的差距；消费者对该产品的认知程度；消费者的购买意图；谁会购买此产品及购买频率等。

4. 制定营销战略规划

企业在选择了最佳的产品概念之后，必须制定把这种产品引入市场的初步营销战略规划，并在以后的发展阶段中不断完善。初步的营销战略规划包括三个部分：第一部分是描述目标市场的规模、结构和消费者行为，产品的市场定位以及短期（如 3 个月）的销量、市场占有率和利润目标等；第二部分是对新产品的价格策略、分销渠道和第一年的营销预算进行规划；第三部分是描述较长期（如 3～5 年）的销量和利润目标，以及不同时期的营销组合策略。

5. 商业分析

商业分析的实质是利润分析，包括两个具体的步骤：预测销售额和推算成本与利润。预测新产品销售额可参照市场上类似产品的销售发展历史，并考虑各种竞争因素，分析新产品的市场地位、市场占有率等。推算成本和利润则需要考虑生产成本、营销费用、研发投入等各项支出，并对这些费用进行合理估算。同时，还要预测单位产品的毛利率和净利率，评估市场定价、销售渠道、库存管理等因素对利润的影响。

6. 产品实体开发

产品实体开发主要解决产品概念在技术和商业上的可行性问题，是将产品概念转化为产品实体的过程。根据美国国家科学基金委调查，新产品开发过程中的产品实体开发阶段所需的投资和时间分别占开发总费用的 30%、总时间的 40%，且技术要求很高，是最具挑战性的一个阶段。

7. 市场试销

市场试销是对新产品正式上市前所做的最后一次测试，目的是对新产品进行全面检验，为新产品是否全面上市提供全面、系统的决策依据。

市场试销需要做出以下决策：①试销的地区范围，试销市场应是企业目标市场的缩影；②试销时间，试销时间的长短一般根据该产品的平均重复购买率决定，重复购买率高的产品，试销时间应当长一些，因为只有消费者重复购买才能说明其喜欢该产品；③试销中所要取得的信息资料的收集与分析，比如，消费者的试用率与重购率，竞争者对新产品的反应，消费者对新产品性能、包装、价格、分销渠道、促销等的反应；④试销成本、费用开支的控制；⑤试销的营销策略以及试销成功后进一步采取的行动。

8. 商业化

如果市场试销达到了预期的效果，企业就可以正式批量生产新产品，将其全面推向市场。此时，企业要支付大量费用，而新产品投放市场的初期往往利润微小，甚至会出现亏损，因此，企业在此阶段应对新产品投放市场的时机、区域、目标市场的选择和最初的营销组合等方面做出慎重决策。

三、新产品的开发模式

新产品的开发模式有以下四种。

1. 自行研制

自行研制是一种独创性的研制方式。它是根据国内外市场情况和用户的使用要求，或者针对现有产品存在的问题，从根本上探讨产品的原理与结构，开展有关新技术、新材料等方面的研究，在此基础上研制出具有本企业特色的新产品，特别是研制更新换代型新产品或全新型新产品。自行研制新产品，要求企业具备较强的科研能力、雄厚的技术力量。凡是具备科研开发条件的企业，都应当自行研制新产品，以便充分发挥企业的现有科研能力，促进企业的技术进步。

2. 技术引进

技术引进是指企业在开发某种主要产品时，在国际市场上已有成熟的制造技术可借鉴，为了争取时间，迅速掌握这种产品的制造技术，尽快地把产品制造出来以填补国内市场的空白，而从国外生产这种产品的企业引进制造技术、复制图样和技术文件的一种产品开发方式。

这种方式有以下优点：①节省企业的科研经费和技术力量，把企业研制产品的人力、物力集中起来研制其他新产品，迅速增加产品品种；②赢得时间，尽快缩短与竞争对手之间的技术差距；③把引进的先进技术作为发展产品的新起点，迅速提高企业的技术水平；④确保发展的产品有足够长的生命周期。

技术引进是新产品开发常用的一种方式，特别适用于产品研究开发能力较弱而制造能力较强的企业。但是，一般来说，引进的技术多半属于他人已经采用的技术，而且还经常带有限制条件，这是在应用这种新产品开发方式时不得不考虑的事情。因此，有条件的企业应逐步建立自己的产品研发机构，或与科研、产品设计部门进行某种形式的联合，开发自己的新产品。

3. 自行研制与技术引进相结合

自行研制与技术引进相结合是指企业在对引进技术充分消化和吸收的基础上，与本企业的科学研究结合起来，以推动企业科研技术的发展、取得预期效果。这种产品开发方式适用于企业已有一定的科研技术基础，外界又具有开发这类新产品比较成熟的一种或几种新技术可以借鉴的情况。这种产品开发方式的优点有：花费少、见效快，产品具有先进性；能促进企业自身科研技术的发展。因此，它在许多企业中得到广泛应用。

4. 科技协作开发

科技协作开发就是把企业内外的技术力量结合起来开发新产品，具体形式有：从社会上聘请专家、学者进行技术指导和审查设计方案；同研究院、研究所和大专院校组成弹性联合设计小组或签订技术合同进行合作开发。这种产品开发方式既能很好地发挥科研技术部门和机构的作用，又能促进企业自身技术开发能力的提高，是企业开发新产品的一种重要途径。

第六节　国际市场品牌策略

品牌是企业宝贵的无形资产，优质的品牌形象反映了产品的质量和内涵，有助于吸引国际消费者，提高国际市场占有率，并且在国际市场竞争中发挥重要作用。

一、品牌的概念与全球品牌

1. 品牌的概念及意义

美国市场营销协会对品牌的定义为品牌是用来识别某个销售者或某群销售者的产品或服务，并使之与竞争对手的产品或服务区别开来的商业名称及其标志，它是由文字、标记、符号、图案和颜色等要素或这些要素的组合构成的。

品牌由品牌名称和品牌标志两部分组成。品牌名称是品牌中可以用语言表达的部分，如IBM、联想、奥迪等都是品牌名称。品牌标志是品牌中可以被识别，但不能用语言表达的部分，通常由图案、符号、颜色或字体造型等构成，如相连的四环是奥迪的品牌标志。

品牌的具体意义表现在以下几个方面：①强有力的品牌有利于树立企业形象，获得经销商和消费者的信任，从而更容易推出新产品；②品牌经注册后（即商标）享有专用权，可以防止伪劣产品的仿冒行为，保护企业的合法权益；③提升消费者忠诚度，优秀的品牌一旦在消费者心中建立了良好的形象和声誉，就会成为有效广告，促使消费者重复购买，使消费者忠诚度得到进一步的提升；④有了品牌，企业以品牌作为促销基础，消费者就会认准品牌购物。

2. 全球品牌

全球品牌可以定义为在全世界范围内使用某种名称、术语、记号、符号、设计或以上要素的组合，旨在标识某一企业的产品或服务，使之与竞争对手的产品或服务区别开来。

开展国际市场营销的企业是否使用全球品牌，不能一概而论。不过拥有全球品牌的企业，其拓展国际市场的可能性和开展国际市场营销的便利性会大大增强。

品牌包含了消费者心目中与产品联系在一起的广告、商誉、质量评估、产品使用经验及其他有价值的特性。无论消费者身在何处，如果品牌能够在世界文化和产品利益背景中帮助其确定个人身份或地位，消费者都会有所反应。显然，全球品牌在这一过程中会起到重要作用。因此，可口可乐、索尼、麦当劳、微软、丰田的品牌价值是无可争议的。在众多品牌价值评估中，英国《金融时报》和美国《商业周刊》（美国《商业周刊》的评估由 Interbrand 公司提供）的评估最具权威性。使用全球品牌的企业大多拥有三种优势：庞大的需求、全球化的顾客、规模经济。

📖 **视野拓展**

国际权威品牌价值评估机构"品牌金融"（Brand Finance）发布了《2023 年度全球最具价值品牌 500 强排行榜》，节选内容见表 10.2。

庞大的需求是全球品牌的一大优

表10.2　2023年度全球最具价值品牌500强排行榜（节选）

排名	品牌名称	核心业务	品牌价值（亿美元）
1	Amazon 亚马逊	科技	2993
2	Apple 苹果	科技	2975
3	Google 谷歌	媒体	2814
4	Microsoft 微软	科技	1916
5	Walmart 沃尔玛	零售	1138
6	SAMSUNG 三星	科技	997
7	ICBC 中国工商银行	银行	695
8	VERIZON 威瑞森	电信	674
9	Tesla 特斯拉	汽车	662
10	TikTok 抖音	媒体	657

势。通常，全球品牌在一个国家的销量上升往往会导致其在另一个国家的销量上升。这是因为媒体覆盖和网络覆盖的全球化，很容易使全球品牌传播到更多国家的市场。全球品牌的第二个优势是全球化的顾客。在企业对企业（B2B）的市场上，全球性消费者是共同的，在消费品市场上也是如此。例如人们为了公务和娱乐而跨国界旅行，对于化妆品、照相机和时尚用品等产品来说，机场商店就变成其重要的销售地点，这些全球性消费者更自然地会被全球化品牌所吸引，因为它们能在很多地方被发现。

规模经济成了企业喜爱全球品牌的原因。标志、包装和生产的标准化降低了制造成本。至于促销的花费，制作一个全球性电视广告的花费可能会超过几万美元，远高于一个区域性的促销活动的花费。但是，当全球性广告在世界各地进行传播时，其制作费用得以分摊，由此它反而会变得非常经济实惠。不过，全球品牌亦有其不利之处。

最大的不利是，一旦品牌出现负面事件，可能会影响这个全球品牌下的所有产品，可谓"城门失火，殃及池鱼"。

二、全球化品牌战略的选择

并不是所有企业开展国际市场营销时都需要使用全球品牌，其原因可能是没有必要，或者是自身资源无法支持全球品牌的创建。

通常有四个品牌战略可供企业选择：①全球品牌；②采用一个品牌名称但针对个别市场进行适当调整；③同样的产品在不同市场采用不同的品牌名称；④采用家族品牌或将企业名称作为品牌名称的一部分。

开展国际市场营销的企业有时会根据一些影响因素而对品牌名称进行调整。例如，雀巢咖啡的品牌名称是"Nescafe"，但其在德国的品牌名称是"Nescafe gold"，在英国的品牌名称则是"Nescafe gold blend"。德国人似乎更喜欢喝"Espresso"和"Cappuccino"口味的咖啡，口味偏浓一些；英国人口味较淡，而blend类型的咖啡通常需要加点牛奶，比较顺滑。正是因为这种消费偏好的不同，所以雀巢咖啡在英国和德国进行销售时对品牌名称进行了一定的调整。

越来越多的企业选择在不同的市场采用不同的品牌名称。原因可能包括：品牌名称不适合翻译成当地语言；产品在当地制造、销售和消费；该品牌是被购企业的品牌；希望避免外国企业形象，树立本土企业形象。例如，联合利华一度拥有2000多个品牌，就是考虑在不同市场选择不同的品牌名称，尤其是使用在当地市场已有的民族品牌，以树立本土企业形象。考虑到当地消费者动机、语言、翻译问题或者其他一些因素，企业也可将公司名称作为品牌名称的一部分，进而保证品牌名称使用的灵活性。3M公司的做法很有创新性，该公司有6万多种产品，全部采用较为灵活的品牌形象识别来进行统一。其品牌形象识别由三部分构成：第一部分是3M标志，第二部分是产品标志，第三部分是产品部门标志。

三、原产地效应与原产地形象

在国际市场营销中，消费者由于自身经历、道听途说、新闻报道等而对一些产品和国家持有成见：美国是高科技的代表，德国是机械制造的代表，法国是时尚的象征。同样，法国香水、中国丝绸、意大利皮革、牙买加朗姆酒都被认为是优势产品，这就是原产地效应。

原产地形象是指目标市场消费者对产品（包括服务）的原产地的内在印象。是消费者对原产地的总体认知。在国际市场上销售的产品有一个原产地，消费者对产品的不同原产地有不同的感受，这种主观感受或认识会影响消费者的购买决策。

在国际市场营销学界，原产地的概念有一个不断发展和演进的过程。在原产地研究的早期，原产地概念类似于制造地，但是随着经济全球化的不断发展，原产地概念也不断发展，既包括产品的制造地，也包括产品的设计地、组装地、关键部件来源地以及品牌所在地等。

经过多年的研究，国际市场营销学者在原产地形象研究方面取得了以下共识。

（1）原产地形象影响目标市场消费者的消费行为，这同样存在于产品购买者以及零售商中。

（2）原产地形象效应因具体的情境而异。通常，原产地形象的影响要大于价格、经销商声誉，甚至品牌名称等的影响。

（3）原产地形象影响价格预期。研究发现，与来自形象良好的国家的产品相比，原产地形象越差，消费者所预期的价格就越低。例如，有的消费者能够接受法国葡萄酒的价格高于新西兰葡萄酒的价格。

（4）对混合产品而言，消费者可能会区分产品的设计国、制造国、组装国或生产商的母国。研究显示，购买者对发达国家设计的产品的评价会高于对发展中国家设计的产品的评价，并且，产品的技术越复杂，这种认知就越高。

（5）具体产品种类的原产地形象与该国的全球产品形象有关。例如，有的消费者认为法国人比日本人更时尚，因此他们对法国时尚产品的评价会高于对日本同类产品的评价。

（6）原产地形象会随着时间的流逝而缓慢变化，或随重大事件的发生而迅速变化。研究显示，重大事件会影响原产地形象，如1988年汉城（今首尔）奥运会对韩国的形象就产生了积极的影响。不过，在没有大型活动或事件影响的情况下，这种变化非常缓慢。通常，消费者对原产地形象的认知具有顽固的思维定式，要改变这种认知并不容易。

第七节　国际市场产品的商标与包装策略

一、国际市场产品的商标

1. 商标专用权及其确认

企业若欲使自己的品牌长久延续下去，必须通过国家许可的方式获得商标专用权，以获得法律的保护。国际上对商标专用权的认定有两个并行的原则，即"注册在先"和"使用在先"。

（1）注册在先。"注册在先"是指品牌或商标的专用权归属于依法首先申请注册并获准的企业。在这种商标专用权认定原则下，某一品牌不管谁先使用，法律只保护依法首先申请注册该品牌的企业。

（2）使用在先。"使用优先"是指品牌或商标的专用权归属于该品牌的首先使用者。在企业使用（必须是实际使用，而非象征性使用）品牌的地区，法律对其品牌或商标予以保护。

当然，在具体的商标专用权认定实践中，还有对以上两种原则主次搭配、混合使用的"使用优先辅以注册优先"和"注册优先辅以使用优先"两种原则。企业国际营销活动涉及商标专用权确认的问题时，需先查询该国对商标专用权规定的细则，确保在进入新市场时能够合法使用品牌，并避免与当地已有商标产生冲突。

2. 国际市场营销中品牌和商标的设计原则

国际市场产品品牌和商标的设计除应遵循产品品牌和商标设计的一般性原则（如简单易懂、

便于识别和记忆、构思独特新颖、引人注目、适应产品性质、便于宣传产品）外，还应特别注重以下设计原则。

（1）国际市场营销中商标设计应注意与各国或地区的文化和习俗相适应，充分认识和了解各国或地区消费者在颜色、数字、动物、花卉、图案、语言等方面的喜好与禁忌。企业必须根据各国或地区不同的喜好与禁忌对品牌和商标进行设计。

（2）符合国际商标法和目标国商标法的规定。符合国际商标法的规定是国际市场产品商标设计必须遵循的一个重要原则。主要是遵循《保护工业产权巴黎公约》《商标国际注册马德里协定》及《商标注册条约》等。此外，品牌的商标设计还应符合目标国商标法的规定。

二、国际市场产品的包装

所有国家对商品（不仅仅是进口商品）及其外包装都有明文规定，如果违反这些规定，企业就会受到严厉的惩罚。企业包装策略要与企业国际市场营销的其他策略相协调，企业应考虑以下几个因素。

1. 市场要素

世界各国或地区的经济、文化等环境差异很大，因此，不同国家和地区的市场对包装的要求也有所不同。在做出包装决策之前，企业首先要考虑市场的特点。消费者的消费水平是需要认真研究的重要因素。发达国家的消费者对于包装更讲究美观和方便，而发展中国家的消费者由于消费水平低等方面的原因，更注重包装的实用价值。此外，也不能忽略目标国市场消费者对产品的使用习惯，例如，可口可乐公司曾试图向西班牙市场推出 2 升的塑料瓶装可乐，但购买的人却很少。原来西班牙一般家庭用的冰箱内没有足够大的格子放得下 2 升的瓶子，于是可口可乐公司不得不改变包装的形状和大小。此外，包装必须注意安全，储藏和使用后的安全也要考虑在内，产品使用之后的包装不能对环境造成损害。

国际市场的生态环境意识越来越强，包装物的处理和利用问题也引起了全世界的广泛关注。企业必须对目标国市场有关包装的环保要求有所了解。国际市场上的塑料包装已部分更替为可生物降解的塑料，以减少其对环境的污染。例如，据北京海关网站介绍，2024 年 5 月欧洲议会通过了一项新的协议，旨在提高欧盟包装的可持续性并减少包装浪费，该协议要求欧盟国家严格限制塑料包装废物的数量。

2. 装运要求

国际包装必须保证在将产品运往目的地的过程中产品不会出现破损、不被偷盗，并且尽可能降低运输费用。若要满足上述要求，包装所采取的措施就要十分得当。在为外销产品设计适当的包装之前，先要考虑这样一些问题：产品经什么方式运输？产品运往什么地方？途中是否要堆放？要堆放多久？堆放在何处（是进仓库还是露天堆放）？怎样搬运（是分件搬运还是整件搬运）？有什么不同寻常之处或有什么需要特别注意的问题？就有关问题请教一下专营此业务的企业对于改进产品包装是大有裨益的。

3. 中间商的要求

国际产品通过各种分销渠道分散转移到世界各地，必须采用良好的包装以满足中间商的要求。例如，包装要避免体积过大浪费货架空间，要便于搬运，也要便于标价。最重要的是，包装还要能够像广告那样起到营销的作用。

4. 政府的规定

企业应该了解进口国政府对包装有哪些规定。例如，在包装材料、重量、安全防护等方面有什么标准？针对销售包装的标签内容，包括文字、图案、雕刻以及印制等都有哪些管理条例？越来越多的国家针对这些方面制定了严格的标准。对食品、玩具、药物等产品而言，企业更应该了解关于其包装的规定。

许多国家规定食品包装上应提供详细的产品成分说明和营养信息，可能有害或者危险的产品还要有警示标志，有时还需要提供正确使用产品的说明书。包装和标签还要遵守国际惯例，尊重当地市场的消费习惯和要求，以免引起误解而导致产品销售失败。

📖 课堂讨论

从现实中跨国企业的营销实践来看，真正使用全球标准化营销策略而成功的跨国企业寥寥无几。一项调查显示，跨国企业中仅有9%的企业使用了全球标准化策略。全球标准化策略往往会导致跨国企业失败，从宝洁的日本尿布到迪士尼在法国的欧洲乐园无不如此。

讨论：分组选取成功的标准化产品或失败的标准化产品的现实案例，讨论国际市场产品策略的标准化和差异化策略该如何应用。

📘 本章小结

国际市场营销中的产品是一个广义的、整体的概念，它包括五个层次：核心利益、有形产品、期望产品、附加产品和潜在产品。

面对国际市场，企业是采取产品标准化策略还是产品差异化策略，应根据产品的需求特点、生产特点、国际市场竞争状况等多方面的因素来决定，而且这两种策略往往是混合使用的。

为开拓国际市场，企业应该调整国际市场产品以适应各国市场的要求，产品调整与适应策略主要包括产品质量保证和售后服务两方面。

产品生命周期过程一般分为介绍期、成长期、成熟期和衰退期等四个阶段。在产品生命周期的不同阶段应采取相应的营销策略。

国际产品生命周期理论很好地揭示了产品在走向成熟的过程中，逐步从发达国家向发展中国家转移的过程。

企业应掌握和灵活使用国际市场产品的品牌、商标与包装策略。

📘 综合练习题

一、单项选择题

1. 促使国际市场产品差异化的因素不包括（　　）。
   A. 使用状况差异　　　　　　　　　B. 市场差异
   C. 强制性因素　　　　　　　　　　D. 顾客的流动性
2. 下列不属于全球品牌优势的是（　　）。
   A. 庞大的需求　　　B. 全球化顾客　　　C. 强大的实力　　　D. 规模经济
3. 全球品牌面临的最大挑战是（　　）。
   A. 需求下降　　　　　　　　　　　B. 利润率下降
   C. 销量减少　　　　　　　　　　　D. 品牌事件影响全球品牌的声誉

4. 关于原产地形象叙述错误的是（　　　）。
   A. 原产地形象影响目标市场消费者的消费行为
   B. 原产地形象影响价格预期
   C. 原产地效应总能给企业带来好处
   D. 具体产品种类的原产地形象与该国的全球产品形象有关

5. 可口可乐公司曾试图向西班牙市场推出 2 升的塑料瓶装可乐，但购买的人却很少，这说明国际市场产品包装要考虑（　　　）因素。
   A. 中间商要求　　　B. 装运要求　　　C. 市场要素　　　D. 政府规定

二、判断题

1. 当企业的市场地位占优势时，是采取产品差异化策略的时机。（　　　）
2. 国际产品生命周期理论与产品生命周期理论的内容相似，只是后者应用的范围更广。
   （　　　）
3. 产品整体概念是国际市场营销特有的产品策略。（　　　）
4. 工业产品中的一些精密技术产品，通常要求提供完善的售后服务。（　　　）
5. 新产品进入不同类型国家的时间、方式有所不同，一般遵循着发达国家先发明生产，再进入较发达国家，最后发展中国家再大量生产、消费并出口的逐步传递过程。（　　　）

三、简答题

1. 国际市场产品的整体概念的意义是什么？
2. 如何理解国际市场产品的标准化和差异化？
3. 试述国际市场产品生命周期的特点。
4. 企业可采用的品牌策略有哪些？
5. 国际市场新产品开发的程序是什么？

四、案例分析题

国货美妆在海外"出圈"

据人民网-人民日报海外版 2023 年 6 月 20 日报道（记者 徐佩玉）近年来，国内化妆品零售额稳步上升。花西子、花知晓、完美日记等国产美妆品牌逐渐成为国内消费者化妆台上的"常客"。与此同时，中国美妆品牌加速出海抢占国际市场。

1. "中国妆"带火国货美妆

"品牌成立第二年，意外接到了一笔海外订单。"花西子有关负责人说，一位澳大利亚华人在社交媒体上"种草"了花西子眉笔并下单，这笔订单开启了花西子的出海之路。凭借独特的中华民族文化特色，花西子迅速在海外获得关注，通过官方独立站和各电商渠道覆盖了超 100 个国家和地区的消费者。

数据显示，中国美妆产品出口呈稳步增长态势。海关统计表明，这一品类的出口额从 2017 年的 38 亿美元跃升至 2022 年的 57 亿美元，5 年复合增长率 8.3%。

从大量进口国际美妆产品到把中国美妆产品出口到新兴市场，反映出国产美妆品牌在技术研发、创意设计等方面有了明显提升，形成了一批知名度较高的国产美妆品牌，正在逐渐抢占市场份额。

2. 有能力与国际品牌同场竞技

产品质量是"出圈"根基。拥有国潮彩妆品牌 Colorkey（珂拉琪）的美尚（广州）化妆品股份有限公司有关负责人表示，美尚不仅专注于技术研发和产品开发，还拥有丰富的供应链资源，除了自有工厂，还与全球顶尖供应商共同合作打造高品质产品。产品质量高，才能获得消费者认可，进而带领品牌在激烈的市场竞争中"出圈"。

国货美妆海外"出圈"，离不开深入细致的市场调研，对产品进行本土化设计与推广。中国美妆企业在日本推出的"同心锁"口红大受欢迎，没有选择在国内热度最高的大红色，而是根据日本市场偏好选择了桃红色和玫红色。完美日记在越南产品端推出了更适合东南亚肤色的豆沙色和玫瑰色口红，散粉也更注重控油功效。

巧用社交媒体也是国货美妆"出圈"的关键。在 Instagram 海外账号上，花西子分享的"眼下彩"画法教学视频获得了超 50 万次点赞，甚至在日本掀起"中国妆"热潮。

海外独立站便利了国货美妆出海。2020 年上半年，完美日记将东南亚作为出海第一站，建立品牌独立站并入驻东南亚头部跨境电商平台 Shopee 和 Lazada。花西子也入驻了亚马逊、Shopee 等电商平台，覆盖超百个国家和地区的海外市场。

2022 年对包括中国在内的成员国正式生效的《区域全面经济伙伴关系协定》（RCEP）给国产美妆品牌出海带来无限商机。日前发布的《RCEP 化妆品市场研究报告（东盟篇）》指出，2022 年中国出口至 RCEP 其他成员的化妆品总额同比增长 53.8%，占中国化妆品出口总额的比重从 20.2%上升至 26.4%。

问题：国货美妆在海外"出圈"，有能力与国际品牌同场竞技的原因有哪些？

第十一章　国际市场定价策略

【学习目标】

熟悉定价需要考虑的因素；掌握定价的一般方法；了解企业的定价目标；掌握企业定价策略及适用条件；了解企业的价格调整策略及消费者和竞争者对价格变动的反应。

【引例】

星巴克的定价

星巴克在我国主要有中杯 355 毫升、大杯 473 毫升、特大杯 591 毫升三种杯型，价格各相差 3 元。拿摩卡来说，中杯 33 元，大杯 36 元，而特大杯需要 39 元。相当于消费者如果从中杯升级到特大杯，虽然多花了 6 元，却多得 236 毫升的咖啡，显然性价比更高，所以无论是店内消费还是外带、外卖，卖得最多的都是特大杯。那么星巴克是不是亏大了？不，星巴克赚得更多！星巴克的定价原则是：不管中杯饮品的价格是高是低，其特大杯的价格都只加 6 元。

消费者到星巴克喝咖啡，享受的不仅是咖啡，还有幽雅的环境和悠闲时光，以及有人帮忙制作专业级别的咖啡的服务。消费者点的摩卡咖啡，里面有咖啡、牛奶，还有巧克力和奶油，原料成本大约只占 14.3%。经营咖啡店最主要的成本是房租和人工成本。房租在北京这样的一线城市，约占 20%。人工成本约占 8.2%。扣除水电费、税费等其他成本，每杯中杯咖啡的净利润约为 2.85 元。当中杯升级到特大杯时，制作咖啡的房租不会变，水电费、人工成本的增加几乎可以忽略不计，只有原材料咖啡豆、牛奶的成本略有增加，但每杯咖啡的收入却净增了 6 元。

评析：不管是买咖啡、吃火锅，还是吃冰激凌、囤年货，人们往往对"自己真正需要多少"并没有一个清晰的概念，最终做决定的时候单纯在比较哪个选择更划算。不管是咖啡还是奶茶，人们经常会因为觉得划算就买最大杯或者买好几杯，但其实根本不需要那么多。在消费者看来，星巴克的特大杯更划算，所以很多消费者都选择了特大杯。这种定价产生了一个多赢的结果，供应商多卖了咖啡豆，消费者占了便宜，星巴克利润大涨。所以，在星巴克，店员会尽力推荐消费者买特大杯咖啡，这和第二杯半价的定价策略有异曲同工之妙。

在国际市场竞争中，价格是最常用同时也是最敏感的竞争手段之一。由于企业在国际市场面临的营销环境更为复杂，产品定价策略也更加复杂。因此，企业必须花大力气研究国际市场营销中的定价策略。

第一节　国际市场产品定价的影响因素

一、定价目标

定价目标是指企业希望通过采取一定水平的价格手段而达到预期的营销目的。企业在各个国家市场设定的定价目标不同，其定价策略也会有所不同。

（1）利润最大化目标。如果目标市场未来可能会面临政局动荡或经济波动等风险，企业往往希望以最快的速度收回成本并获取最大的利润。采用这种定价策略时，需要注意以下两点：第一，当前利润最大化，可能会导致销量下降，丧失扩大市场份额的大好时机；第二，利润最大化有时并不意味着企业要实行高价策略，企业必须充分考虑价格造成的影响，甚至要以牺牲某时间段内某产品项目的利润为代价。

（2）市场占有率最大化目标。高市场占有率伴随的产品大量销售会导致生产与分销单位成本的持续下降，提高企业的竞争力，具有长期获取较高利润的可能性。采用这种策略需具备如下条件：①目标市场的需求弹性较大，较低的定价能刺激市场需求增加；②随着生产、销售规模的扩大，产品成本有明显的下降；③企业所处的国外市场营销环境中，政府未对市场占有率做出政策和法律方面的限制。

（3）产品质量最优化目标。市场上产品的质量和售价往往是直接相关的，一些高质量、高品位，同时获得市场认可的产品，往往可以以较高的价格为消费者所接受。因此，有的企业通过追求在目标市场上的质量领先地位，来达到最终获得较大收益的目标。

（4）维持生存目标。企业在面临生产能力过剩、产品大量积压、激烈竞争、消费者需求发生转移、替代品出现、企业资金周转遇到困难等情况时，往往会以维持生存或能够继续经营为定价目标。此时，企业会尽可能地降低产品售价，以保本价格甚至亏本价格出售产品，产品价格只要能够弥补可变成本和一些固定成本，企业就能够得以维持生存。

（5）维护企业形象目标。维护企业形象目标是指以维护企业的既有形象或保持社会公众对企业的既定看法作为企业定价的基本目标。以维护企业形象作为定价目标，要求企业产品的定价必须与公众对企业的印象相符，即如果企业形象是优质高档、服务优良，就应为产品制定一个较高的价格；如果企业形象是价廉实惠，就应为产品制定一个较低的价格。例如，京东商城、沃尔玛一直在树立和维护价廉实惠的企业形象。

案例与评析

沃尔玛是如何做到天天低价的？

沃尔玛追求规模效应，供应商的报价必须是其给所有商家的最低价，否则免谈。在此基础上，沃尔玛以进货量巨大、帮助供应商进入世界市场、现金结算等三个理由，要求供应商再降价25%。巨大的销售规模和雄厚的资金实力使沃尔玛在谈判桌上取得了绝对的优势。巨大的规模也使沃尔玛的各项费用和成本被极大程度地分摊。

沃尔玛的全球采购战略、物流配送系统、人力资源管理、"天天低价"策略在零售业都是可圈可点的经典成功案例。沃尔玛独特的配送体系，大大降低了成本，加速了资金周转，是沃尔玛"天天低价"策略最有力的支持。

沃尔玛处处精打细算：商场没有专门的办公室，办公室同时又是仓库，经理们经常站着开会，所有的文件用纸都是双面使用；通过信息技术和物流优化，尽可能降低物流成本；通过大批量采购，千方百计地降低采购成本。正因为这样，同样的东西在沃尔玛卖得比别的商场便宜；正因为东西便宜，更多的人都愿意到沃尔玛去购物；反过来，正因为有更多的人购买，沃尔玛才能更大批量地采购，其价格则更便宜，这就形成了良性循环。

评析：沃尔玛的成功很大程度上归功于它的低价策略，特别是其一直坚持的"天天低价"策略。倡导低成本、低费用结构、低价格、让利给消费者的沃尔玛的市场定位非常准确，它把性价比最优的产品提供给消费者，而价格最优本身就是一种服务。

（6）稳定定价目标。很多企业，尤其是资金雄厚的企业或市场占有率较高的企业，为了能够长期经营或稳定既有市场以实现长远利益，往往以避免竞争或保持价格稳定作为定价目标；一些资源有限、实力较弱的小企业，为了避免招致大企业的报复和失去既有生存空间，往往也选择以避免价格竞争作为定价目标。

二、成本

国际市场营销与国内市场营销在成本上的差别一方面体现在成本的构成要素上，如关税、报关文件处理费用等都是国际市场营销所特有的成本项目；另一方面体现在相同的成本项目对于两者的重要性不同上，如运费、保险费、包装费等费用在国际市场营销成本中占有较大比重。

（1）关税，对进出口产品的价格有直接的影响。关税税额的高低取决于关税率，关税可以按从量、从价或混合方式征收。事实上，进出口产品缴纳的进口签证费、配额管理费等其他管理费用也是很大的数额，成为另一种"关税"。此外，各国还可能征收消费税、交易税、增值税和零售税等，这些税收也会影响产品的最终售价。

（2）中间环节费用，主要包括运输费用和支付给中间商的费用。运输费用主要取决于产品生产地和最终用户之间地理距离的远近以及运输难度的大小，支付给中间商的费用则取决于目标市场的市场分销体系与结构。如果出口企业在目标国市场上必须借助当地的中间商进行销售，而这些中间商的实力又很强，那么企业的定价策略就会受到中间商的制约，大量利润经常会被中间商瓜分。

（3）风险成本，主要包括通货膨胀及汇率风险。由于货款收付等手续的办理往往需要比较长的时间，因而通货膨胀以及汇率波动等方面的风险增加了。此外，为了减少买卖双方的风险及交易障碍，经常需要银行、期货交易所等中介机构的介入，这也会增加成本。

三、市场需求

各国的文化背景、自然环境、经济条件等因素的不同，决定了各国消费者对相同产品的消费偏好不尽相同。在特定市场上，对某一产品感兴趣的消费者的数量和他们的收入水平，对确定产品的最终价格有重要意义。即使是低收入消费群体，其对某产品的迫切需要也会导致这种产品能够卖出高价，所以，国际市场需求状况也是影响产品价格的因素。

四、竞争程度

国际产品定价还要考虑国际市场的竞争程度这一因素。对许多种类的产品来讲，竞争因素是影响产品价格最为重要的因素。在有竞争的市场上，企业的定价必然受到其他竞争者可能采取的对策的牵制。除非企业的产品独一无二，并受专利法保护，企业有可能实行高价垄断策略；

否则，一定要注意竞争者介入的可能性和介入时间，并相应地制定和调整价格。

五、政府干预

政府的干预包括规定毛利率、限制价格的浮动幅度、规定价格变动的审批手续，以及实行价格补贴等。例如，美国某些州政府通过租金控制法将房租控制在较低的水平。另外，由于价格争议而引发的反倾销诉讼对出口企业的产品价格也会带来较大的影响，比如，曾经在欧盟市场上，我国企业生产的鞋类和节能灯等产品就由于价格过低而受到了反倾销制裁。

第二节　国际市场定价方法

国际市场的产品定价方法主要有成本导向定价法、需求导向定价法、竞争导向定价法等三种。

一、成本导向定价法

成本导向定价法是指根据产品的成本决定其销售价格的定价方法。常用的有成本加成定价法、目标利润定价法和边际成本定价法三种。

1. 成本加成定价法

成本加成定价法是指在总成本的基础上加上一定的利润，从而制定产品价格的定价方法，是企业最基本、最普遍的定价方法。其基本公式为

$$单位产品价格=单位产品成本\times(1+成本加成率)$$

单位产品成本除了考虑产品的制造成本外，还要考虑许多国际市场营销所特有的成本项目，例如关税、保险费、运费、外销中间商毛利、融资和风险成本等。这些费用是由生产厂家负担，还是由出口商或进口商负担，决定了制定价格时是否要将这些成本计算在内。

成本加成定价法的主要优点是定价程序简单易行、可取得正常利润、对买卖双方比较公平。成本加成定价法的主要缺点是忽视了市场供求关系的变化及影响产品销售的其他因素，不能适应迅速变化的市场要求，所制定的价格缺乏应有的竞争力。

2. 目标利润定价法

目标利润定价法也叫投资收益率定价法。企业根据总投资额确定一个目标利润率，然后按照这一目标利润率计算出目标利润额，最后根据总成本和预期销量及目标利润额测算出产品的价格。其计算公式为

$$单位产品价格=(产品总成本+目标利润额)/预期总销量$$
$$=产品总成本/预期总销量\times(1+目标利润率)$$

一般来说，在市场环境比较稳定的情况下，企业可以采用这一定价方法，有助于其获得稳定的利润。但是，这种定价方法的不足之处在于价格是根据估计的销量确定的，而价格的高低对销量也有很大的影响。销量的预计是否准确，对最终市场状况有很大影响。

3. 边际成本定价法

边际成本定价法也叫边际贡献定价法，该方法是以变动成本作为定价基础，不计算固定成本的一种定价方法。其计算公式为

$$单位产品价格=边际成本+边际贡献$$

式中，边际成本指每增加或减少生产一单位产品所产生的成本变化量；边际贡献指每增加或减少销售一单位产品所带来的收益。

只要边际贡献大于零，企业就有利可图，这种定价方法是企业在产品供过于求、卖方竞争激烈的情况下采取的一种临时性定价办法。同时，这种定价方法也适用于企业将价格作为主要的市场竞争手段，打击或排斥竞争对手的情况。

二、需求导向定价法

需求导向定价法是指根据国外市场的需求和消费者对产品价值的理解来制定产品价格的定价方法。

（1）需求差别定价法，是指对于同一产品或服务，根据不同市场、不同消费者、不同时间、不同地点分别制定不同的价格的定价方法。

（2）倒推定价法，主要根据国外市场需求以及消费者可以接受的价格，而不是产品的成本来制定价格的一种定价方法。即使产品成本一样，只要需求程度不一样，就可以制定不同的价格。按照这种定价方法，企业应先分析国外市场上的供求关系，估算出本企业产品在国外市场上的零售价格，然后扣除中间商的利润、关税、运费等，倒推出产品的出厂价及 FOB 价。

（3）认知价值定价法，不是建立在企业的产品成本上，而是建立在消费者对企业产品价值的认同水平上的。消费者对产品价值的感受并不是由产品成本决定的，因此，企业可以运用各种营销手段，影响消费者对产品的感受，使他们形成对企业有利的价值观念，然后再根据产品在其心目中的价值来确定市场价格。

案例与评析

如何运用认知价值定价法？

美国一家拖拉机制造公司就很好地运用了认知价值定价法。该公司通过对比说明，将其拖拉机的价格定在 10 万美元，比其他竞争者的同类产品高出 1 万美元，销量不但未见减少反而大增。该公司是这样说明的：我们的拖拉机与竞争者产品质量相同，应定价为 9 万美元；因耐用性高于竞争者产品，加价 7000 美元；因可靠性高于竞争者产品，加价 6000 美元；因维修服务好，加价 5000 美元；因保证零部件供应期限，加价 2000 美元。我们每台拖拉机总价值为 11 万美元，优惠 1 万美元，最终价格为 10 万美元。

评析：该公司采用认知价值定价法，通过模仿消费者的决策过程，使消费者确信该公司每台拖拉机的真实价值是 11 万美元，而不是 10 万美元。因此，该公司将价格定在 10 万美元，实际上是给消费者 1 万美元的优惠。这适应了消费者的购买决策心理，使消费者觉得物超所值。

三、竞争导向定价法

竞争导向定价法是指企业对竞争对手的价格保持密切关注，以对手的价格作为自己定价的主要依据。常用的竞争导向定价法有随行就市定价法、密封投标定价法和正面竞争定价法。

（1）随行就市定价法。企业为了减少或回避竞争，按本行业在某个目标市场上的价格水平来定价。某些大宗商品，如粮食、茶叶、咖啡、石油等，其市场价格是众所周知的，一般情况下生产此类产品的企业会选择随行就市定价法。

（2）密封投标定价法，主要用于企业在参加国际招标订货时，预计竞争者的报价，有助于企业以比预计竞争者更低的价格报价，以便能够中标。密封投标定价法主要用于投标交易。

（3）正面竞争定价法，是企业根据产品的实际情况及与竞争对手的产品差异状况来确定价格的一种定价方法。一些实力雄厚或产品独具特色的企业，在一定时期的某一市场上，以击败某些竞争对手为主要目标时，可能会选择以低于竞争者价格的方式进入市场。

第三节　国际市场产品定价策略

一、新产品定价策略

新产品的价格水平既要有利于其提高市场占有率，也要能够起到避免竞争的作用。新产品定价策略包括撇脂定价策略和渗透定价策略。

1. 撇脂定价策略

所谓撇脂定价策略，就是在新产品进入目标市场时，把产品的价格定得很高，在竞争对手以较低价格推出相似产品前，迅速获取利润收回产品开发成本的一种定价策略。这种定价策略有如从鲜奶中撇取奶油，因而将其称为撇脂定价策略。

撇脂定价策略的优点在于：新产品投入期内，竞争的产品种类少，价格远远高于其价值，企业能够较快地收回成本；如果将高价向下调整，竞争时价格将更有优势，消费者更易接受。

这种定价策略的缺点在于：高价会吸引竞争对手进入市场；另外，由于新产品刚投入市场，声誉尚未建立，实行高价不利于市场开拓。

📊 案例与评析

雷诺公司原子笔的定价策略

据说，美国雷诺公司 1945 年从阿根廷引进圆珠笔制造技术，在当年圣诞节前夕以"原子笔"为名将产品投放市场。由于战后物资紧缺加上节日来临，人们需要价廉物美的礼品，以及雷诺公司独特的广告宣传使人们对这种"可在水中写字，还可在高海拔地区写字"的"原子时代的奇妙的笔"产生了极大的好奇心，在美国的许多地方产生了抢购浪潮。当时这种笔每支的制造成本才 0.5 美元，却以 12.5 美元的零售价投放市场。半年时间，雷诺公司生产原子笔共投入 2.6 万美元，却获得了 15.6 万美元的丰厚利润。竞争对手见原子笔获利甚厚而蜂拥而至，原子笔价格不断下降，雷诺公司遂将每支笔的价格降至 0.7 美元，给了竞争对手有力一击。

评析： 案例中的原子笔在上市之初并无同类产品，对消费者来说属于新奇产品，即使价格很高也愿意尝试购买，所以此时可将新产品的价格定得较高，在短期内获取丰厚利润，尽快收回成本；而在竞争对手纷纷模仿生产类似产品时，再将高价下调，以在价格上获得竞争优势。

2. 渗透定价策略

渗透定价策略是指企业把新产品投入国际市场之初将价格定得相对较低，以吸引大量消费者从而迅速占领市场，短期内获得比较高的市场占有率，排斥竞争对手，取得领先地位的一种定价策略。采用渗透定价策略的优点是能够促使消费者尽快接受新产品，从而打开产品销路，使产品迅速占领国际市场，并有效地阻碍新竞争对手的进入。其缺点是企业将新产品的价格定得较低不利于尽快收回成本，以后因各种因素需要提价时，很难得到消费者的理解，而且会使销量减少。要采取渗透定价策略，企业需具备以下条件：①产品价格弹性较大，较低价格会带来销量和利润的较快增长；②该产品的规模经济效应明显，企业的生产成本和经营费用会随着销量的增加而下降；③产品的低价不致被竞争对手报复和被目标国政府认定为倾销。

案例与评析

跨境电商低价策略大放异彩

综合媒体 2023 年 12 月 14 日报道，苹果日前公布了 2023 年其美国 App Store 的应用下载量排行榜。在免费应用程序下载量榜单中，拼多多旗下跨境电商平台 Temu 超越了 TikTok、Instagram、Google、YouTube 等大热 App，强势登顶。Temu 采用了类似拼多多在国内市场的低价策略，依靠全托管模式，将商品价格压到最低，快速占领市场。Temu 一直注重营销策略的创新，通过社交媒体、广告投放以及与博主等合作，尤其在超级碗这样的热门赛事中投放广告，进一步提升了其品牌的知名度与影响力。当然其成功也离不开国内中小厂商提供的灵活又强大的供应链能力。

除了 Temu，SHEIN 也是中国电商出海成功企业之一，2012 年，SHEIN 进入美国市场，主打价格低廉的快时尚女装。2020 年，SHEIN 通过"小单快返"迅速崛起，即以较小的订单进行款式测试，如果市场销售反馈好，则迅速追单，如果市场反馈不好，则立即停止生产。此种模式有助于高效率制造"爆款"，从生产端减轻库存成本，并实现销售端的低价，从而实现销售额的快速增长。

评析：在跨境电商的运营中，低价策略往往成为不少平台迅速崛起的关键。尽管亚马逊在美国电商市场占据主导地位，但 Temu 凭借其独特的低价策略、创新的营销策略、强大的供应链能力突破重围，在美国电商市场取得显著的成长。目前，各大平台仍处在以低价换市场的阶段，随着跨境电商的发展，平台之间的竞争也将更加激烈，要向本土的老牌电商平台挑战，需要避免同质化竞争，打造自身的平台特色与优势。

二、心理定价策略

心理定价策略是企业根据消费者的不同心理需求及特点制定不同价格的策略。这种策略主要分为声望定价策略、尾数定价策略、整数定价策略、招徕定价策略和习惯定价策略五种。

（1）声望定价策略，是指企业凭借其在消费者中的声望，制定大大高于其他同类产品的价格的定价策略。在国际市场上，有许多产品在消费者心目中有较高的地位，如名牌工艺品、名牌高级汽车等，多数消费者购买这些产品，为的就是通过产品的品牌及企业的声望，显示自己的身份与地位，他们可以为此支付高昂的价格。有时消费者无法对产品质量进行真正的鉴别，往往以价格判断质量，认为高质才会高价。这种定价策略也适用于具有民族特色的手工产品。

视野拓展

德国人愿为心仪的自行车排几年队

德国著名运动自行车品牌 Canyon 是顶级产品的代名词。基于先进的碳纤维工艺与空气动力学研究，使用 Canyon 自行车的运动员斩获了包括奥运会在内的多项赛事的奖牌。Canyon 的一大优势是产品外观设计，其产品获得了欧洲设计奖、汉诺威工业设计论坛设计大奖与红点设计奖等多项顶级设计类奖项。自行车对德国人来说不仅是一个运动或者交通工具，而且是一件需要花费大量的制作时间和创造力的艺术品。获得这样一辆自行车并不是一件简单的事情，很多订单都是在爱好者的口耳相传中产生的。自行车的整个制作过程通常要 3～5 个月，并且在开始制作之前还需要在等候者名单上排队长达几个月至几年。德国人认为，为了拿到属于自己的独一无二的爱车，一切等待都是值得的。

（2）尾数定价策略，又称零头定价策略或奇数定价策略，是指企业把价格定为非整数，而且常常以奇数做尾数的一种定价策略。这种定价策略根据消费者求实、求廉的心理确定尾数价格，使消费者产生价格低廉的感觉。例如，标价 99.90 元的商品和 100 元的商品，虽然仅相差 0.10 元，但前者给消费者的感觉是不到 100 元，后者却使人认为是 100 多元。

（3）整数定价策略。与尾数定价策略相反，整数定价策略是取整不取零的定价策略。在整数定价策略下，价格的高并不是绝对的高，而是凭借整数价格给消费者一种高价的印象。这种定价策略主要用于名优产品、流行品、高档消费品或礼品等，给消费者一种高档优质的感觉。如原定价 1799 元的女装，采用整数定价就可以改为 1800 元。

（4）招徕定价策略，分为高价招徕策略和低价招徕策略两种。这种策略将产品的价格定得较高或较低，引起消费者的好奇心并吸引其前往购买，从而连带性地销售其正价产品，通过其他产品的销售获取利润。百货商店、超市、专卖店等常采用这种策略。一般低价招徕策略更为常见，企业将少数产品的价格定得较低，吸引顾客在购买价格低廉的产品的同时还购买其他价格正常的产品，最终达到扩大销售的目的。

（5）习惯定价策略，是指按照消费者长期习惯购买的价格来定价的策略。许多日常消费品长期按固定价格出售，在消费者心目中逐渐形成了习惯接受的价格，比如啤酒、饮料、香皂、食用盐等。当企业以高于此价格水平的价格出售产品时，可能就会引起消费者的不满而抑制购买，因此当这些商品面临价格上涨时，需要谨慎提价。

三、折扣定价策略

价格折扣或折让有如下几种情况。

（1）现金折扣，是指企业对在规定时间内提前付款或用现金付款者给予一定的价格折扣。其目的是改善企业现金流状况，减少销售费用和利息支出，降低财务风险。现金折扣一般应在合同的付款条件上注明，国际上最常见的现金折扣用语是"2/10，net/30"，意思是买方若在成交后 10 天内付清货款，则予以 2% 的折扣，全部货款最迟要在 30 天内付清，否则就算违约。

（2）数量折扣，是指企业按照购买数量的多少分别给予不同的折扣，购买数量越多，折扣越大，以鼓励消费者购买更多的产品。数量折扣包括累计数量折扣和一次性数量折扣两种形式。累计数量折扣是指顾客在一定时间内，购买产品若达到一定数量或金额，则按其总量给予一定折扣。一次性数量折扣则是规定一次购买某种产品达到一定数量时给予折扣。

（3）功能折扣，是指企业对处于不同渠道的中间商或者同一渠道中不同环节的中间商，按照它们在渠道中所发挥的功能、作用的不同，在交易时给予不同的折扣，以达到充分发挥中间商功能和作用的目的。

（4）季节折扣，是指企业给那些购买季节性强的产品或服务的顾客的一种折扣，有些产品的生产是连续性的，而其消费却具有明显的季节性。为使企业的生产和销售在一年四季保持相对稳定，企业可以采用这种折扣方式。例如，某些旅游景点为了在非旅游季节吸引游客，采用对机票及酒店房价给予季节折扣的策略。

（5）折让，包括以旧换新、回扣和津贴等形式。以旧换新就是在消费者购买新产品时，将其原来购买的同类旧商品折算成一定的价格，在新产品的价格中扣除，消费者只支付余额，以扩大新一代产品的销售。回扣是间接折扣的一种形式，它是指消费者在按实际价格将货款全部付给企业以后，企业再按一定比例将货款的一部分返还给消费者。津贴是企业为达到特殊目的，对特殊消费者以特定形式所给予的价格补贴或其他补贴。比如，当中间商为企业产品提供了包括刊登地方性广告、设置样品陈列窗等在内的各种促销活动时，企业给予中间商一定数额的资助或补贴。

案例与评析

逐步降价销售商品

法林是美国的著名商人。他在波士顿市中心的繁华区开了一家商店，并在电视上做了广告，声称该店有一套与众不同的经营方法：商品标出价格后的 12 天内按全价出售，第 13～18 天，每天降价 25%；第 19～24 天，每天降价 50%；第 25～30 天，每天降价 75%；第 31～36 天，如果仍然没人要，商品就送给慈善机构。此商店一开张立即成了人们议论的话题，几乎所有人都想去这家商店看一看，大部分人预言："这个笨蛋将倾家荡产。"因为如果消费者等到产品价格降到最低时才买，商店岂不大亏？然而，事实上法林商店的产品十分畅销，赢利状况很好。

（佚名）

评析： 法林商店降价实质也是折扣的一种体现，该公司产品质量较好，本来价格就不高，稍有降价，就会引来诸多消费者的注意及购买，为了避免自己所心仪的产品销售一空，很少会有消费者等到最低价时才购买。法林商店的定价策略充分利用了消费心理学方面的相关知识。

四、差别定价策略

企业可以根据消费者需求特征的不同，制定有差别的价格。

（1）消费者差别定价，是指同一产品针对不同身份、年龄、职业等的消费者制定不同的价格。例如，乘坐交通工具时，儿童半价等。

（2）时间、季节差别定价，是指同一种产品价格随时间、季节的不同而制定不同的价格。比如，景区在旅游淡季时，为了刺激消费，会将门票价格大幅度下调；在旅游旺季时，会将价格适度上调。

（3）产品形式差别定价，是指企业对于不同型号或形式的产品分别制定不同的价格，但是不同型号或形式产品的价格之间的差额和成本费用之间的差额并不严格成正比。

（4）出售位置差别定价，是指同一产品会根据产品所出售的位置的不同而制定不同的价格。比如，同一种饮料在大型超市、便利店、自动售货机、火车站、机场等不同地方的售价会有差别。

五、产品组合定价策略

（1）产品线定价。产品线定价是指利用消费者对产品线系列产品的价格的理解来定价。对产品线内的不同产品，要根据产品的质量和档次、消费者的不同需求及竞争者产品的情况制定不同的价格。如某服装店对男士西服分别定价为 220 元、650 元、1100 元等三个价位，消费者自然会以三个质量等级来对应选购三种价格的产品。

（2）任选品定价。任选品定价是指企业在提供主要产品的同时，还会提供一些与主要产品密切相关的选择品。企业为任选品定价时有两种策略可选择：一种策略是为任选品定高价，靠它来赢利；另一种策略是定低价，把它作为招徕消费者的项目之一。例如，有的饭店的饭菜定价较低，而烟、酒、饮料等任选品的定价很高；而有些饭店，烟、酒、饮料等任选品的定价低，而饭菜定价高。

（3）附属产品定价。有些产品需要附属产品或补充产品，例如，剃须刀片为剃须刀的附属产品。企业常常以较低价销售主产品来吸引消费者，而以较高价销售附属产品或补充产品来增加利润。如惠普把打印机的价格定得很低，但把原装硒鼓的价格定得很高，因为每个硒鼓可打印 2000 张纸，连续不断地使用打印机，就会连续不断地消费硒鼓，从而可以使企业实现高额的利润。采用这种策略的条件是附属产品或补充产品具有不可替代性，如某种型号的剃须刀片是其他刀片不能替代的。

（4）副产品定价。在生产加工肉类、石油产品和其他化工产品的过程中，常常有副产品。如果这些副产品对某些消费者来说具有价值，则可以根据其价值进行定价。副产品的收入多，将使企业更易于为其主要产品制定较低价格，以便提升企业在市场上的竞争力。

（5）分部定价。分部定价是指企业在产品组合内实行分段或分部定价。服务行业常使用这种定价方法，服务型企业常收取一笔固定费用，再另外收取可变使用费用。例如，移动电话的花费一般由基本的月租费，再加上用户每月的通话费用等组成。

（6）捆绑定价。捆绑定价是指将两种或两种以上的产品捆绑打包出售，并制定一个合理的价格，通常以低于分别销售时支付总额的价格销售。例如，航空公司对往返机票的定价；饭店将几种不同的菜搭配成一份套餐进行定价。这种定价方法也常常出现在信息产品领域，例如，微软公司曾将 IE 浏览器与 Windows 操作系统捆绑定价出售。

六、地理定价策略

地理定价策略是一种根据产品销售地理位置不同而制定差别价格的定价策略。

1. FOB 与 CIF

FOB（free on board）一般指船上交货价或离岸价。按照这种价格，生产企业将这种产品运到某种运输工具上后，交货即完成。交货后的产品所有权归买方所有，运输过程中的一切费用和保险费均由买方承担。

CIF（cost，insurance and freight）的意思是包括成本、保险费和运费在内的价格，又称到岸价，由出厂价格加上产地至目的地的手续费、运费和保险费等构成。

2. 统一交货定价

统一交货定价是指企业将产品送到买方所在地，不分距离远近，都制定同样的价格。这种策略便于企业的价格管理，有助于企业在各国的广告宣传中保持统一的价格，但容易失去距离较近的部分市场。该策略适用于体积小、重量轻、运费低或运费占成本比例较小的产品。

3. 分区定价

分区定价也称区域定价，指企业根据顾客所在地区距离的远近，把销售市场划分为若干区域，在每个区域内实行统一价格。比如，出口到美洲、欧洲、亚太地区分别制定三种不同的价格。但是企业可能面临这样的问题：在同一价格区内，对于距离企业较近的客户来说，采用同一价格有失公平；处于两个价格区域交界地的消费者，可以以高低不同的价格购买到同一种产品，这就有可能导致中间商跨区域销售，不利于企业对区域价格的控制。

4. 基点定价

基点定价是指企业选定某些地点作为基点，当货物从基点运送到各地后，要加上相应的运费，才能得到在当地的售价。一般情况下，离基点较近的地区的售价就较低；离基点较远的地区的售价就较高。采用这种方法，减小了消费者购买价格的差异，有利于统一产品的市场价格。

5. 运费免收定价

运费免收定价是指为弥补原产地定价策略的不足，减轻买方的运杂费、保险费等负担，由企业负担全部或部分实际运费。这种定价策略有利于减轻边远地区消费者的运费负担，使企业保持市场占有率，并不断开拓新市场。

七、跨国公司转移定价策略

跨国公司转移定价策略是指跨国公司内部，在母公司与子公司、子公司与子公司之间销售产品，以提供商务、转让技术和资金借贷等活动确定企业集团内部价格的一种定价策略。这种定价策略不由交易双方按市场供求关系变化和独立竞争原则确定，而是根据跨国公司或集团公司的战略目标和整体利益最大化的原则，由总公司上层决策者人为确定。直到 20 世纪 40 年代中期以后，跨国公司几乎仍可随心所欲地通过转移定价对国外子公司进行控制。随着在经济上的独立发展，为保护本国经济，很多国家对跨国公司加强了防范，采用比较定价、公开定价的原则，一旦发现异常情况就要求跨国公司重新报价，从而使其转移定价的做法受到了一定限制。

课堂讨论

具体分析跨国公司采用转移定价策略的原因。

为堵塞国际税收规则漏洞，二十国集团（G20）第 8 次峰会（2013 年）委托经济合作发展组织牵头推进国际税收改革行动计划。2017 年，包括我国在内的 67 个国家和地区共同签署了《实施税收协定相关措施以防止税基侵蚀和利润转移的多边公约》，该公约实施后极大地遏制了跨国公司的转移定价行为。

第四节　国际市场产品调价策略

企业为某种产品制定价格以后，需要随营销环境的变化对价格进行适当的调整。企业可以采用提价及降价策略。

一、国际市场产品提价策略

通常，导致企业提高产品价格的情况有以下几种。

（1）成本上涨。由于原材料价格上涨，或者人工费用的提高，企业为了保证一定的利润，保持生产的持续性，不得不采取提价策略。

（2）通货膨胀。世界范围内持续的通货膨胀，使得消费者的实际购买力下降，企业的成本费用不断提高，许多企业不得不提高产品价格，将通货膨胀的压力转嫁给中间商和消费者。

（3）供不应求。企业的产品供不应求，不能满足所有顾客的需求。对于某些产品来说，在需求旺盛而生产规模又不能及时扩大而出现供不应求的情况下，可以通过提价来遏制需求，同时又可以取得高额利润。

二、国际市场产品降价策略

如下情况可能会导致企业降低价格。

（1）供过于求。在国际市场上产品供过于求时，企业库存积压严重，在通过采取促销手段或者其他措施都无法增加销售额时，就必须考虑通过降价来提高销量。

（2）竞争加剧。当面临激烈的价格竞争，市场占有率下降时，为击败竞争对手，避免市场份额的继续下降，企业不得不降低价格促销。

（3）成本优势。企业进入国际市场的成本如果比竞争对手低，产品有降价的空间，企业一般会考虑通过降低价格来提高市场占有率。尤其当消费者对价格比较敏感时，降低价格更能起到明显的效果。

三、消费者对价格变动的反应

企业提高产品价格通常会抑制需求使销量减少，但是消费者也可能因为有其他考量而增加购买量，比如，消费者认为该产品很畅销，不赶快买就买不到。像楼市就普遍存在买涨不买跌的情况。总的来说，不同价值产品的价格变动对于消费者产生的影响是有所不同的。对于价值较高的必需品价格变动，消费者会比较敏感；而对于价值较低、不经常购买的产品价格变动，消费者则不大关注。另外，当某种产品降价时，通常销量会有所增加，但也可能会由于消费者对企业降价行为的误解而减少购买量。例如，消费者认为该产品即将被新产品所取代；产品本身存在缺陷，销售不畅才降价；降价还会继续，应持观望态度等待更佳时机。综上所述，不适当的降价反而会使企业产品的销量减少。

四、竞争者对价格变动的反应

企业在考虑调整价格时，还必须考虑竞争者对价格变动的反应。首先需了解竞争者的经营目标，如果竞争者的目标是实现企业的长期利润，那么，竞争者在其他企业降价时一般不会在价格上随之调整，而会加强在其他方面的优势，如增大广告宣传力度、提升产品质量和服务水平、优化售后服务等。但是对于产品价格上涨，竞争者往往会采取跟进上调的做法。如果竞争者的目标是提高市场占有率，对于其他企业的产品价格下调，它们往往会跟进；而对于产品价格上涨，它们往往会谨慎地调整价格。

五、企业对竞争者价格变动的反应

当竞争者的价格先变动时，企业的反应会因市场的不同而有所不同。如果是同质产品市场，竞争者降价，企业必须随之降价，否则大部分消费者将转向购买价格较低的竞争者的产品；但是，如果竞争者提价，企业可以跟进，也可以暂时观望。如果大多数企业都维持原价，最终可能迫使竞争者降低价格，使竞争者涨价失败。在异质产品市场中，由于每个企业的产品在质量、品牌、服务、包装、消费者偏好等方面有着明显的不同，面对竞争者的调价策略，企业有更多的选择自由。例如，企业可以加强非价格竞争和广告攻势，增加销售网点，强化售后服务，提高产品质量，或者在包装、功能、用途等方面对产品进行改进。

本章小结

国际市场营销中，产品定价是企业制定营销组合策略中的重要内容，国际定价必须考虑定价目标、成本、市场需求、市场竞争，以及政府干预等因素的影响。

企业定价方法有三种，即成本导向定价法、需求导向定价法和竞争导向定价法。

企业定价策略包括折扣定价策略、地理定价策略、心理定价策略、差别定价策略、新产品定价策略、产品组合定价策略以及跨国公司转移定价策略。

不同企业应根据具体情况采取相应的定价策略及方法，实现企业最终的经营目标。

综合练习题

一、单项选择题

1. 企业最基本、最普遍的定价方法是（　　）。
   - A. 成本加成定价法
   - B. 需求导向定价法
   - C. 竞争导向定价法
   - D. 心理导向定价法

2. 根据总投资额确定目标利润率，然后按照目标利润率计算出目标利润额，根据总成本和预期销量及目标利润额测算出产品价格的方法是（　　）。
   - A. 成本导向定价法
   - B. 边际成本定价法
   - C. 目标利润定价法
   - D. 边际贡献定价法

3. 以减少单位产品销售利润作为代价，争取增加销量，获得规模经济效益，赢得市场竞争的定价方法称为（　　）。
   - A. 随行就市定价法
   - B. 竞争投标定价法
   - C. 差别对待定价法
   - D. 渗透定价法

4. 一枚原价97元的戒指，可将其重新定价为100元，这种定价方法是（　　）。
   - A. 差别对待定价法
   - B. 优质优价法
   - C. 整数定价法
   - D. 最优价格定价法

5. 根据竞争产品平均价格来确定企业产品价格的定价方法是（　　）。
   - A. 随行就市定价法
   - B. 标准化定价法
   - C. 心理定价法
   - D. 成本加成定价法

二、判断题

1. 某些大宗商品，如粮食、茶叶、咖啡、石油等，其市场价格是众所周知的，一般情况下生产此类产品的企业会选择随行就市定价法。　　　　　　　　　　　　　　　　　（　　）

2. 渗透定价策略的优点为：新产品投入期内，竞争的产品种类少，价格远远高于其价值，企业能够较快地收回投资费用；如果将高价向下调整，竞争时价格将更有优势，消费者更易接受。　　　　　　　　　　　　　　　　　　　　　　　　　　　　　　　　　　　　（　　）

3. 现金折扣用语"2/10，net/30"表示：买方若在成交后2天内付清货款，则予以10%的折扣，全部货款最迟也要在30天内付清，否则就算违约。　　　　　　　　　　　　　（　　）

4. 移动电话的花费一般由基本的月租费，再加上每月的通话费用等组成。这种定价方法属于分部定价法。　　　　　　　　　　　　　　　　　　　　　　　　　　　　　　　　（　　）

5. 转移定价往往不由交易双方按市场供求关系变化和独立竞争原则确定，而是根据跨国公司或集团公司的战略目标和整体利益最大化的原则确定。　　　　　　　　　　　　（　　）

三、简答题

1. 影响企业定价的最主要因素是什么？
2. 差别定价的主要形式有哪些？
3. 折扣定价的主要形式有哪些？
4. 跨国公司在母国的定价较高或者较低，是出于哪些不同的动机？
5. 当竞争对手采取降价策略之后，企业该怎样回应？

四、案例分析题

特殊的定价

日本人森元二郎开了一家咖啡店，这家咖啡店创造了一个"世界之最"：店内的一杯咖啡售价5000日元。这个令人"喘不过气"的价格发布后，一下子就传开了。

很多人无法相信这是真的，有的人认为这明摆着是咖啡店欺骗敲诈消费者。但同样令人难以置信的是，卖价如此昂贵，老板却赚不到钱，这是因为这杯咖啡的成本太高了。首先，装咖啡的杯子是法国制造的，每个咖啡杯价值4000日元，而当消费者用完咖啡后，这个咖啡杯将被包装好送给消费者。其次，每杯咖啡都由名师现场精心调制而成，名师工资很高，而且咖啡用料独特、原料费很高。再者，这家店的服务极其周到，在豪华如宫殿般的咖啡店内，许多打扮成古代宫女模样的服务员侍候在旁，消费者身临其中，体验极好。

出于对这杯昂贵的咖啡的好奇，消费者蜂拥而至，而这些好奇的消费者来过一次后，往往就很难忘却店内奢华的气氛，不但自己下次还会光临，还会向亲友义务宣传，引来更多的消费者。

也许人们会怀疑，5000日元一杯的咖啡，经常去喝岂不会喝成穷光蛋？这正是其高明之处。5000日元一杯的咖啡只不过是一个吸引人的幌子，店内还有许多普通价格的咖啡和其他饮料，而这些才是该店真正的赚钱来源。大多数消费者喝的都是普通的咖啡和饮料，如果他们都喝那杯"世界之最"的咖啡，森元二郎也会成为穷光蛋，因为那杯咖啡并不赚钱。

问题： 一杯咖啡定价5000日元属于什么定价策略？

第十二章　国际市场分销渠道策略

【学习目标】

对国际市场分销渠道的概念有清晰的认识；掌握中间商的分类标准；掌握分销渠道的长度结构及其影响因素；掌握分销渠道的宽度结构及其影响因素；熟悉国际市场分销渠道的系统策略；掌握中间商选择的标准；掌握国际市场分销渠道冲突的管理方法。

【引例】

进口葡萄酒在中国市场的分销渠道演进

（整理自《中外葡萄与葡萄酒》2024 年第一期唐文龙文章）

1992—2022 年，进口葡萄酒在中国市场的分销渠道演进大致经历了三个典型阶段：由外资型贸易商在部分一线城市发挥主导作用，国内酒类流通商深入参与并推动渠道全国化，各类大中小型运营商建设线上、线下复合型渠道。

1992 年之后，利用外资的主要方式从先前的对外借款转向外商直接投资，外国葡萄酒生产企业开始在国内设立合资企业。与当时其他行业的"三来一补"外向型生产加工模式不同的是，部分葡萄酒合资生产企业通过进口原酒在国内灌装，然后在中国市场销售产品。面对国内葡萄酒消费热潮，从 1996 年底开始，原有的葡萄酒企业开始改建、扩建和新建，增加产能，部分白酒企业通过收购、联营或合资方式进入葡萄酒领域，而无酿酒葡萄原料的粤闽浙一带的企业则通过兴建大量小型灌装厂来灌装散装进口酒。

2006 年全国餐饮零售额首次突破 1 万亿元，2011 年突破 2 万亿元，且经济强劲增长推动高端餐饮消费需求呈现旺盛局面，由此也带来各类酒种终端价格的普遍性持续上涨。2002—2012 年，进口酒在充分巩固国内一线城市渠道建设成果的同时，又稳步进入了二线和部分发达三线市场。尤其在 2005—2008 年期间建发酒业等大量国内流通商涌入以寻求新的利润增长点，渠道形成合力促使进口酒的全国性餐饮、零售分销网络初步成型。

2012—2022 年，进口酒与国产酒的分销渠道都经历了深度全国化的过程且已高度重合，并在线上线下全渠道、高中低端各价格带展开全面竞争，两者也均在持续推进渠道下沉和数字化建设。大型进口酒渠道商已搭建起商超卖场直供、社会流通渠道经销、自营与加盟专卖连锁、电商平台与 O2O 协同等为一体的复合型分销系统。国外的行业组织和生产企业设立中国市场分支机构，并与国内渠道商在品牌传播、消费者培育、终端促销等方面展开全方位合作。

评析：进口酒要恢复到合理的渠道库存水平尚需时日，其与国产酒之间的激烈渠道争夺和价格战仍不可避免，这也将推动葡萄酒品类在国内市场获得更广泛的大众消费群体，从长期来看也有利于推动行业走向稳根固基的发展壮大之路。

国际市场营销策略中最具挑战性、影响最为深远的要数分销渠道策略。国际市场分销渠道是连接产品生产者和东道国终端消费者的纽带，产品只有通过分销渠道才能到达最终的用户；分销渠道的选择直接关系到企业的其他决策并最终影响营销的成败。分销渠道的选择在"渠道为王"的商业世界里变得越来越重要，生产企业必须站在战略高度来谋划布局。

第一节　国际市场分销渠道概述

国际市场分销渠道是指生产企业生产的产品从生产领域到消费领域的通路。这些起到中介职能作用的通路由若干企业和个人组成，包括经销商（批发商和零售商）、代理商和营销辅助机构。他们参与生产者与消费者的产品交换，促进买卖行为的发生。其中，批发商和零售商买进商品，取得商品的所有权，然后进行转售，一般具有较大的营销自主权，他们统称为经销商。代理商仅代表委托者开展销售活动并获取佣金，不取得商品的所有权。经销商和代理商统称为中间商。营销辅助机构是那些不参与产品交换，但对产品交换的实现提供支持的各种机构，如管理顾问公司、商业银行、运输公司、仓储公司、保险公司等。

一、国际市场分销渠道的流程

产品在生产企业和消费者之间的交换和所有权转移使得渠道成员分担了一系列重要的功能，并形成了物流、商流、资金流、信息流和服务流，如图 12.1 所示。

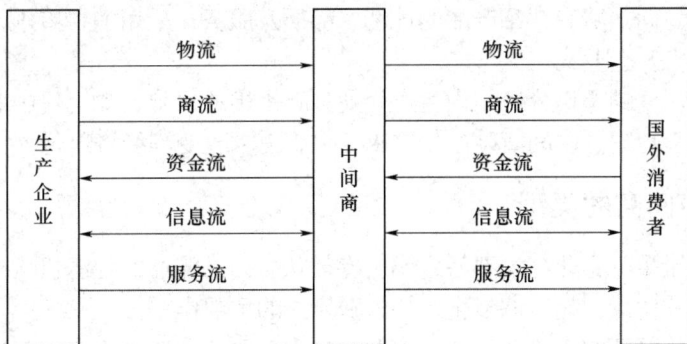

图 12.1　国际市场分销渠道的流程

（1）物流。物流是指产品实体从生产商转移到最终消费者手中的过程，包括原材料采购供应，生产各工序间的运输，产品的分类、包装、运输、保管等，它实现的是产品的空间转移。对于网络直销而言，现代的消费者对物流的要求很高，快捷的物流是消费者保持忠诚的重要因素之一。

（2）商流。商流指的是产品从生产领域向消费领域转移过程中的一系列交易活动，它实现的是产品所有权的转移。

（3）资金流。资金流是指在营销渠道成员间随着产品实物及其所有权的转移而发生的资金往来流程，它涉及生产企业的资金政策以及与商家和消费者的资金往来。

（4）信息流。信息流是指市场信息的传递和共享。通常，渠道中相邻机构间会进行双向信息交流，而互不相邻的机构间也会有各自的信息流。

（5）服务流。服务流是指生产企业向中间商或消费者提供产品的咨询、返修、调换等服务的过程。

物流、商流及服务流是从生产企业向中间商和消费者流动；资金流是从消费者和中间商向生产企业流动；信息流则是双向流动。

二、国际市场分销渠道的功能

分销渠道的功能在于解决生产者与消费者之间关于产品数量、型号、空间与时间的矛盾，实现生产企业生产的产品从生产者到消费者的转移。具体来讲，分销渠道中的机构或个人承担着以下功能。

（1）调研沟通。寻找目标消费者、把握消费者多样性需求是企业调研的主要内容。分销渠道中的机构或个人通过长期接触消费者，对市场的需求与判断通常比较灵敏，通过分销渠道可以将这些信息及时、准确地传递给生产者；同时还可以把生产者关于产品的供给信息传递给消费者，激发消费者现存的或潜在的需求。

（2）洽谈生意。寻找潜在的中间商并有效沟通，就购买或代理产品的所有权、数量、型号、单价、售后、运输、包装等事宜进行协商并签订合同。

（3）实体分配。生产企业待售出的产品与消费者需求的产品在时间、空间上是分离的。分销渠道通过对商品的运输、装卸、存储、分装等活动来实现产品在时间和空间上的转移。

（4）资金融通。资金融通用于解决产品所有权转移时资金不足的问题。中间商资金不足时可以向生产企业或上级中间商申请商业信用融资；消费者资金不足时可以向中间商要求赊销或分期付款。

（5）宣传促销。向消费者介绍产品的性能、品质及服务；采用消费者乐于接受、新颖时尚的形式传递产品信息及企业文化。

（6）风险共担。分销渠道分摊了由生产企业独自承担的风险，如运输中商品损坏、自然灾害等自然风险及资金短缺、中间商破产、供求变化、需求改变等经济风险。

三、国际市场中间商的类型

中间商是指介于生产企业与消费者之间，专门从事商品流通的经济机构或个人，是连接企业和消费者的纽带和桥梁，起着调节生产与消费矛盾的重要作用。

对于一个国际化经营的大企业来说，绕开间接出口时的出口经销商和直接出口时的进口代理商，在海外直接从事生产与经营，当然是节省交易费用的好方法，但这也意味着更多的成本与更高的风险。对于大多数中小企业来说，在进入国际市场的初期，由于国际市场营销经验不足或者没有实力直接进入国际市场时，通过彼此容易沟通和相互信任的本国中间商进入国际市场是一条费用低、风险小、操作简便的有效途径。因此，直至目前，通过中间商进入国际市场仍然是一条主要的国际市场分销渠道。

从事国际市场营销活动的中间商类型繁多，其形式和名称也不尽相同。现对中间商的三种分类方法进行简单介绍。

（一）经销商与代理商

按照是否持有商品所有权，中间商可分为经销商和代理商。

经销商是指以赚取价差为目的，向生产企业或其代表购买产品再转售出去的单位或个人。经销商通常拥有独立的经营机构和产品的所有权（买入供货商的产品），往往经营多种产品和服务，获得经营利润，自担风险，不受或很少受供货商限制，与供货商权责对等。

代理商是指受企业委托负责帮企业寻找市场甚至帮企业销售产品的单位或个人，其明显的特征是不拥有产品的所有权，只收取相应的佣金。

经销商若购进滞销的产品，生产企业有可能置之不理，这样经销商就会损失惨重，因此有一定的风险；而代理商只需支付部分保证金，不需要支付产品费用，要待产品销售出去之后，才跟企业结算自己该得的佣金，所以不具有较大的风险。

代理商分为五种类型：销售代理商、采购代理商、制造商代表、产品经纪人和佣金商。

（二）出口中间商与进口中间商

出口中间商是指在本国购买商品，卖给国外买主的贸易企业。出口中间商与企业同处在一个国家，由于文化背景相同，彼此容易沟通，对于没有国际市场营销经验的中小企业是不错的选择。但它的缺点也很明显，由于远离目标市场，与目标消费者的联系、接触是间接的，企业对市场的控制程度很低，不利于企业树立品牌形象及声誉，也不利于出口规模的扩大和长远的发展。因此，出口中间商仅是中小企业初入国际市场的权宜之计，待资金、经验等条件成熟后应转为直接出口。常见的出口中间商有对外贸易公司、采购行、出口代理商、出口经纪人等。

进口中间商是以自己的名义从国外进口或者代理产品在国内市场销售，获取商业利润或佣金的贸易企业。按照是否拥有产品所有权，进口中间商可以分为进口经销商和进口代理商。

（三）批发商与零售商

按照是否向最终消费者提供产品或服务，中间商可分为批发商和零售商。

1. 批发商

批发商是指向生产企业购进产品，然后转售给零售商、产业用户或各种非营利组织，而不直接服务于个人消费者的商业机构或个人。批发商的主要职能是购买、批发、运输、储藏、融资，为生产企业搜集信息、提供咨询服务。批发商的种类繁多，按照不同的分类标准可分为以下几种类型。

（1）按照是否拥有产品所有权，批发商可分为经销批发商和代理批发商。

（2）按其经营产品的范围，批发商可分为综合批发商和专业批发商。

（3）按其所提供的服务的完全程度，批发商可分为全面服务型批发商和有限服务型批发商。

全面服务型批发商执行批发商的全部职能，他们提供的服务主要包括保持存货、雇佣销售人员、提供贷款、送货和协助管理。

有限服务型批发商为了减少成本费用，降低批发价格，仅执行批发商的某一部分职能。有限服务型批发商又分为五种类型：现购自运批发商、承销批发商、卡车批发商、托售批发商和邮购批发商。

2. 零售商

最终消费者购买商品的直接渠道一般来自零售商。零售商处于分销系统的终端，与消费者的联系最为密切，在分销渠道系统中数量最大、从业人员最多。零售商的种类繁多，而且随着经济的发展，消费者的需求和购买模式在不断发生变化，相应出现了更多新型的零售机构。按照不同的分类标准，零售商可分为以下几种类型。

（1）按照销售的形式和规模，可分为百货商店、超级市场、专业商店、便利店、购物中心等。

（2）按照销售的价格高低，可分为折扣商店、仓库商店等。

（3）按照销售的不同方式，可分为邮购、电话或网上订购、自动售货、上门推销等。

（4）按照是否有店铺销售，可分为店铺零售、无店铺零售和零售组织等。

20 世纪 40 年代中期以后，西方发达国家的零售模式趋向于规模越来越大，而且正在向发展中国家和地区不断蔓延。零售商的数量不断减少，规模却越来越大，其实力也越来越强，对产品分销的控制权逐渐增大。另外，零售业的国际化趋势也在不断加强，许多大型零售商纷纷进军国际市场，在世界各地设立采购处、代表处和分店。

第二节　具体国际市场分销渠道策略

一、国际市场分销渠道的结构策略

国际市场分销渠道的结构是指生产企业对中间商的市场空间布局。根据不同的分类标准，分销渠道的结构一般分为分销渠道的长度结构和宽度结构。

当生产企业以出口方式进入国际市场时，产品不仅要经过国内的分销渠道，而且要经过进口国的分销渠道，才能到达最终消费者的手中。在这种情况下，一次分销的完成一般要经过两个环节：第一个环节是本国国内的分销渠道；第二个环节是由本国进入进口国的分销渠道。国际市场分销渠道的结构如图 12.2 所示。

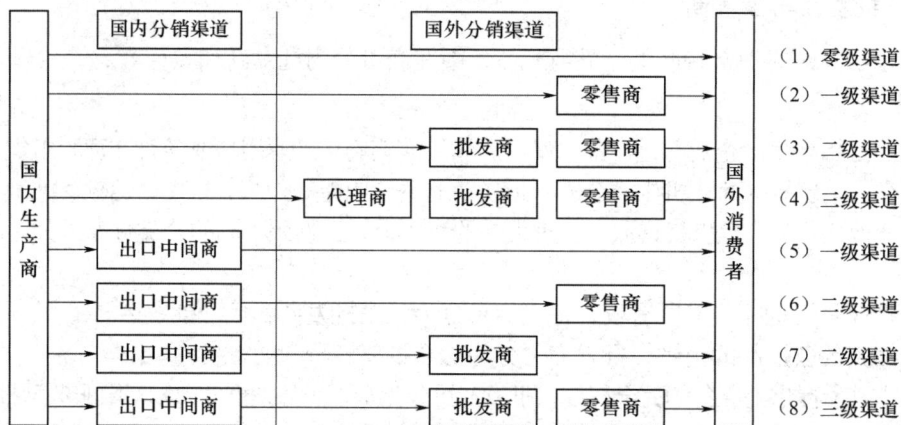

图 12.2　国际市场分销渠道的结构

（一）长度不同的分销渠道

在产品从生产企业向消费者转移的过程中，每经过一个拥有产品所有权或负有销售责任的机构，称为一个层次。经过的层次越多，分销渠道越长；层次越少，分销渠道越短。

1. 长度不同的分销渠道类型

根据分销渠道的长度不同，分销渠道可以分为零级渠道、一级渠道、二级渠道和三级渠道。

零级渠道也称直接渠道，是指国内生产商直接把产品销售给最终的国外消费者，没有其他中间商的参与，如图 12.2 中的（1）所示。这种分销渠道主要适用于工业品的销售，如飞机、轮船等大型交通工具、大量初级产品及成套设备。在消费品市场，零级渠道分为两种。一种是传统的直销，即依靠人与人接触的方式销售产品，如化妆品、保险、房地产等；另一种是现代的直销，即借助大众传媒节约一对一的沟通成本，提高沟通的针对性和便利性，如电话销售、电视购物和网络销售等。

一级及以上的渠道称为间接渠道。一级渠道是指国内生产商通过一级中间商将产品销售给最终的国外消费者，如图 12.2 中的（2）和（5）所示。在消费品市场，一级中间商通常为零售商，如连锁超市和百货商店；在产业市场，一级中间商通常为分销商或代理商。

二级渠道是指国内生产商通过二级中间商将产品销售给最终的国外消费者，如图 12.2 中（3）、（6）和（7）所示。在消费品市场，二级中间商通常为批发商和零售商；在产业市场，二级中间商通常为出口中间商和批发商或出口中间商和零售商。

三级渠道是指国内生产商通过三级中间商将产品销售给最终的国外消费者，如图 12.2 中的（4）和（8）所示。一些日用消费品和耐用品，如方便面、饮料、服装、洗发水等，由于销量大，需要大量分销机构分销，有时需要专业的代理商来促进分销体系的顺畅。

其中，零级渠道和一级渠道称为短渠道，二级渠道、三级渠道称为长渠道。在短渠道中，企业承担的宣传、销售及售后任务较重，但它的优势也很明显，即信息反馈快，可以快速调整销售策略，对渠道的控制力强，短渠道是工业品分销的主要渠道。在长渠道中，产品信息反馈慢，企业对渠道的控制力较弱，但是其不需要承担繁重的销售任务，从而可以集中力量研发和生产新产品，长渠道是消费品分销的主要渠道。

案例与评析

企业国际化分销渠道的新趋势

（改编自《现代营销·经营版》2019 年第 4 期王芬《浅析企业国际化分销渠道的发展趋势》一文）

AB 公司是国内一家专门从事儿童服装设计、生产、销售的大型企业。其儿童服装出口到 10 多个国家与地区，在国内外拥有很多客户及庞大的营销网络，与国外多家跨国公司建立了良好的合作关系。目前 AB 公司进入国际市场的方式主要是出口分销方式，其在国际市场上选择的代理商都是销售代理商。然而这种方式却存在以下几个问题。

（1）过度依赖中间商，渠道控制力较弱。由于 AB 公司缺乏对国际市场的了解，无法了解最新的市场需求和竞争状况，而且对中间商的依赖性很强，产品销路完全取决于中间商，在利益被剥夺的同时还面临一定的渠道风险。

（2）渠道模式单一陈旧，市场环境适应性差，分销效率低下。长期以来，AB 公司在产品外销问题上存在严重的依赖倾向，缺乏主动开拓市场的意识。目前 AB 公司凭借单一渠道模式在海外市场进行销售，但在商业发达的国家，由几家童装连锁零售商控制着该公司的分销渠道，排在前几位的零售商占据了儿童服装销量的 70%，所以其很难打入国际市场。而单一的渠道模式又不能够对国外市场进行有效开发，更无法适应国际市场上消费者的多样化需求，分销效率低下。所以 AB 公司在开拓国外市场中过分依赖一个渠道且渠道陈旧，造成了丧失渠道自主权的后果，从而导致其已不能融入国际市场环境。

（3）无法获得跨国营销的直接经验，在国际市场上难以建立企业声誉。我国的很多产品，特别是一些实力雄厚的大企业的产品，虽然已经进入了国际市场，但由于缺乏对国际市场的了解，在市场上处于被动地位。AB 公司根据自身条件选择市场和产品范围，但受中间代理商的限制，不便直接获取各种市场信息，因此也不能够及时掌握和反馈市场信息，从而削弱了其在市场上的竞争力。

根据以上分析，AB 公司开拓国际市场面临着越来越激烈的竞争，要想成功走入国际市场，更好地适应国际市场环境的变化，必须在分销渠道模式上有所创新。

1. 加强渠道控制力，建立网上直销模式

开拓海外市场不仅是把产品销售到国际市场，更是把分销渠道网络延伸到国际市场。在国际市场中，AB 公司可通过全球的网络直销平台，直接向最终消费者或者一些中小零售商销售产品。借助这种企业到消费者的直销模式，可加强 AB 公司对其在国际市场上渠道的控制，AB 公司也将获得更大的利润。

2. 缩短分销渠道，实现分销渠道扁平化

扁平化是一种趋势，但绝不是随便减少哪个层次就可以称其为渠道扁平化。扁平化从另外一种意义上讲就是减少不能为公司增加价值的环节。AB 公司为了提高分销效率，大力发展与国内童装零售业之间的直销模式，减少成本的投入，提升公司的国际市场竞争力并增加企业利润，建立直接面对消费者的扁平化分销渠道。即缩短市场分销渠道，增加公司在国际市场上的销售网点，优化渠道结构。

3. 降低单一渠道模式风险，采用混合渠道模式

混合渠道模式可以避免单一渠道模式的风险。混合渠道模式已逐渐成为国际市场上渠道发展的趋势。例如比较著名的戴尔公司的渠道模式就从先前的单一渠道模式变成了现在的混合渠道模式，提高了其在国际市场的占有率，提高了其国际市场的竞争力。又例如，海尔公司在进行国外的市场开发时，采用的也是选择型渠道模式、集中型渠道模式等混合渠道模式，成功地占领了国外市场。特别是在占领美国市场时，海尔公司不仅建立了海尔冰箱、洗衣机、空调等家电专营店，而且还采用了从生产者到消费者的直销模式，大大提高了海尔公司的家电产品在国际市场上的销量，从而获得了比较大的利润。

评析： 从以上分析可知，建立网上直销模式、实现分销渠道扁平化、采取混合渠道模式等是我国企业实施分销渠道国际化发展的新趋势。故企业在构建国际分销渠道的时候必须在综合考虑各种影响因素的基础上，将多种渠道模式结合起来，顺应时代发展趋势，才能使分销渠道国际化运作更有效率。

2. 影响分销渠道长度结构的主要因素

产品的性能、市场的特性、消费者的购买行为、企业的经营状况、中间商的便利程度等都是影响分销渠道长度结构的主要因素，具体内容如表 12.1 所示。

表12.1　影响分销渠道长度结构的主要因素

影响因素		长渠道（多级）	短渠道（零级和一级）
产品	体积、重量	小、轻	大、重
	易腐性	低	高
	单位价值	低	高
	技术特性	低技术含量	高技术含量
	生命周期	旧产品	新产品
	耐用性	弱	强
	规格	标准化	非标准化
市场	规模	巨大	较小
	聚集特点	分散	集中
消费者	购买量	少量	大量
	购买季节	随季节变化	无季节性
	购买频率	高频率	低频率
	购买探索情况	不探索	探索后购买
企业	规模	小	大
	财务状况	财力弱	财力强
	渠道管理能力	弱	强
	渠道控制程度	低	高
	顾客了解程度	低	高
中间商	利用的难易程度	容易	困难
	利用成本	低	高
	提供服务质量	好	不好

（二）宽度不同的分销渠道

生产企业在分销渠道的某一层次上使用的同类中间商数量的多少，称为分销渠道的宽度结构。生产企业在各个层次上选择的同类中间商越多，则渠道越宽；选择的同类中间商越少，则渠道越窄（见图 12.3 ）。

1. 宽度不同的分销渠道类型

依据分销渠道的宽度不同，分销渠道可以分为密集分销、选择性分销和独家分销。

（1）密集分销。它是指生产企业在同一流通环节中使用尽可能多的中间商，起到销售网络密集、覆盖面宽广的作用。消费品中的日用品和工业品中的供应品多采取此种分销渠道，使得广大消费者能够随时随地购买到这些产品。密集分销市场扩展快、与消费者的接触率高，但是分销商竞争比较激烈，容易为了争夺市场而倾销、窜货，生产企业对渠道的控制力较弱。

（2）选择性分销。它是指生产企业在同一流通环节中有选择地挑选少数合适的中间商。相对而言，消费品中的选购品和特殊品最适合采取此种渠道，如服装、家电、家具等。选择性分销的市场覆盖面大，生产企业对渠道的控制力较强，不足之处在于中间商要求的折扣较大，生产企业开拓市场的费用比较高。

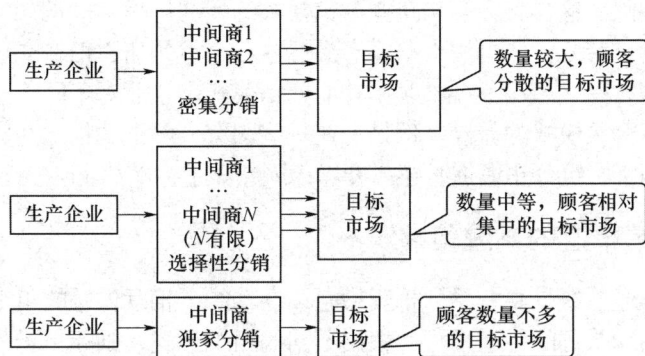

图 12.3　国际市场分销渠道的宽度结构

（3）独家分销。它是指生产企业在同一流通环节中只选择一个中间商，它是一种极端的专营型分销渠道，一般适用于价值高、技术性强的产品。所选择的中间商一般在当地较有声望，居于市场领先地位。采取独家分销的生产企业与中间商通过签订协议，规定中间商不得经营竞争者的同类产品。由于双方相互信赖，生产企业在产品供应、运输、资金、技术方面给予中间商特殊的便利条件，中间商因能获得独家分销的利益也会通力合作、简化程序，积极推进产品的上市和信息的反馈。但不足之处是由于缺乏竞争，中间商的竞争意识薄弱，不利于新市场的开拓；产品市场占有率低，消费者购买的便利性不足。

2. 影响分销渠道宽度结构的主要因素

企业选择分销渠道宽度结构时应重点考虑的因素有产品的性能、市场的特性、消费者的购买行为、企业的经营状况等，具体内容如表 12.2 所示。

表12.2　影响分销渠道宽度结构的主要因素

影响因素		密集分销	选择性分销	独家分销
产品	体积、重量	小、轻	中等	大、重
	单位价值	低	中等	高
	规格	标准化	中等	非标准化
	技术特性	低技术含量	中等	高技术含量
	售后服务	不需要	一般	必要
市场	市场规模	巨大	适中	小
	市场聚集程度	分散	中等	集中
消费者	购买季节性	季节性强	中等	季节性弱
	购买频率	高频率	中等频率	低频率
	购买探索情况	强	中等	弱
企业	渠道长度	长	短或长	短
	销售区限制程度	低	一般	高
	渠道控制程度	低	中等	高

（三）国际市场分销渠道的标准化与差异化

跨国公司不仅面临着在不同国家或地区如何决定分销渠道的长度和宽度的问题，还需要决定其是在多个国家或地区使用同一的分销模式，还是针对不同的国家或地区设计不同的分销模式，即分销渠道的标准化与差异化的问题。

企业对分销模式的选择取决于企业的分销目标，企业所追求的是能够带来最大效益的分销模式，而非单纯的统一化或标准化。跟生产标准化以及其他营销策略的标准化相比，分销模式标准化带来的规模经济效益没有那么明显。分销模式的标准化给企业带来的效益，主要是营销人员分销效率的提高以及营销经验累积的经验曲线效应。而对于消费者而言，分销模式的标准化可以使他们在跨国消费时能够使用固定的购买模式或通过熟悉的分销渠道在不同国家或地区买到他们熟悉的产品。

企业分销模式的标准化决策还受到不同国家或地区分销环境以及消费者购买模式的差异等因素的影响。在不同国家或地区，批发商和零售商的数量、规模和提供的服务等都不同，产品的储运条件也各不相同。这样就会影响企业分销模式的标准化程度。例如，百事可乐公司的分销模式是在目标市场设装瓶厂，再用卡车将产品运往各个零售店；但在交通不便的地区，由于使用卡车运输的成本太高，公司不得不改用其他分销模式。企业对不同国家或地区分销模式的选择还要考虑消费者购买模式的差异。例如，在一些国家，网上购物已经成为一种重要的购买模式，企业在这些国家构筑分销渠道时还需要考虑网络渠道。

二、国际市场分销渠道的系统策略

国际市场分销渠道系统是由一系列相互独立，在功能上相互依赖的组织机构构成的，它们共同协作，完成产品和服务的传递过程。根据不同的组织形式，国际市场分销渠道系统可以分为四种类型：传统渠道系统、垂直渠道系统、水平渠道系统和多渠道系统。

1. 传统渠道系统

传统渠道系统中，各成员之间是一种松散的合作关系，各自都为追求自身利益最大化而展开激烈竞争，甚至不惜牺牲整个渠道系统的利益，最终使整个分销渠道系统效率低下。由于组织比较松散，成员一旦认为不能达到获利的预期目标，就可能随时终止合作。对于生产企业来说，传统渠道系统可以随时淘汰难以胜任的经销商，具有相当高的灵活性；但是成员的流动性较大会使得相互间缺乏信任感和忠诚度，难以形成长期稳定的渠道关系。

传统渠道系统适用于小型企业。小型企业的产品和服务处于不稳定状态，如本月生产床单，下月生产服装；本月生产棉服，下月生产童装。由于企业规模小、产品数量少，因此不适合采取固定的渠道，也很难形成一个稳定的销售渠道系统。

2. 垂直渠道系统

垂直渠道系统是由生产企业、批发商和零售商所组成的一种统一的联合体。某个渠道成员作为渠道领袖拥有对其他成员的控制权，或者拥有一种特许经营权。该系统既可以由生产商支配，也可以由批发商或零售商支配。每个渠道成员都把自己看成系统的一部分，关注整个系统的成功。垂直渠道系统有三种形式。

（1）公司式垂直渠道系统。它是指一家公司拥有和统一管理若干工厂、批发机构和零售机构，控制分销渠道的若干层次，甚至整个分销渠道，综合经营生产、批发、零售业务。如美国火石轮胎橡胶公司拥有橡胶种植园、轮胎制造厂以及轮胎的批发和零售机构。

（2）管理式垂直渠道系统。它是指由某个有实力的成员协调整个产销过程的渠道系统。在此系统中，通常会有一个规模大、实力强的核心成员制定分销策略、明确营销重点，其他成员围绕这个核心成员从事各种各样的分销活动，自然地构成一个相对紧密、团结互助的渠道系统。如宝洁，以其品牌、规模和管理优势出面协调批发商、零售商的经营业务和政策，使二者采取一致的行动。

（3）合同式垂直渠道系统。它是指不同层次的独立生产企业和中间商为了实现其单独经营所不能达到的经济效益，而以契约为基础形成的联合体。如批发商组织的自愿连锁店、零售商合作社、特许经营组织等。

3. 水平渠道系统

水平渠道系统是指由同一层次、同一类型的两家或两家以上独立企业通过某种形式采取合作，为共同开发新的市场而形成的渠道系统。企业间的联合行动可以是暂时性的，也可以是长期性的，甚至可以共同创立一个新公司，这被称为共生营销。

例如，英国有一家有名的食品厂，缺乏销售冷冻甜圈饼的经验（需要特别的冷冻展示柜），但它拥有生产冷冻甜圈饼产品线的设备资源。另一家食品公司销售乳酪同样需要使用冷冻展示柜，而且是销售方面的专家。因此这两家公司达成了合作：由第一家公司生产产品，由第二家公司来销售与储运。通用汽车公司和宝洁公司曾联合举办了一种汽车赠送活动：消费者如果能在宝洁公司的牙膏、洗衣粉或其他产品内找到一把特别的塑料钥匙，就可以获得一辆汽车。

4. 多渠道系统

多渠道系统是指生产企业建立两个或更多的分销渠道以满足一个或多个目标市场需求的做法。这种分销渠道系统一般有两种形式：一种是生产企业通过多种渠道销售不同品牌的产品；另一种是生产企业通过多种渠道销售同一品牌的产品。多渠道分销，不但使企业扩大了产品的市场覆盖面，而且细分市场的消费者需求也会得到更好的满足。

三、国际市场分销渠道的评估标准

每一条分销渠道备选方案都是将产品送达最终消费者的可能路线。生产企业需要从众多似乎合理又相互排斥的备选方案中选出最适合生产企业和产品的分销方案。因此，生产企业需要依据一定的标准对分销渠道的备选方案进行评估，其评估标准如下。

1. 经济性标准

经济性标准是指比较和评价各个分销渠道备选方案可能达到的营销额及成本，以评价渠道备选方案的合理性及适应性。它是三项评估标准中生产企业应首先考虑的标准。

是建立自己的销售队伍还是使用销售代理商，是生产企业首先要解决的问题。自己的销售队伍对产品的忠诚度更高，积极性更高，但是固定成本也较高。尤其是在目标国市场组建销售队伍，所面临的法律、文化、经济问题更多，障碍更大。

销售代理商的分销实力强，覆盖面广，和市场的联系更为紧密，固定成本很低或几乎为零。但是销售代理商的忠诚度有可能不高，如果它代理了多家生产企业的产品，可能不会专注于本企业产品的销售，而且随着销量的增长，其佣金增长速度很快，分销成本将会增加。图 12.4 是企业分销的损益临界成本图。

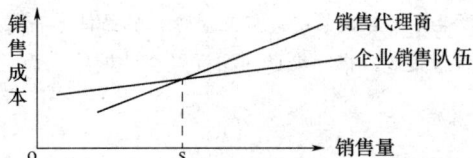

图 12.4　企业分销的损益临界成本图

2. 控制性标准

能否对分销渠道进行有效的控制也是生产企业评估分销渠道的标准。

一般来讲，企业对直销系统的控制程度最高，特许经营、独家代理次之，对多家中间商，尤其是在同一地区进行销售的多家中间商的控制程度最低。对于国际市场分销渠道的控制要讲究适度的原则，要将控制的必要性与控制成本加以比较，以达到最佳的控制效果。比如，对市场面较广、购买频率较高、消费偏好不明显的一般日用消费品就无须过分强调控制；而对购买频率低、消费偏好明显、市场竞争激烈的高级耐用品，对分销渠道的控制就十分必要。

3. 适应性标准

国际市场分销渠道方案还要符合适应性标准。分销方案的确定要充分考虑国外目标市场的消费水平、购买习惯和市场环境，以确定相适应的渠道方案；同时还要考虑中间商的销售能力，若能力较强可选择较窄的分销渠道，以提高对渠道的控制性，若能力较弱可选择较宽的分销渠道。

📊 案例与评析

良品铺子的渠道变革

良品铺子经过十几年的发展，业务持续增长，并逐渐成长为中国休闲零食行业的领导品牌，富有传奇色彩的品牌经历了多年的发展和变革。

良品铺子发展初期采用直营模式扩充门店网络，建立线下渠道覆盖体系。然而线上消费的兴起不仅增加了人们的购买渠道，而且也改变着人们的消费习惯。面对加速变化的外部环境，良品铺子意识到仅靠传统线下门店作为销售渠道不足以支撑企业的快速发展和可持续发展。为此，良品铺子开始了持续的渠道变革。良品铺子的渠道变革之路可以分为两个阶段：第一阶段是完善线下渠道模式，积极开展电商业务，并着手布局数字化基础能力建设；第二阶段是数字化赋能线上线下渠道融合，提升消费者的购买体验。

良品铺子在成立初期，通过直营模式运营在以武汉为核心的华中地区，取得了较高的知名度与市场渗透率。直营模式虽然具有便于企业统一管理门店、统一战略部署等方面的优势，但是也给企业带来了巨大的资金压力。为了能够快速进入新的地域市场并提高市场占有率、降低连锁经营的成本，良品铺子采取加盟模式引入外部加盟商扩大网络覆盖。2012 年，良品铺子正式进入主流电商平台开展线上业务。电商业务团队采取了线上线下价格差，来吸引消费者并通过流量打造"爆款"刺激购买的营销策略，抢占线上休闲零食消费的流量入口。良品铺子的电商业务除了通过天猫、京东的旗舰店直接向终端消费者进行销售的B2C 模式外，还开展了向京东自营、天猫超市等进行线上经销供货的 B2B 模式。

之后良品铺子布局更为广泛的线上销售网络，着手打造基于"平台电商+社交电商+自营 App 渠道"三位一体的全方位运营网络。在数字化时代，电商平台突破了"购买"为主功能的界限，流量的重要性和功能的日渐丰富使得电商平台也具有了媒体功能。通过全方位网络布局，良品铺子不仅能够通过多种渠道与消费者产生互动与购买联结，而且借助平台的媒体效应使得良品铺子的用户规模不断扩大。

评析：良品铺子的渠道变革是一次成功的商业转型实践，它不仅带动了公司的发展，也对整个行业产生了积极的影响。成立至今，良品铺子在渠道的布局与变革上取得了阶段性成效：良品铺子不仅积极布局新渠道，搭建渠道间相互融合的网络，而且在线上线下两个渠道取得了均衡的发展。

第三节　国际市场分销渠道管理

从广义上讲，国际市场分销渠道管理包括制定渠道目标和选择渠道策略，选择、激励、评价、控制渠道成员，渠道改进等。当国际市场分销不经过目标市场国的中间商而将产品或服务直接销售给国外的最终用户或消费者时，生产企业就不需要考虑国外中间商的管理问题，这时的国际市场分销相对来说就比较简单。但当国际市场分销需要利用国外中间商来履行部分营销职能时，生产企业则必须关注从生产企业到最终用户或消费者的整个分销过程，考虑对国外中间商的控制和管理问题。在这种情况下，产品在从生产企业向最终用户或消费者转移过程中的每一个环节的效率都会影响整个分销渠道的效率，因此对其进行管理是富有挑战性的，也是应引起企业足够重视的。

一、渠道成员的选择

因为熟悉当地的购买习惯，国外中间商总能在短时间内使产品拥有相当大的覆盖面。大多数企业设计国外分销渠道时都会选择富有当地销售经验的中间商作为其渠道成员。那么，通过什么途径可以找到既高效又称职的中间商呢？企业需要通过一些途径并依据一定的标准来筛选出合适的中间商，从而确保国际市场分销目标的完成。

1. 寻找中间商

主动寻找渠道成员是寻找中间商的最佳途径。外国政府机构、国外领事馆、商务团体等都是企业寻找中间商的重要渠道。刊登广告、参加展会、咨询代理机构也是寻找潜在中间商的理想途径。

2. 选择中间商

中间商的销售能力和效率将影响产品在国际市场上的销路、信誉、效益和发展潜力，因此企业都愿意与实力强的经销商合作。但是选择是相互的，中间商同时也在选择符合其实力的产品来经营。一般来说，那些知名度低、产品利润率不高的企业，需要投入大量的精力、时间和费用，才能找到足够数量的、合格的中间商；而那些知名度高、享有盛誉、产品销路好的企业，可以轻而易举地找到合格的中间商。但不管是哪一种类型的企业，在选择中间商时都要进行筛选，充分评价每一个候选的中间商是否满足自己的标准。企业选择中间商的标准主要涉及以下几个方面。

（1）资金和管理。中间商能否按时结算，并在需要时预付货款，取决于中间商的资金实力和财务状况。如果资金实力欠缺，就会导致流动资金短缺，中间商往往很难保证履行合约。资金雄厚的中间商具备一定的融资能力和承担风险的能力，从而能保证资金的正常周转。企业可以通过审查财务报表来了解中间商的财务状况，审查的重点包括中间商的注册资本、流动资金、负债情况及销售额。这些数据在一定程度上预示着中间商将来的表现如何。此外还要考虑中间商的组织架构、人员素质、企业文化、经营哲学等反映中间商经营管理水平的要素，因为其管理水平的高低会直接影响中间商的销售业绩。

（2）地理位置。中间商的地理位置也是影响产品是否畅销的重要因素。零售商店位于人流量大、交通便利的地点比较有利，中间商的选择要考虑它所处的位置是否有利于产品的批量储运。一个中间商拥有的销售网点越多，就意味着其市场覆盖率越高，销售能力越强，对于供应商而言就越有利。

（3）产品组合。在选择中间商之前，还要考察中间商目前正在经营哪些产品或服务。企业经常会发现，某个市场中最合适的分销商已经在经营其竞争对手的产品，因而不能再争取它的帮助。在这种情况下，可以寻找另一个具有同样资历的经营相关产品的中间商，这样可能对双方均有好处。

（4）服务水平。中间商还要提供现代营销所需要的一体化服务，包括运输、安装、调试、保养、维修和技术培训等。能否提供专业的销售及售后服务常常是衡量中间商规模和实力的标准。

（5）信誉。诚实守信是和中间商建立长期合作关系的基本条件。信誉不好的中间商不但自身难以长期生存，而且会有损其所经营的产品的形象。因此必须对中间商的信誉进行审查。这是一种抽象的衡量方法，应通过中间商的顾客、供应商、联系机构、主要对手和其他当地商业伙伴对其进行分析研究。

（6）合作态度。一个十分有能力的中间商不积极配合供应商的营销活动，可能比一个普通的中间商积极配合供应商的效果差许多。有的中间商尽管有健全的分销网络，但如果他对供应商的产品分销不能给予足够的重视，中间商所提供的货架空间、商品陈列位置等难以达到理想水平，供应商应考虑其他的选择。

二、渠道成员的激励与评价

在确定了具体的渠道成员后，企业要定期或不定期对这些成员进行检查、激励和评价，以便最大限度地调动其积极性，保证分销渠道的顺畅和高效；还要筛选出不合格的成员并对其进行调整。

（一）渠道成员的激励

作为一个独立经营的经济个体，中间商必然以追求利润为最大目标。因此，中间商最愿意提供受顾客青睐的产品或服务，而不是供应商推荐给它的产品。从这个意义上来讲，中间商首先充当的是顾客的采购代理人，其次才是供应商的销售代理。当中间商面对同样受欢迎的不同产品时，出于对自身利益的考虑，它往往会更热情地推销能给自己带来丰厚利润的产品。所以，供应商有必要激励中间商的销售行为。

1. 适度激励中间商

激励中间商应以适度为原则。若过度激励，即给予中间商过多的优惠条件，虽能激发中间商的销售热情，产生高销量，但由于投入太多，未必能获得较高利润；若激励不足，也会造成销量低且利润也低的结果。

2. 激励中间商的措施

供应商对中间商的激励不应仅着眼于产品价格，而应针对更广泛的条件给予优惠，如促销、付款条件、产品维修、地域权利、售后服务等，为中间商解除经营产品的后顾之忧。具体措施如下。

（1）提供有竞争力的产品。有竞争力的产品自然会受到顾客的青睐，而畅销的产品也会受到中间商的欢迎。所以，生产适销对路的产品就成功了一半。

（2）促销支持。供应商承担产品宣传推广的全部或部分费用，帮助中间商，特别是零售商布置展柜，协助零售商陈列产品、举办展览、开办产品推介会等，分摊中间商经营产品的风险，这些都会受到中间商的欢迎。

（3）融资支持。为了促进中间商积极进货、努力推销产品，供应商可以向中间商提供资金融通的支持，如赊销或分期付款等，也可以为提前付款的中间商提供付款折扣。

（4）返利。返利是通过给予物质或金钱奖励来肯定中间商在销量和市场规范操作方面取得的成绩。从奖励目的来看，返利可分为过程返利和销量返利。过程返利是一种直接管理销售过程的激励方式，目的是通过考察中间商市场运作的规范性以确保市场的健康发展。通常，过程返利包括铺货率、售点气氛（商品陈列生动化）、全品项进货、安全库存、指定区域销售、价格规范性、专销、积极配送、守约付款等方面的考核。过程返利既可以提高中间商的利润，增强其赢利能力，调动其合作积极性，又可以防止其进行不规范操作，维持市场秩序。销量返利是为了直接刺激渠道成员增大进货力度而设立的一种奖励，目的在于提高销量和利润。

（5）提供管理支持。供应商应帮助中间商建立进销存报表、安全库存数和先进先出库存管理。进销存报表的建立，可以帮助中间商了解某一周期的实际销货数量和利润；安全库存数的建立，可以帮助中间商进行库存管理，合理安排进货，降低库存成本；先进先出库存管理，可以减少即期品（即将过期的产品）的出现。

（6）提供情报。供应商不仅应将获得的市场信息及时通报给中间商，还应将生产方面的发展状况告知中间商，使中间商心中有数；或邀请中间商共同探讨市场动态和发展趋势，制定扩大销售的措施，使中间商能够有效地安排销售。

处理好与中间商之间的关系，往往是销售成功的关键。

（二）渠道成员的业绩评价

为保证自身利益，维护分销渠道正常运行，供应商需要对中间商进行督促和引导，以保证中间商积极开展分销业务。一般来说，供应商需要确立一定的评价方法，对中间商在一定时期内的经营业绩进行检查和评估，以便及时发现问题，采取调整措施。一般采用的评价方法有以下两种。

（1）横向比较法。将各中间商的销售额与该地区基于销售潜力分析所设立的配额相比较。据此将中间商按销售额大小进行排列，对于排名较低的中间商，分析其销售不佳的原因并进行激励，之后若无改进可考虑取消合作。

（2）纵向比较法。将每一中间商的销售额与上期的销售额进行比较，并以整个群体在某一市场中的升降百分比作为评价标准。供应商应对低于该群体平均水平的中间商加强激励。若中间商所在市场的经济衰退、主力推销员退休等客观原因导致其销售额下滑，一般来说，供应商不应因这些因素而对中间商进行处罚。

此外，还可以对中间商在一定时期内的销售额、平均库存水平、市场覆盖面、服务水平以及资信状况、合作态度等进行评估。以评估结果为依据，对表现优异的中间商进行奖励，并对发现的问题进行及时的纠正和处理。

三、渠道冲突管理

渠道的设计者努力设计出高效而又畅通的渠道，但在很多情况下，渠道成员不可能完全按照计划执行。这是因为设计者是本着供应商利益最大化原则来设计渠道的，而渠道成员是独立的经营机构，是本着自身利益最大化原则来运营布局的，因此常会导致双方利益上的冲突，于是矛盾就产生了。

分销渠道冲突就是指某个渠道成员意识到另一个渠道成员正在从事会损害、威胁其利益，或者以牺牲其利益为代价来获取稀缺资源的活动，从而引发渠道成员之间的争执、敌对和报复行为。当企业通过一个以上的分销渠道向单一市场出售产品时可能就会出现分销渠道冲突。

（一）渠道冲突的类型

1. 按照渠道冲突产生的环节分类

按照渠道冲突产生的环节，渠道冲突可以分为以下三种。

（1）垂直渠道冲突，也称纵向冲突，是指同一渠道中不同环节的冲突。如经销商抱怨生产企业在价格方面控制得太严，提供的服务太少；或生产企业认为中间商销售不力，导致销量太低，市场覆盖率不高。

（2）水平渠道冲突，也称横向冲突，是指同一渠道中相同环节不同成员的冲突。如同级批发商或零售商之间的冲突，表现为压价出售、跨区销售、不按规定提供售后服务或开展促销活动等。

（3）多渠道冲突，也称交叉冲突，是指两个及两个以上渠道之间的成员发生的冲突。如化妆品生产者既建立自己的直营店销售化妆品，又选择专卖店销售，还给一些商店特许经营权。由于渠道众多，尤其是直营店带来的冲击，使其他渠道成员的利益受到损失，从而激化了渠道成员间的矛盾。

2. 按照渠道冲突后果的严重性分类

按照渠道冲突后果的严重性，渠道冲突可以分为以下两种。

（1）良性冲突。渠道成员间的矛盾能够促进更好、更新的观点与方法产生，相互之间的攻击行为尚未失去理智，不具有破坏性，有利于提高渠道整体的效益。

（2）恶性冲突。渠道成员间的敌对情绪超出了控制范围，破坏了渠道成员间的关系及渠道的正常功能，后果极其严重，造成了渠道成员间的相互敌视。

📊 案例与评析

宝洁公司的渠道冲突管理

宝洁公司的渠道冲突管理可以按照结构变量划分成多渠道冲突管理、垂直渠道冲突管理和水平渠道冲突管理等三种类型，借此可以看出宝洁公司在渠道冲突管理中的具体运作模式和成功经验。

1. 宝洁公司的多渠道冲突管理

宝洁公司所处的日化行业属于快速消费品行业，在这类行业中，消费者的购买行为具有不同于其他行业的一些特点，最明显的特点是消费者的购买行为具有冲动性和习惯性，而且消费者的品牌忠诚度不高。基于这个原因，企业只有拥有多种高效的营销渠道，使消费者能够随时随地买到，才能把产品以最快的速度转移到消费者手中。

宝洁公司在多渠道冲突管理中取得了良好的效果。首先，宝洁公司把多渠道的组织按照一定的要求进行分类管理，以便充分发挥它们各自的优势。在宝洁公司的渠道划分中，大店和小店的经营需要进行准确且互补的定位：大店是建立企业形象、塑造品牌的有利场所，也是配合宝洁公司强大的广告攻势的最有力的销售渠道之一；小店的优势是经营品种相对集中，以畅销产品类型为主，极大地满足了消费者随时购买的需求，有相对稳定且较为广泛的顾客来源。其次，宝洁公司在营销资源的分配上也较为合理，通过供货管理和拜访制度的差异管理成功地解决了多渠道冲突。

2. 宝洁公司的垂直渠道冲突管理

从垂直渠道的关系来看，宝洁公司垂直渠道出现冲突的主要原因是宝洁公司与经销商的目标差异。宝洁公司希望通过销售终端来拉动市场，通过广告攻势建立强大的品牌竞争力，实现消费者的高度认同，再配以营销渠道的帮助，提升产品的销量。而经销商却倾向于经营毛利率更高的短期赢利产品。面对这种目标冲突和经营行为冲突，宝洁公司主要采取以下解决方法。

（1）坚持经销商必须专一经营。这种措施基于宝洁公司的强大渠道优势，要求经销商必须专一经营，不能经营与宝洁公司存在竞争的品牌的产品，以确保经销商经营宝洁公司产品的财力、人力、物力等不被随意地组合和占用。

（2）注意精心选择经销商。宝洁公司在世界各地精选具有一定规模、财务能力、商誉、销售能力、仓储能力、运输能力和客户关系的经销商，特别强调经销商所具有的客户关系的深度和广度，以及对区域市场的覆盖能力。对经销商进行严格的挑选，可以促进市场渠道结构更加合理，避免因经营职能重复而造成资源浪费，最大限度地降低渠道成本。

（3）实施直接合作。直接合作具体是指宝洁公司不经过任何中间商，而使产品直接进入销售终端的一种渠道安排。这是宝洁公司在成熟市场中运用的传统策略，可使宝洁公司与最终零售商直接对接。

3. 宝洁公司的水平渠道冲突管理

在企业拓展市场的竞争中，要从水平方向扩展渠道，分销商之间的竞争是异常激烈的，同时，渠道分销商之间也会频繁发生冲突和竞争。宝洁公司凭借其强大的渠道控制力和影响力，较好地运用了渠道冲突管理的利益协调机制。采取的具体措施如下。

（1）强调对经销商的权责管理。宝洁公司重视对经销商的权责管理，这样既可以维持宝洁公司在经销商选择上所坚持的标准和要求，同时又对经销商的区域权力做出了详细的规划安排，以避免水平渠道冲突的发生。

（2）充分发挥信息共享作用。宝洁公司善于利用信息共享来协调各种可能的矛盾，不仅在宝洁和各级分销商之间，而且在同级的分销商之间也鼓励充分实现信息共享，从而有效地避免了水平渠道中因渠道成员在信息方面的阻隔所导致的冲突。

评析：总的来说，渠道冲突是不可避免的，不少企业对渠道冲突往往不够重视，缺乏相应的渠道冲突管理机制，对渠道冲突认识不深，往往消极防范或仓促应对，导致更多的矛盾发生。因此企业应早做准备，对冲突的来龙去脉、基本类型及特点认真研究，想想该怎么规避，冲突怎样才能为企业所用。渠道冲突是一把"双刃剑"，就看如何去对待它，是否可以变害为利，为企业谋求新的出路。

（二）渠道冲突的原因

在激烈的市场竞争中，以利益为中心的渠道成员很难齐心协力、步调一致。而冲突发生的根本原因在于不同渠道成员追求利益的观点、行为各不相同。具体表现为以下几个方面。

（1）资源稀缺。渠道资源的分配不均造成了资源的稀缺。比如，一家供应商采用长渠道作为其分销策略，却仍保留较多客户作为其直接客户，引起了中间商的不满，造成了垂直渠道冲突。

（2）知觉差异。不同渠道成员对同一事物的理解与态度可能大相径庭。如供应商可能对未来经济前景表示乐观而要求中间商多备货，而中间商对经济前景持相反的态度；或供应商认为卖场广告是一种有效的促销手段，而零售商却认为这对销售没有多大影响反而占用了卖场空间等。

（3）目标差异。由于渠道双方都属于独立的实体，其在经济利益、目标上必然会出现偏差，这是产生渠道冲突的重要原因。以一家百货商店为例，这里同时销售三种品牌的女士皮鞋，其目标是提高销售额，至于卖出哪个品牌的女鞋都无所谓。而对于供应商来讲，其特定品牌产品的销量和市场占有率决定着其"生死存亡"，渠道双方的目标有很大的差异。

（4）权力与责任不明确。当企业采用多种渠道时，由于在各个渠道的经营范围等方面没有进行明确的规定，可能会导致水平渠道冲突。

（5）决策权分歧。价格决策是一个典型的例子，许多中间商认为价格决策属于自己的决策领域，而有的供应商则认为只有自己才有权定价。

（6）沟通障碍。当某个渠道成员不能向其他成员及时传递重要信息，或在传递过程中出现失误或偏差时，就可能会产生渠道冲突。

（三）渠道冲突的管理

渠道冲突是不可避免的，适当的冲突会促进渠道成员的创新，理顺分销渠道，提高渠道整体的运转效率。但对于恶性冲突则要适当引导、解决，以避免渠道效率降低。

（1）设立超级目标。当企业面临竞争对手时，设立超级目标是团结渠道各成员的根本方式。超级目标是指渠道成员共同努力，以达到单个渠道成员所不能实现的目标。渠道成员有时会以某种方式签订实现共同目标的协议，其内容包括渠道生存、市场份额、产品品质和消费者满意度等。从根本上讲，超级目标是单个渠道成员不能完成的，只有通过合作才能实现的目标。一般只有当渠道一直受到威胁时，才有建立超级目标的必要，共同实现超级目标才会有助于冲突的解决。

（2）沟通。沟通可以分为信息沟通和人员沟通。供应商应当建立相关的信息沟通机制，不但可以实现渠道成员的信息共享，而且可以搭建消除误会与分歧的平台。良好的沟通会使分销渠道更加顺畅，渠道成员合作的意愿更加强烈。在人员沟通方面，要善于从他人角度看问题。无论是供应商还是中间商，都有各自的利益诉求与立场，解决冲突的一种做法是互换工作人员，以增进相互间的理解。如让供应商的销售主管去部分中间商处工作一段时间，有些中间商负责人可以在供应商关于制定有关中间商政策的部门内工作。互换人员可使双方设身处地为对方考虑问题，并在实现共同目标的基础上处理一些冲突。

（3）合同约束。通过签订合同、详细规定各方的权利义务，生产企业、渠道成员、直接用户在供货价格、资金结算、促销方案等方面达成一定程度的共识，避免渠道冲突的发生。在发生渠道冲突时，也可以按照合同规定的条款追究各方应当承担的责任。

（四）渠道调整

在渠道管理的过程中，供应商应随着消费者需求和市场营销环境的变化对原有渠道做出调整。渠道的调整可以是局部的，也可以是全局调整。渠道调整方式可细分为以下几个方面。

（1）增减某一渠道成员。如果仅有一家中间商效率低下，在帮其整改后效果仍不佳的情况下，可以与其终止合作。当供应商为了开拓市场或发现有更适合、实力更强的中间商时，为了提高销售额，可以增加中间商的数量。

（2）增减某一分销渠道。若多个分销渠道干扰了中间商间的有序竞争，造成了渠道冲突的发生时，可以考虑减少分销渠道以更好地规定中间商的权利与义务。近年来，网络分销成为分销渠道的一种新形式，迎合市场、适当地增加分销渠道有助于渠道效率的提高。

（3）调整整个分销系统。对供应商来说，这是难度最大和风险最大的决策，因为这涉及中间商既得利益的丧失和变换新的分销渠道的成本及风险，供应商只有在原有渠道发生严重矛盾和冲突时才应当考虑此方式。

课堂讨论

讨论货物实际转移过程与分销政策之间的关系以及它们如何相互影响，解释当经济发展阶段提高时，分销渠道会受到什么影响以及为什么会受影响。

本章小结

国际市场分销渠道是指企业生产的产品从生产领域到消费领域的通路。这些起到中介职能作用的通路由若干企业和个人组成，包括经销商（批发商和零售商）、代理商和营销辅助机构。

国际市场分销渠道的结构是指生产企业对中间商的市场空间布局。根据不同的分类标准，分销渠道的结构一般分为分销渠道的长度结构和宽度结构。影响分销渠道长度和宽度结构的因素有产品因素、市场因素、企业因素、消费者因素等。

国际市场分销渠道系统是由一系列相互独立，在功能上相互依赖的组织机构构成的，它们共同协作，完成产品和服务的传递过程。根据不同的组织形式，国际市场分销渠道系统可以分为四种类型：传统渠道系统、垂直渠道系统、水平渠道系统和多渠道系统。

从广义上讲，国际市场分销渠道管理包括制定渠道目标和选择渠道策略，选择、激励、评价、控制渠道成员，渠道改进等。

综合练习题

一、单项选择题

1. （　　）是指实际拥有产品所有权的中间商。
    A. 经销商　　　　　　B. 代理商　　　　　C. 佣金商　　　　　　D. 经营商

2. 以下除了（　　），不以自己的名义向本国企业购进货物，而只是接受卖主委托，不拥有产品所有权，在规定的条件下代委托人向国外市场销售，收取佣金。
    A. 出口商　　　　　　　　　　　　B. 出口代理商
    C. 出口佣金商　　　　　　　　　　D. 出口经营商

3. （　　）不是外销企业在销售渠道宽度上可供选择的策略。
    A. 密集销售策略　　　　　　　　　B. 差异性销售策略
    C. 选择性销售策略　　　　　　　　D. 独家销售策略

4. 渠道冲突是不可避免的，对于恶性冲突则要适当引导、解决，以避免渠道效率降低。主要的管理手段不包括（　　）。
    A. 设立超级目标　　　　　　　　　B. 返利
    C. 沟通　　　　　　　　　　　　　D. 合同约束

5. 若多个分销渠道干扰了中间商间的有序竞争，造成了渠道冲突的发生时，可以考虑（　　）以更好地规定中间商的权利与义务。
    A. 增加分销渠道　　　　　　　　　B. 合并分销渠道
    C. 拆分分销渠道　　　　　　　　　D. 减少分销渠道

二、判断题

1. 分销渠道也称作销售渠道，是指某种产品或劳务从消费者向生产者转移过程中所经过的流通途径或路线。　　　　　　　　　　　　　　　　　　　　　　（　　）

2. 在产品进出口贸易中，常常利用分销渠道形式。外销或进口产品通过国内外的代理商转卖给当地批发商，然后再由批发商转卖给零售商。　　　　　　　　　　（　　）

3. 经纪人是一种特殊的代理商，他们并不卷入商品交易实务，而只是为买卖双方牵线搭桥，促成双方之间的交易。　　　　　　　　　　　　　　　　　　　　　（　　）

4. 经销商赚取的是委托销售的生产企业按规定所支付的佣金，而代理商赚取的是商品的购销差价。　　　　　　　　　　　　　　　　　　　　　　　　　　（　　）

5. 如果生产企业通过两个或两个以上的同类中间商来销售自己的产品，则这种分销渠道为窄渠道。　　　　　　　　　　　　　　　　　　　　　　　　　　　（　　）

三、简答题

1. 什么是分销渠道宽度？在渠道宽度上有哪几种可供外销企业选择的策略？
2. 国际市场中间商有哪些类型？
3. 我国企业在外贸实践中选择中间商的主要标准有哪些？
4. 激励中间商的措施有哪些？
5. 如何管理渠道冲突？

四、案例分析题

格力电器的渠道变革

（整理自天风证券，2022 年 7 月 20 日孙谦《格力电器研究报告：
渠道改革初见成效，多元布局着力景气赛道》一文）

在早期线下渠道为王的时代，伴随着空调需求的迅速增长，格力推出返利政策并通过联合代理模式绑定大型经销商，此后，格力又通过整合全国区域性销售渠道，进一步加强对渠道的控制权。彼时格力的渠道网络覆盖广且深，叠加公司的品牌溢价，使格力在空调销售市场上极具竞争力。但随着电商渠道高速增长、线下物流基础设施的完备而出现的渠道扁平化趋势，以及空调市场增速逐渐进入成熟阶段，现有返利经销模式遇到瓶颈，公司渠道变革势在必行。公司通过精简渠道层级，销售模式由返利激励导向部分转为终端价差激励，大力推行新零售模式三种方式，从多方面入手对公司进行渠道改革。

1. 精简渠道层级

格力进行的渠道改革使其销售体系向扁平化发展。一方面，弱化销售公司蓄水池及政策调节功能，使其逐步转为区域服务商；另一方面，取消或大幅缩减二级代理商，仓储物流等职能由总部接管，代理商向服务职能转变。由此，通过促使销售公司与代理商职能转化，推动其向服务商与运营商转变，从而缩减渠道层级，推动渠道扁平化发展，提升渠道效率。

2. 销售模式由返利激励导向部分转为终端价差激励

此次渠道变革中，总部减少了过往的销售返利，允许终端经销商通过有价差的销售来获取其自身主要利润，该模式使得经销商能够及时明确自身的赢利水平；而以往返利模式下，压货较多，在终端价格变化情况下，对应经销商存货价值存在波动，也增加了其对自身赢利能力判断的难度。与此同时，终端需求主导带来的经销商赢利使得其对消费者的需求反应更灵敏，良性促进其产品的销售。基于此，经销商积极性提升。

3. 推行新零售模式

格力除了在建的"格力董明珠店"这一直销平台外，也开启了与天猫、京东合作，推行新零售模式。随着渠道改革下加价率逐步降低，各渠道模式下产品价格更为统一，公司在产品销售渠道的选择上也将更多元化与灵活。从 2019 年年末格力渠道变革开始，其空调线上销量占总销量的比例有所提高，由 2019 年占比 10.87%到 2020 年、2021 年占比 17%以上，格力渠道改革效果初显。

问题：（1）格力电器如何进行渠道层级精简？（2）格力电器如何推行新零售模式？

第十三章　国际市场促销策略

【学习目标】

掌握国际市场促销策略的内容；了解国际市场广告策略；掌握国际市场人员推销的方式及步骤；了解国际市场营业推广的主要方式；掌握国际营销公共关系的分类。

【引例】

双奥伊利携手中国体育健儿"伊起向巴黎"

据澎湃新闻网 2024 年 4 月 17 日报道，4 月 16 日，作为 2024 年奥运会中国体育代表团官方乳制品合作伙伴，伊利重磅发布了多款巴黎定制装新品，并宣告"巴黎冲刺模式"正式开启，助力中国体育健儿征战巴黎。此外，伊利热爱之队正式集结亮相，与中国国家射击队的战略合作也在活动中公布。

多年来，伊利始终与奥运盛会相伴。凭借卓越的品质，伊利早在 2005 年便与奥运携手，成为中国首家符合奥运会标准、为 2008 年北京奥运会提供服务的乳制品企业。20 年来，历经北京奥运会、伦敦奥运会、索契冬奥会、里约奥运会、平昌冬奥会、北京冬奥会等大型赛事，伊利为近 40 支奥运国家队提供营养保障，在奥运赛事保障方面积累了丰富的服务经验。多年来，伊利始终与中国体育健儿携手同行，共同创造了奥林匹克的一个又一个奇迹。活动中，由新生代运动员们共同组成的"伊利之队"正式亮相，其中包含以"00后"小将全红婵、陈芋汐、王宗源为代表的中国跳水队，由张雨霏等领衔的中国游泳队，以及新生代乒乓球运动员樊振东、孙颖莎、王楚钦等。他们将与伊利携手奔赴世界舞台，协力书写中国体育新篇章。

在巴黎奥运盛会倒计时 100 天即将到来之际，伊利再次携手 2024 年奥运会中国体育代表团，为中国体育健儿打造的巴黎定制装新品正式亮相，涵盖伊利旗下多品类产品，致力于为奔赴巴黎赛场的中国体育健儿提供营养支持。赛事期间，伊利还将开展"夺金送牛奶 伊起打 call 向巴黎"系列活动，号召广大消费者共同为中国体育健儿加油助威，见证他们奋勇拼搏、圆梦赛场。

评析：赞助国际体育赛事，是企业借势营销、品牌出海的良机。企业通过赞助奥运会等重大国际运动会，不仅能在世界范围内打响品牌知名度，也能给企业带来实实在在的商业红利。伊利多次成为奥运会品牌赞助商，近年来海外业绩逆势增长，与其体育赛事营销策略不无关系。

第一节　国际市场广告策略

一、国际市场广告发展趋势

国际市场广告已成为企业国际市场营销中最常用的方法之一，国际市场广告是指企业通过电视、报纸、杂志、广播、互联网、户外展示等大众媒介，向国际消费者传递产品或企业信息，从而达到企业商业目的的一种营销手段。近年来，国际广告市场呈现出以下发展态势。

（1）支出总体呈稳定增长趋势。全球广告支出总体呈现稳定增长趋势。全球广告研究中心报告显示，2024 年全球广告支出同比增长超 10%，总额首超 1 万亿美元，创下近 6 年来广告支出增长率的最高值。

（2）广告支出的增长主要来自大国和大城市。近年来，全球广告支出主要来源于美国、中国和西欧诸国。在这些国家，大城市通过集中发展生产力、创新和贸易推动了全球广告投放。这些大城市拥有年轻和高收入人群。

（3）移动网络广告凸显增长优势。虽然电视、报纸、杂志、广播等四大传统媒体依然是重要的广告媒体，但随着互联网的高速发展，网络广告发展迅猛。网络广告已成为继电视、报纸、杂志、广播、户外广告以外的又一重要广告形式。早在 2014 年互联网就已成为第一大广告媒体。2024 年，中国互联网广告市场规模约为 6500 亿元，数字广告继续占据主导地位，短视频、兴趣电商和社交平台广告收入已占据市场总量的近半壁江山。

二、国际市场广告目标确定

广告目标是指在一定时间内，针对特定的目标群体完成特定信息的传递任务。国际市场广告目标的制定要和企业国际市场定位和营销组合策略相匹配。按照目标的差异性，广告可分为通知型广告、劝说型广告和提醒型广告。

（1）通知型广告通常在产品上市初期使用，其主要目标是使消费者对企业产品或服务产生初步的认识和兴趣，主要传递的信息包括产品或服务的名称、价格、功能、使用方法、增值服务等。通知型广告通常在产品成长期使用，在消费者已经对产品或服务产生购买兴趣，但还没做最后的购买决策时使用。

（2）劝说型广告的主要目标是劝说消费者产生购买行为，主要传递的信息包括产品或服务的特色、企业品牌优势、产品质量与信誉、产品特殊功能和企业文化等。

（3）提醒型广告主要在产品进入成熟期时使用，主要目标是提醒消费者继续购买该企业的产品。在此阶段，目标消费者已经非常熟悉该产品，并对企业的产品或品牌已建立起基本稳定的认识和态度。提醒型广告的主要作用包括告知消费者购买方式和购买地点，维持企业较高知名度，提醒消费者在不久后可能会用到此产品等。

三、国际市场广告策略的影响因素

国际市场广告策略的选择受到企业国际市场战略、所处环境、广告目标、目标市场特征、产品属性、政府控制等多方面因素的影响。与本土广告策略相比，国际市场广告策略的制定还需要考虑不同国家和地区的政治、经济、文化和法律环境等多方面的差异性。因此在制定国际市场广告策略之前，企业需要充分了解以下影响因素。

1. 经济水平差异

广告策略的制定受各国经济状况的影响和制约。经济水平的差异会直接影响消费者的购买认知和购买行为。例如，一些国家的消费者因购买能力相对较低，所以在购买较昂贵的商品时，购买行为相对谨慎，消费者通常需要了解产品更详细的信息。因此，广告设计应尽量展示产品的价值、质量、用途、售后服务等详细信息，让消费者觉得物有所值。而在一些国家，消费者对于较昂贵产品的选择更看重品牌的个性、内涵和文化。此时，广告设计应该更突出趣味性、创新性、艺术性和文化性。

2. 语言差异

在国际广告创作中值得注意的是，不同国家一般使用不同的语言，甚至在同一国家内，也可能存在多种不同的语言。即使是同一个词语在不同的国家和不同的文化背景下也可能会具有不同的意义。因此，在制作广告时，要特别注意语言的差异性。在国际市场营销中，不乏因语言文化背景不同而失败的案例。如瑞典电器设备制造商伊莱克斯（Electrolux）在美国的吸尘器广告中曾使用过"Nothing Sucks Like an Electrolux（没有什么比伊莱克斯更能吸尘）"的广告语，"sucks"原本是吸、吮吸等意思，但在美国俚语中却表示很糟糕、很差劲，美国人会把这句广告语理解成"没有什么东西能像伊莱克斯一样糟糕"。

另外，语言差异还体现在语气、声调、肢体语言、符号语言等多个方面。同样的手势和符号在不同的国家可能代表不同的意思。例如，符号"×"在东方国家大多代表"错误"的意思，但在西方很多国家，很多时候它代表"选择该项"的意思。

3. 文化差异

在国际市场广告促销中，文化距离是广告传播中最主要的障碍。文化从广义上包含三个层次：①物质文化（如经济结构、生产方式、科技水平等一些社会物质现象）；②制度文化（政体、社会制度、社会组织结构方式等）；③精神文化（如哲学、宗教、法律、道德、伦理、社会习俗、文学艺术等精神形态）。物质文化位于文化表层，制度文化介于物质文化和精神文化两者之间，精神文化则深植于文化内层。

人们对于东西方文化差异的研究由来已久。其中最为经典的当属霍夫斯泰德提出的文化维度（culture dimension）概念（详见第三章第二节）。他的研究表明，东方文化更强调集体主义，并且把权力距离视作社会基本因素，强调强制力与权威性，认为应该有明确的社会规范和原则；重视人际关系；男性与女性应该有不同的社会分工，赞扬成就、雄心；人们倾向于未来价值取向，比如注重储蓄与坚持。而西方文化更注重个人主义，注重专家和合法性的权力，文化的社会规范和原则不明确，强调物质成就和个人成功的重要性。不同的文化会产生不同的认知结构，而不同的认知结构又会导致消费者对同一信息的不同的主观感受。因此，在国际市场广告设计中，要充分考虑到文化的差异性。

4. 法律差异

在设计跨国广告时，还应考虑到不同国家和地区有不同的法律要求。政府在法律层面上对广告的管控日趋增强。不同国家和地区在广告方面的法律法规也各不相同，法律管控的差异性也会直接或间接地限制和影响国际市场广告策略的制定。例如，有的国家对广告商品类别有限制，西欧很多国家对于烟草和酒精饮料的广告有严格的限制；德国和沙特阿拉伯对于广告内容和表现形式有限制，德国禁止广告使用对比性词语，而沙特阿拉伯禁止广告中出现关于占星术或算命的书；而意大利和科威特对于电视广告的播出时间有严格控制，意大利规定同一个电视商业广告的播出次数每年不得超过 10 次，每两次的间隔时间不得少于 10 天，科威特规定每晚电视广告的时间不能超过 32 分钟。

四、国际市场广告策略的选择

（1）标准化策略，是指企业在不同国家和地区的目标市场上，使用相同主题的广告进行宣传的策略。例如可口可乐、肯德基等企业的广告宣传基本采用的就是标准化策略。标准化广告的优点是可以降低企业开展广告促销活动的成本，有利于企业建立全球化的统一形象，其缺点是对于不同文化的细分市场，标准化策略难以得到所有文化的认同。

（2）差异化策略。差异化策略是指企业在不同国家和地区的目标市场上，使用不同主题的广告进行宣传的策略。差异化广告的优点是针对性强，可以克服文化障碍，能更好地被当地消费者接受。然而差异化广告的成本较高，也不利于树立统一的企业形象。

（3）形象广告与产品广告策略。形象广告的主要作用是塑造企业形象和品牌，使消费者对产品产生信任和感情，而不是单纯地为了销售产品。产品广告的主要作用是销售产品，引导人们购买，广告内容应该以介绍产品特点、优势为主，如低价促销等广告形式多属于产品广告。当然，二者虽然侧重点不同，但又相互依赖共存。例如，企业在塑造形象的同时也希望能够引导消费者购买，而企业在做产品促销时，同样也需要维护企业形象。因此，在策划国际市场广告时找到二者的契合点是尤为关键的。

（4）拉引式广告与推动式广告策略。拉引式广告策略是指产品在上市初期，利用广告宣传将消费者拉向自己的产品，从而拉动消费需求。因此，拉引式广告内容应以介绍产品或服务理念为主，以新颖多变的形式来引起消费者的兴趣。而推动式广告是指产品已经在市面上销售了一段时间，为了扩大产品的销售，推动消费者需求而设计的广告。因此，设计推动式广告时应该更注重展示产品的优势和特性。

五、国际市场广告媒体的选择

1. 国际市场广告媒体的形式及特点

国际市场广告媒体形式较多，包括报纸、杂志、电视、广播、户外和网络等多种媒体形式，各种媒体形式均有一定的优势和劣势。广告媒体按形式的不同可分为以下五类。

（1）平面媒体，包括报纸、杂志、海报、信函、宣传单等。

（2）电子媒体，包括电视、广播、电影、LED 灯箱、互动式数字化复合媒体（包括手机媒体、移动电视、博客、Facebook、微信）等。

（3）户外媒体，包括街牌、路牌、户外展板、车体（如公共汽车、地铁）等。

（4）人际媒体，包括人体广告、人际传播等。

（5）实物媒体，包括橱窗、展柜等实物媒介。

影响最大的几种类型的媒体，其优劣势比较如表 13.1 所示。

表 13.1　不同广告媒体的优劣势比较

	优　势	劣　势
报纸	成本相对较低，且容易计算，发行量大	缺乏立体感和动感，不够精确和逼真
杂志	有权威性，色彩艳丽	发行周期长，发行量有限，缺乏灵活性
电视	听觉、视觉兼备，冲击力强	费用相对较高
广播	声音有表现力，贴近生活，有亲切感	缺乏视觉冲击
网络	快速、即时，覆盖面广，互动性和大众参与性强	信息量过大，容易使消费者产生疲劳感和抵触情绪
户外	方便制作，色彩强，简单，直接	传播范围有限

2. 广告媒体选择的影响因素

世界各地的广告媒体类型基本相同，只是在传播范围、传播作用和效果上存在差异。在选择广告媒体时应考虑以下几方面的内容。

（1）广告预算。不同类型的广告所需费用不同。相对而言，电视广告最为昂贵，而报纸广告、杂志广告费用相对较低。选择广告媒体除了要看媒体优势，还要考虑企业的整体预算。当然，如果企业预算充足，也可以考虑多种广告媒体同时使用。在大部分国家和地区，广告费用可以通过谈判来议价。然而，某些发展中国家的媒体价格是由政府部门确定的。一般来讲，经济越发达的国家和地区，广告费用也越高。

（2）产品特性。选择广告媒体时还需要考虑产品特性。不同的产品特性对广告媒体有不同的要求。工业品、消费品因为针对的目标顾客不同，所以应该考虑选择不同的广告媒体。一般来说，产品技术性能高的，可采用有详细文字说明的报纸、杂志；产品如果想突出视觉冲击，电视媒体更具效果；如果是音乐产品，电视、广播、网络媒体更具优势。

（3）媒体声誉。选择广告媒体时，必须考虑媒体的公众声誉和影响力、媒体自身的知名度和美誉度，媒体的声誉越高，其社会影响就越大，在消费者心目中的威信也就越高。另外，媒体能否在规定时间内传递产品信息也非常重要。

（4）影响范围。媒体的发行量、覆盖面、受众人数等决定了其传播与影响的范围。一般来说，媒体发行量（如报纸的发行量）越多，广告传播效果越好，当然广告成本也会越高。选择广告媒体，必须将媒体所能触及的影响范围与企业所要求的信息传播范围相匹配。

视野拓展

确定广告预算的方法

确定广告预算的方法主要有以下几种。

（1）比率法。这种方法通常基于某种可测定的事实或数量以百分比说明，如销售百分比、毛利百分比、净收入百分比等。销售百分比通常由过去的经验或产业指导方针及类别指导方针决定。其优点是计算方法简单。以前一年的销售的一定比率，或预测来年销售的一定比率，从而决策某品牌的广告费。其缺点是当销售好时，广告预算增加；销售不好时，广告预算减少。毛利百分比是指在制定广告预算时，以公司或品牌的毛利率为准预定公司广告费用支出的方法。净收入百分比是指在制定广告预算时，以公司或品牌一定时间里的净赢利百分比为准，预先确定公司广告费用支出的方法。

（2）以销售单位或每一零售经销店为准的广告预算法。这种广告预算法有两种类型：销售单位法和每一零售经销店法。销售单位法是以每单位销售金额或生产金额来分配广告费用。每一零售经销店法是根据产品销售经由的零售经销商数目来制定广告预算。

（3）达格玛法。在达格玛法中，预先要制定明确的广告目标。以知名度（awareness）、品牌试用（brand trial）或其他效果的目标为基础，确定达成这些目标所需的广告费用。广告预算根据预先确定的目标来制定，而非依据过去或未来的效果。达格玛法为广告的效果是否达成预先制定的目标提供了理论基础。此方法的优点在于，制定广告预算比其他方法更科学，基础也更坚实，随后确定的广告费用也比较适当。其缺点在于难以确定达到广告目标实际需要多少广告费用。

第二节　国际市场人员推销策略

人员推销，又称派员推销和直接推销，是一种传统的促销形式。国际市场人员推销是指企业派出或委托推销人员、销售服务人员或售货员，向国际市场客户介绍、宣传、推销产品。其主要功能有促进市场研究（搜集情报信息、反馈市场信息）、发现市场机会、传递产品信息、树立企业形象、促成交易实现、改进销售服务等。

一、国际市场人员推销的方式

根据推销人员和客户数量的不同，国际市场人员推销方式可分为五种。

（1）一对一推销。即一个销售员与一个客户进行交谈。交谈方式可以是面对面，也可以是通过电话等其他方式。这种方法的优点是针对性强，可以满足客户的大部分需求，但缺点是受众人数较少。

（2）一对多推销。即一名推销人员同时向多名客户介绍产品的功能和特点。这种推销方法提高了受众人数，但有可能发生一部分客户的需求不能得到很好满足的状况。

（3）多对多推销。即由销售小组向一群客户进行推销，这种推销方式需要销售小组成员各尽其责，互相配合。这种方式的优点是通过团队合作借助集体力量与智慧，增强推销的力度，但缺点是成本相对较高。

（4）磋商式推销。即由销售人员和生产企业的主管人员一起同客户就购买问题进行交流，该方法常见于企业向中间商的推销。

（5）研讨会推销。研讨会推销一般是指由企业的技术人员向客户讲授有关产品技术的发展状况，以讲座的形式来推销产品。这种方法多用于向中间商或企业客户推介产品，研讨会往往以介绍产品技术为主。

二、国际市场人员推销的步骤

（1）潜在客户的寻找与分析。推销工作的第一步就是要寻找潜在客户，并分析其购买的可能性与购买能力的大小。寻找潜在客户可以从现有客户入手，从现有客户中挖掘潜在客户。这样既可以避免推销的盲目性，也容易赢得新客户的信任。另外，推销人员还可以通过参加各种社交、培训或其他活动来扩大自己的人际关系网络，为寻找潜在客户提供更丰富的线索。推销人员要及时对搜集到的潜在客户资料进行整理，还要对潜在客户的财务能力、继续交易的可能性等情况做进一步评估，分析其再次购买的可能性。

（2）拜访客户前的准备。在与客户接触前，推销人员应做好多方面的准备。一是对于客户信息的掌握，如购买历史、当前需求、性格、爱好等。二是要特别注意文化、信仰差异。三是要了解客户及其所在企业的情况，如哪些人参与制定企业的购买决策等。四是对于产品知识的掌握，如企业产品的特点、用途、国际竞争优势等。五是对竞争对手信息的掌握，推销人员需掌握竞争对手产品的特点、竞争力、推销重点等，并在此基础上制定推销策略。

（3）接触客户。给客户留下好的第一印象非常重要，因此，推销人员应该特别注意第一次见面要准时赴约，也要注意仪表端庄、言行得体，既要表现出礼貌，又要表现出专业性。此外，良好的开场也非常重要，要能够引起对方的兴趣，并为后面的产品介绍做好铺垫。

（4）产品介绍。产品介绍是推销工作的重点。推销员推销的不只是产品本身，还包括产品带给客户的利益。并且推销人员应该在交谈中善于发现客户的真正需求，采取有针对性的推销宣传方式，如果时间和场地允许，推销员可以借助图形、宣传册、产品样品、媒体展示等多种辅助工具增强推销效果。

（5）应对异议。在产品介绍中，客户通常都会表现出抵触情绪，这种抵触情绪可分为两类。第一类，心理抵触。如对外来干扰的抗拒，对已有供应来源或品牌的喜爱，对于不确定性的担忧等。第二类，逻辑抵触。如对于产品价格、交货条件、产品使用方面的疑虑等。推销人员应注意倾听消费者的意见，以了解消费者异议背后的真实想法。能给出圆满回答的，应及时解答；不能马上解答的，也应记录下来，在得到准确答案后再告知客户。

（6）促成交易。在洽谈过程中，一旦客户认可了企业的产品，推销人员就应及时把握机会。推销人员应知道如何识别客户发出的交易信号，这些信号包括客户对产品的评论和问题等。推销人员也应该再次强调产品的特色或优点。对于客户担心的问题，可以给予适当承诺，也可给客户一些优惠，如特价、赠送一些礼物等，以促成交易。

（7）跟踪服务。达成交易后，推销人员应就交货时间、购买条件及其他问题确定后续访问进程，以确保客户能及时收到产品及得到指导、服务。好的跟踪服务可以提高客户对产品的满意度，有利于客户重复购买，因此跟踪服务在整个推销过程中也非常重要。

三、国际市场人员推销的具体策略

（1）试探性策略。试探性策略通常在不了解客户需要的情况下使用。推销人员事先准备好要说的话，对客户进行试探。需要密切注意客户的反应，然后根据客户反应推断客户需求，再根据客户需求阐述产品特性或宣传。

（2）针对性策略。针对性策略是指在事先了解客户的基本需求下，有针对性地进行推销。其主要以能满足客户的需求为目的。

（3）诱导性策略。诱导性策略又称诱发满足策略。推销人员首先设法引起客户的某种需要，再阐述推销的产品如何能较好地满足客户的该种需要。使用这种策略要求推销人员具有较丰富的推销经验。

四、国际市场推销人员的管理

国际市场推销人员的管理主要包括招聘、培训、激励、评估等环节。

（一）国际市场推销人员的招聘

国际市场推销人员应具备较强的沟通能力和独立工作的能力。另外，推销人员还应该了解当地的风俗习惯、消费习惯和商业惯例等，并与当地政府及工商界人士、消费者或者潜在客户建立各种各样的联系。企业可以在目标国市场招聘当地的推销人员，也可以从国内选派人员出国从事推销工作，并且要求其能适应目标国市场的社会文化环境。

（二）国际市场推销人员的培训

1. 培训类型和内容

（1）对企业外派人员的培训。企业应重点让外派人员了解目标市场所在国家的市场营销环境、语言、文化和当地商业习惯等方面的内容。

（2）对外籍人员的培训。企业应重点让外籍人员了解企业概况、产品知识，熟悉技术资料，以便向客户提供咨询和技术服务。

（3）为海外经销商培训推销人员。为海外经销商培训推销人员，是生产企业常常要承担的任务，若经销商的推销人员具有较高的素质与技能，往往能带来国际市场销量的增加。

2. 培训方式和地点

可以由企业内部有经验的推销人员或技术人员对推销人员进行培训，也可以聘请企业外部的专家学者和专业机构对推销人员进行培训。

推销人员的培训地点可以选择在目标市场国进行，也可以安排在企业所在地或者企业所在地区的培训中心进行。如果是对推销人员的短期培训，企业也可采取组织巡回培训组到各地进行现场培训。随着互联网的发展，培训方式和培训地点也变得更加灵活多样，远程视频培训也成为很多企业使用的新型培训方式。这种方式相对于传统培训方式成本低、受众广，时间和地点更加灵活，但管理和绩效评定相对较难。

（三）国际市场推销人员的激励

企业为了激励推销人员，或是留住优秀的推销人员，通常会根据推销人员的销售业绩给予一定的物质奖励或精神奖励。物质奖励通常包含薪金、佣金或者奖金等直接报酬形式。精神鼓励包括职位晋升、进修培训、特权授予、给予较长的带薪假期等多种形式。企业应综合运用物质奖励和精神鼓励的手段对推销人员进行激励，以调动其积极性，提高他们的推销业绩。对海外推销人员的激励要考虑到不同社会文化因素的影响。海外推销人员可能来自不同的国家或地区，有着不同的社会文化背景、行为准则与价值观念，因而他们对同样的激励措施可能会有不同的反应。

（四）国际市场推销人员的评估

推销人员推销效果的考核评估指标可分为两个方面：一是直接的推销效果，比如，销售数量和总销售额、销售成本、销售增长率等；另一种是间接的推销效果，如产品与企业知名度的提高程度、顾客服务与市场调研任务的完成情况等。企业对于推销人员的考核评估一方面可以激励推销人员，另一方面也可以使企业识别推销效果不佳的市场与人员，帮助他们分析原因，给出对策，从而帮助他们提高销售业绩。

📖 视野拓展

中国新能源汽车出海加速

据界面新闻 2024 年 4 月 23 日消息，中汽协公布的数据显示，2023 年，我国汽车全新整车出口 491 万辆，同比增长 57.9%，其中新能源汽车出口 120.3 万辆，同比增长 77.6%。中国新能源汽车出海的势头空前强劲。

出海大势之下，中国新能源汽车"走了出去"，但如何"扎下根来"，真正融入陌生的人文地理环境，摸索出更加高效的出海营销打法，实现传播效果最大化，已成为许多出海车企都会考虑的问题。

营销策略已经成为汽车出海过程中的重要核心竞争力。为助力出海企业解决痛点，网易有道旗下的 Youdao Ads 通过海量关键意见领袖（KOL）、关键意见消费者（KOC）资源利用人工智能精准高效打标（指给商品、客户及其他元素添加特定的标识或标签）、高效分析投放等品效合一的营销方式，助力出海新能源汽车实现高效传播，提升国际竞争力。

2023 年，Youdao Ads 为比亚迪新能源汽车出海进行推广。Youdao Ads 与来自日本、法国、墨西哥等国的知名关键意见领袖合作，共创内容，打造了"WonderLife"（奇遇人生）系列视频。视频根据不同国家观众的特点量身定制，从生活理念、文化审美和工艺精神等多个维度，展示了比亚迪品牌的舒适性、清洁能源等优势，并传达了探索未知、追逐梦想的品牌精神。

以日本市场为例，Youdao Ads 与日本动画博主合作，使用 7000 多张画纸制作成定格动画，以一位日本年轻男生的第一视角，讲述了一个关于坚持自我、追逐梦想的故事。视频中巧妙融入了比亚迪汽车，品牌标识和品牌理念在视频中多次展示。最终结果显示，视频观看次数已超过 500 万次，每千次展示成本远低于该地区的行业平均水平。

在当前海外市场推广中，"买量逻辑"随着成本走高而失效。随着社交媒体平台和红人营销的飞速发展，海外关键意见领袖已成为出海营销的新增量。与海外关键意见领袖共创内容进行传播的方式，不仅能为品牌带来更好的营销效果，还能大幅降低品牌营销费用。

第三节　国际市场营业推广策略

国际市场营业推广是指除了人员推销、广告和公共关系等手段以外，在一个比较大的国际目标市场上，企业为了刺激需求、扩大销售而采取的能迅速产生激励作用的促销措施。营业推广介于广告促销和人员推销之间，用来补充广告促销和人员推销的不足。营业推广主要是针对国际目标市场上一定时期的某项推销任务，为了达到某种目的而采取的短期的特殊的推销方法和措施。作为一种促销策略，营业推广的特点是见效快，可以在短期内刺激目标市场需求。营业推广的目的通常有两个：一是诱导消费者尝试一种新产品或新品牌；二是减少库存或增加现有产品销量，回笼资金。

一、国际市场营业推广的影响因素

（1）法律法规。各国法律法规对营业推广方式的限制有很大差异，如欧洲有的国家要求企业若想使用优惠券、抽奖、免费样品等促销方式，就必须整年使用此政策，而北美一些国家则要求诸如特殊赠品和象征性优惠券之类的促销方法要在得到政府机构批准后才能使用。

（2）文化差异。文化差异使得不同国家和地区的消费者对营业推广工具的偏爱有所不同。例如，有些国家（如法国）的消费者偏爱买一送一和优惠券等促销方式，而有些国家（如英国）的消费者更喜欢现金折扣的促销方式。因此，营业推广策略的制定要多借鉴目标国零售商的经验，促销包装的设计，赠品、优惠券的使用方法等，应适合目标市场消费者的消费习惯。

（3）经销商。当地经销商或中间商的支持与协助对于企业营业推广的成效也有重要影响。企业在目标市场的交易发运处理、现场展示或商店陈列等都需要当地经销商的协助。要想打开海外市场，好的渠道合作伙伴非常重要。

（4）竞争者。竞争者在推销方面的措施同样会直接影响企业的营业推广活动。企业在目标市场的营业推广活动，可能会遭到当地竞争者的模仿或阻挠。竞争者新的推销举措可能会吸引更多的消费者，导致企业失去更多的消费者。因此企业在目标市场开展营业推广活动需要了解竞争者的推销措施，并加以应对，所谓"知己知彼，百战不殆"说的就是这个道理。

二、国际市场营业推广的方式

国际市场营业推广的方式多种多样，最常见的有以下几种。

（1）赠送样品。向消费者赠送样品或试用品，赠送样品是推广新产品最有效的方法，缺点是费用高。样品可以选择在商店或闹市区散发，或在其他产品中附送，也可以在广告中公开赠送，或入户派送。

（2）优惠券。消费者在购买某种商品时，持券可以优惠一定金额。优惠券可以通过广告或直邮的方式发送。

（3）包装促销。以较优惠的价格提供组合包装和搭配包装的产品。

（4）有奖销售。消费者购买一定的产品之后可获得抽奖券，凭券进行抽奖从而获得奖品或奖金，抽奖可以有各种形式。

（5）现场演示。企业派推销人员在销售现场演示本企业的产品，向消费者介绍产品的特点、用途和使用方法等。

（6）联合推广。企业与零售商联合促销，将一些能显示企业优势和特征的产品在商场集中陈列，边展示边销售。

三、制定国际市场营业推广策略时需考虑的问题

制定国际市场营业推广策略时需考虑一系列的问题，如企业营业推广的规模、营业推广的时间、营业推广的预算等。

（1）营业推广的规模。企业营业推广首先要考虑营业推广的规模。规模过小，不能提高消费者、中间商和推销人员的积极性，达不到推广效果。但规模过大，又会使企业推广成本上升。因此，营业推广的规模必须适当。

（2）营业推广的时间。营业推广时间包括推广的开始时间和持续时间。在确定营业推广开始的时间时，要考虑企业的整体营销战略。市场竞争激烈的产品、质量差异较小的同类产品、老产品、刚进入国际市场的产品、滞销产品等，多在销售淡季或其他特殊条件下运用营业推广策略。

（3）营业推广的预算。企业在施行营业推广策略前，还需确定营业推广的总体预算。通常有两种方法可用来确定营业推广的预算。第一种是根据总促销比例来确定营业推广的预算，再将预算分配到每个推广项目上。第二种是先估算每种营业推广所需的费用，再相加得出总预算。

视野拓展

从"进博会时间"看开放中国的全球魅力

据新华社上海 2023 年 11 月 10 日电，中国国际进口博览会（China International Import Expo，CIIE），简称"进口博览会""进博会"等，为世界上第一个以进口为主题的国家级展会。自 2018 年至今，已成功举办了六届。第六届中国国际进口博览会积极发挥国际采购、投资促进、人文交流、开放合作平台功能，取得丰硕成果，按年计意向成交创历届新高，金额达 784.1 亿美元、比上届增长 6.7%。来自 154 个国家、地区和国际组织的来宾齐聚展会，72 个国家和国际组织亮相国家展，128 个国家和地区的 3486 家企业参加企业展，集中展示了 442 项代表性首发新产品、新技术、新服务。

国家展为不同发展水平的国家增进交流、促进合作、互利共赢提供了重要平台，受到参展各国高度赞赏。巴林、中非、多米尼克、冈比亚、几内亚比绍、洪都拉斯、马里、阿曼、塞拉利昂、多哥、津巴布韦等 11 国首次参展。中国馆以"中国式现代化新成就为世界发展提供新机遇"为主题，聚焦自贸试验区建设十周年成就，重点展示我国推进高水平开放和高质量发展的最新成果，向世界讲述"中国好，世界会更好"的精彩故事。

企业商业展众商云集，新品众多，成效显著。第六届进博会世界 500 强和行业龙头企业达 289 家，数量为历届之最。创新孵化专区吸引自 39 个国家和地区的超过 300 个创新项目参展，超过前两届的总和。

网上供采大厅发挥重要功能，提供信息发布、贸易配对、行程安排等全流程服务，专业观众发布采购需求逾万次，智能匹配展商 22 万余家次、展品 137 万余件次。开展"零碳进博 零塑办博 2.0"行动，通过省间绿电交易方式采购绿电 800 万千瓦时，首次实现 100%绿电办展。

在办好第六届进博会的同时，第七届进博会筹备工作已全面铺开，已举办 4 场签约仪式，累计近 200 家企业提前签约参展，展览面积超过 10 万平方米。

第四节　国际营销公共关系策略

国际营销公共关系主要指企业或其他经济组织，为了增强其在国际市场上的影响力，并获得社会公众或消费者的了解和信赖，建立其与公众之间的良好关系，而进行的各种活动的总称。开展国际营销公共关系的直接目标有两个，一是树立企业形象，提高信誉；二是协调和改善企业与媒体、消费者及政府之间的关系。企业通过公关宣传，可以让消费者了解企业的公众服务意识，提高企业的知名度和美誉度，为企业树立良好的公众形象。企业应积极收集和听取目标市场国的公众对本企业政策、产品等方面的意见和建议，及时解答消费者问题，消除公众的疑虑；同时改进本企业产品，更好地满足消费者需求；以各种方式向消费者介绍产品的用途和功能，并帮助消费者迅速掌握产品的使用方法。

一、国际营销公共关系的分类

（1）国际媒体公共关系。国际媒体公共关系主要指企业利用国际化的新闻媒体、广告媒体和自媒体，向目标公众传递企业或产品信息，使消费者了解企业的经营理念、产品特色、品牌价值、企业动态等情况，创造有利于企业的社会舆论环境。常用的手段有召开新闻发布会、分发宣传图册、拍摄影视作品等。

（2）征询型公共关系。征询型公共关系是指企业为自我生存与发展而收集社会舆论和民意，也包括对市场状况、社会情况及公众意向等信息的收集与整理，其目的是为企业的经营管理决策提供依据，加强企业与公众的双向沟通。常用的方法有建立信访制度，开展市场调查、民意调查等。

（3）服务型公共关系。服务型公共关系是指企业通过向消费者提供优质服务而获得公众的好评。常用的方法有提供售前咨询、售后服务，提供免费安装、上门维修、热线指导等服务。

（4）社会活动型公共关系。社会活动型公共关系是指企业利用举办社会性或公益性的活动来履行企业的社会责任。常用的方法有赞助各项文体赛事、参加公益活动、赞助社会福利事业和慈善事业、推动公共服务设施的建设等。

（5）交际型公共关系。交际型公共关系是在人际交往中通过直接接触建立感情，达到建立良好关系目的的公共关系活动方式。企业举办交际型公共关系活动通常不借助任何媒体，常用的方法有举办招待会、茶话会、座谈会等。

视野拓展

蒙牛再续三届世界杯赞助商，向世界展示中国企业"品牌力"

据《新民晚报》2023 年 8 月 7 日报道，8 月 4 日，蒙牛官宣成为 2026 年美加墨世界杯、2030 年世界杯和 2027 年女足世界杯官方赞助商。在此之前蒙牛成功赞助 2018 年和 2022 年两届世界杯、2023 年女足世界杯的精彩历程。

此次，蒙牛第四次携手国际足联，在未来的三届世界杯期间，继续将健康与快乐的品牌理念带给全球消费者。矢志于百年愿景的蒙牛，与世界杯这个全球"顶流"的长期伴跑，彰显了自身的发展潜力和品牌韧性。

作为全球乳企前十名中最年轻的乳企，蒙牛已经在全球完成了"基建式布局"，而在未来，蒙牛通过体育精神这一全球通用的文化认同，将凭借不断提升的"品牌力"，进一步打开全球各区域的市场空间，夯实梦想。

作为央企中粮旗下的民族乳企，蒙牛肩负"国家队"使命，是大国形象的具体践行。对于蒙牛而言，其与世界超一流赛事的交互，正从多个维度带领更多的中国企业，与世界共奏"发展交响乐"。蒙牛世界品质的树立，让全球更多的消费者更加信赖中国品牌。2020年，蒙牛开启"世界品质"战略，如今的蒙牛，即使对标全球最严的标准，也不落下风。对于快消行业而言，品质是企业的生命线。世界杯等全球超一流赛事与蒙牛的深度合作，让全球消费者对中国品质有了更深层次的心智依赖。

从"草原牛""中国牛"成长为"世界牛"，第四次携手世界杯，踏上品牌国际化新历程的蒙牛，将继续在世界舞台擦亮中国名片、贡献中国智慧、讲好中国故事，向全球公众传递健康、品质、营养的品牌理念。

二、制定国际营销公共关系策略的基本原则

对于如何开展国际营销公共关系，有关学者提出了一些见解，如：要选用和训练当地推销人员、熟悉目标国的风俗习惯等，要充分了解作为公共关系营销对象的消费者，了解他们的需要和习惯，将海外子公司交由当地人控制；随时按照子公司所在国的特点修改有关的政策措施；像对待本国同事一样平等地对待外国同事及一切有商务来往的人士。总之，企业在国际市场营销实践中需因地制宜、灵活应变。制定国际营销公共关系策略的基本原则主要有以下几个方面。

（1）服务性原则。开展企业公共关系的目的是使企业与公众相互了解与沟通，并且获得社会的认可。企业在追求自身利益的同时更要认识到服务社会和公众才是企业的根本。企业要提高参与社会活动的自觉性与主动性，增强社会责任感，真诚地服务社会，这对提高企业的知名度和经济效益是很有用的。

（2）诚信原则。诚信原则是公共关系营销原则的基本要求，也是决定公共关系营销活动成败的主要影响因素。企业的公共关系是否诚信主要体现在多个方面。例如，公共关系活动中的承诺是否能够兑现，企业对于公众和消费者的承诺是否真实等。真诚与信用共存，企业若失去真诚就没有了信用，企业为了持久发展必须以诚信为基础，树立良好的形象和声誉。

课堂讨论

安踏自2009年成为中国奥委会的合作伙伴之后，长期赞助奥运赛事。

2024年6月25日，安踏为巴黎奥运会中国体育代表团量身打造的龙鳞祥纹领奖服——"冠军龙服"正式亮相。据介绍，"冠军龙服"的设计传承了经典中式版型与留白主色调，并将"龙元素"与压花纹路、拼接、刺绣等工艺相结合。同时，这届领奖装备由环保再生纤维制造而成，是中国首套经权威机构认证的"碳中和"奥运领奖装备。随着"冠军龙服"的亮相，安踏再次向世界展示了不断求变、勇于突破的企业精神。

讨论：安踏采取了哪些国际市场促销策略？安踏此次促销策略是否成功？你对安踏的国际市场促销方案有什么建议？

本章小结

现代国际市场营销需要企业开展各种国际市场促销活动来提高企业的国际市场影响力、增

加市场份额、树立企业和品牌形象。国际市场促销策略主要可分为四类：国际市场广告策略、国际市场人员推销策略、国际市场营业推广策略和国际市场营销公共关系策略。

每种国际市场促销策略都有各自的优缺点，企业选择促销策略时应充分考虑多方面的因素，如产品生命周期、产品特性、消费者习惯、成本等因素。通常企业不会只选择单一策略，而会综合运用几种策略。企业制定促销策略时应结合市场、产品、成本等多方面的因素，谨慎选择促销范围、促销目标、促销时间、促销方法和促销预算等。企业也应及时对促销效果进行评估，并根据市场需求及时进行调整。

综合练习题

一、单项选择题

1. 企业在不同国家或地区的目标市场上，使用相同的主题广告宣传的策略是（　　　）。
   A. 标准化策略　　　B. 差异化策略　　　C. 拉引式策略　　　D. 推动式策略

2. （　　　）是指企业针对国际目标市场上一定时期的某项任务，为了达到某种目的而采取的短期的特殊推销方法和措施，它可以弥补广告促销和人员推销的不足。
   A. 国际市场广告　　　　　　　　B. 国际市场营业推广
   C. 国际市场人员推销　　　　　　D. 国际营销公共关系

3. （　　　）广告是指在产品进入成熟期时使用，主要目的是随时提醒消费者继续购买该企业产品的广告形式。
   A. 通知型　　　B. 劝说型　　　C. 提醒型　　　D. 公共关系

4. （　　　）公共关系是指企业利用举办社会性或公益性的活动来履行企业的社会责任。常用的方法有赞助各项文体赛事、参加公益活动、赞助社会福利事业和慈善事业、推动公共服务设施的建设等。
   A. 国际媒体　　　B. 征询型　　　C. 服务型　　　D. 社会活动型

5. （　　　）是指企业与零售商联合促销，将一些能显示企业优势和特征的产品在商场集中陈列，边展示边销售。
   A. 联合推广　　　B. 现场演示　　　C. 有奖销售　　　D. 包装促销

二、判断题

1. 开展企业公共关系的目的是使企业与公众相互了解与沟通，并且获得社会的认可。
   （　　　）

2. 征询型公共关系是指企业通过向消费者提供优质服务而获得公众的好评。（　　　）

3. 企业营业推广首先要考虑营业推广的规模。规模过小，不能提高消费者、中间商和推销人员的积极性，达不到推广效果。（　　　）

4. 标准化策略是指企业在不同国家和地区的目标市场上，使用不同主题的广告进行宣传的策略。（　　　）

5. 诚信原则是公共关系营销原则的基本要求，也是决定公共关系营销活动成败的主要影响因素。（　　　）

三、简答题

1. 国际市场广告发展呈现出什么趋势？

2. 国际市场广告策略有几种选择形式？

3. 如何培训国际市场推销人员？

4. 国际营销公共关系有几种类型？

5. 国际市场营业推广的方式有哪些？

四、案例分析题

小米海外促销再升级

据搜狐网 2022 年 2 月 22 日报道（品牌营销界）小米海外促销再升级，加码影像与互动，贯通科技与人文。在品牌中推动科技与人文艺术的深度融合，小米让全球用户真切感受到科技为生活带来的乐趣，得到了广大米粉的认可和热爱。

首先，小米在两次旗舰产品发布会期间都选择了点亮全球地标建筑，以此来定下在海外市场持续高端化的基调，彰显小米的实力和进入海外高端市场的信心。Xiaomi 11 发布之后，就在世界第一高楼迪拜哈利法塔、伦敦 BFI IMAX 和曼谷尚泰世界购物中心三处地标建筑上亮相。Xiaomi 11T 系列则是选择了迪拜之框无人机表演、马德里卡亚俄广场巨型 LED、曼谷 CTW、吉隆坡 Pavilion 裸眼 3D 大屏进行展示。其次，与点亮全球性地标建筑相对应，小米为海外市场的这两款旗舰机型选择了影音体验这个更契合高端化策略的营销主线，通过不断与电影质感进行强绑定，将小米旗舰机型在相机、影音等产品力整合起来，输出统一的品牌认知，持续占领用户心智。此外，在高端化这个势在必得的目标之外，拓展女性用户群体也是小米在海外市场上的重要尝试之一。通过 Xiaomi 11 Lite 5G NE 与市场模特可可·罗恰（Coco Rocha）的合作，小米将手机产品融入女性的时尚造型与风格塑造中，在海外女性用户中树立起时尚、精致的品牌印象。

在 2021 年 6 月，小米宣布成立了首个面向全球的手机电影工作室品牌 Xiaomi Studios，致力于探索手机影像内容的创作。随后举办的小米电影节更是吸引了奥斯卡获奖导演、关键意见领袖和众多米粉创作者共创电影内容。只需一部小米手机，不但能够让知名导演克里斯·奥弗顿拍摄出《领航者》（Leader）这样可以获得纽约国际电影奖等五项业内知名电影机构大奖的作品，还可以帮助法国的失聪音乐人、马德里的 3D 打印设计师、瑞典的柔术格斗家讲述自己的故事。

升维品牌调性之外，与全球范围内的"米粉"保持密切互动依然是小米"挺进深海"的重要依凭。2021 年小米结合 Redmi Note 10 系列产品发起的 TikTok 挑战赛就是这种理念下的一个经典案例。TikTok 挑战赛以"挑战"为关键词，将 Redmi Note 系列的挑战精神与新世代用户追求突破自我、乐于在社交媒体上与品牌互动交流的特质结合起来，在线上组织了一场覆盖 17 个国家的线上比赛。这场挑战赛成为小米 2021 线上米粉互动的标志性事件，总共触达了全球 6.2 亿新世代用户，创造了 963 万个用户生成内容（User Generated Content，UGC）作品，带来了 381 亿次的视频播放量。

小米以影音体验为主线强化产品高端体验，与电影艺术元素深度融合提升品牌质感，再利用 TikTok 挑战等创新形式与用户共创品牌的精神内核。小米借助具体营销手段的不断创新升级，在全球范围内不断升维构建小米高端、前沿、普惠的科技品牌形象。

问题：（1）小米在国际市场上采用了哪些促销策略？（2）这些促销策略对小米的国际品牌形象有何影响？

第十四章 国际市场营销计划、组织、控制

【学习目标】

掌握国际市场营销计划的制订过程和具体内容；了解国际市场营销组织结构的不同类型及其演变；了解国际市场营销组织的设计及影响因素；掌握国际市场营销控制的目标、类型及过程。

【引例】

字节跳动组织结构大调整

据网易新闻 2021 年 11 月 3 日消息，11 月 2 日，字节跳动发布内部信，宣布进行组织结构调整。这次组织结构调整的重点，大致总结有六点：第一，头条、西瓜、搜索、百科以及国内垂直服务业务并入抖音；第二，员工发展部门的技能与职业培训职能，转型为职业教育业务，并入大力教育板块；第三，飞书、EE、EA 合并成飞书业务板块；第四，火山引擎聚焦打造企业级技术服务云平台；第五，"朝夕光年"部门负责游戏研发与发行；第六，TikTok 负责 TikTok 平台业务，同时也支持海外电商等延伸业务的发展。

此次结构调整后，合并同类项之后的抖音，就是字节跳动的心脏。字节跳动未来几乎所有重要的核心资源，都会优先向抖音倾斜，字节内部原先 App 群雄逐鹿的时代，也将逐步结束。合并之后字节跳动高层的汇报线也有所调整。原先职位平级的负责人，将会成为上下级的关系。这样调整的好处是：优势集中，CEO 可以更加集中地发展业务，解决问题高层可以看到更大的能力发展空间；组织结构调整带来的核心负责人变化，也是给中高层轮岗、重新带人的机会。另外，这次调整涉及人才发展部，字节跳动把专业能力培养板块分离了出去，直接并入大力教育板块，形成一个大型中台。行业内认为头条的对手分为三个阶段：第一阶段是百度、第二阶段是腾讯、第三阶段是 Facebook，分别对应信息流产品、内容社交产品和国际化三阶段。这次的组织结构调整，非常明显就是对应着第二阶段和第三阶段。随着第一阶段的结束，字节跳动直接超越了百度，由老的 BAT 直接转变为新的 BAT，接下来字节跳动的野心，也将越来越大。

评析： 业务能力的背后，都是组织能力在支撑。几乎所有企业的组织结构调整目标都是希望高层能有权威，中层能有权力，基层能有活力。面对全球化经济、信息安全、多元文化、地缘政治等公共问题，企业应不断创新优化企业组织结构，以提升企业的国际市场竞争力。

第一节 国际市场营销计划

制订国际市场营销计划可以帮助企业明确营销方向，使各级营销人员明确自己的责任和目

标，充分调动各部门的积极性，确保营销计划的顺利开展。

一、国际市场营销计划概述

国际市场营销计划也称国际市场营销战略，是指企业根据资源供应和环境条件等因素确定一定时期的国际市场营销目标，以及为实现这些目标而安排的具体营销活动和控制措施。国际市场营销计划的任务是充分利用企业的现有资源，制定与国际环境相适应的营销方案，并对企业内部各部门进行统筹安排，从而使企业以最佳状态运营并获得更多利润，实现企业的经营目标。

1. 国际市场营销计划的类型

国际市场营销计划按不同的标准可以划分为不同的类型。

（1）按计划内容不同，可分为战略计划和战术计划。

（2）按期限长短不同，可分为长期计划、中期计划和短期计划。

（3）按时间周期不同，可分为年度计划、季度计划和月度计划。

（4）按项目范围不同，可分为综合计划和单项（专项）计划。

（5）按经营范围不同，可分为欧洲、美洲、非洲、亚洲等市场计划。

（6）按项目内容不同，可分为营销调研、产品开发、市场开拓、品牌发展、产品销售、顾客服务、渠道建设、广告、公关、营销人员培训和营销费用等计划。

2. 国际市场营销计划的特点

（1）语言和文化多样化。与国内市场营销计划相比较，国际市场营销计划涉及不同国家和地区，民族、语言和文化背景各不相同的消费群体和企业内部工作人员，因此国际市场营销计划内容要考虑人员的国际化和文化的多样性。

（2）货币多样性。不同的国际市场所采用的货币种类不同，且币值多变。在制订国际市场营销计划时，货币的多样性和币值的多变性会直接影响企业的营销预算和成本控制。

（3）环境复杂多变，不稳定。在国际市场中，政府干预和贸易保护主义等限制较多，市场规则复杂，不易掌握。并且一些国家受民族主义和排外情绪影响较大，市场环境不稳定。因此，企业制订国际市场营销计划时要充分考虑到政治方面的因素。

二、国际市场营销计划的制订过程

国际市场营销计划的制订通常包括国际市场营销战略和营销策略的制定等两个部分。在国际市场营销战略的制定中，企业需要确定营销战略目标、战略重点和实施步骤。而在企业营销策略的制定中，企业需要做好市场细分、目标市场的选择、产品定位和营销组合的确定。图 14.1 描述了企业开展国际市场营销时制订国际市场营销计划的步骤。

1. 国际市场环境分析

首先需要分析企业现状，调研目标市场环境。在制订国际市场营销计划时特别要注意东道国的政治、法律等限制因素的影响，分析目标市场的潜力大小、竞争程度、政治稳定状况等。

企业在制订国际市场营销计划时需要对市场环境做出全面分析，主要包括外部环境分析和内部环境分析。外部环境分析的目的是找出外部环境中存在的机会和威胁，通过对东道国宏观环境的分析，如对目标市场的政治、经济、法律和文化等因素的分析，确定目标市场的产业政策、行业环境、竞争对手的状态。内部环境分析的目的是确认企业自身的优势和劣势，分析企业基本经营状况、产品特色、与供应商的关系等，找出企业具备的优势和弱点。

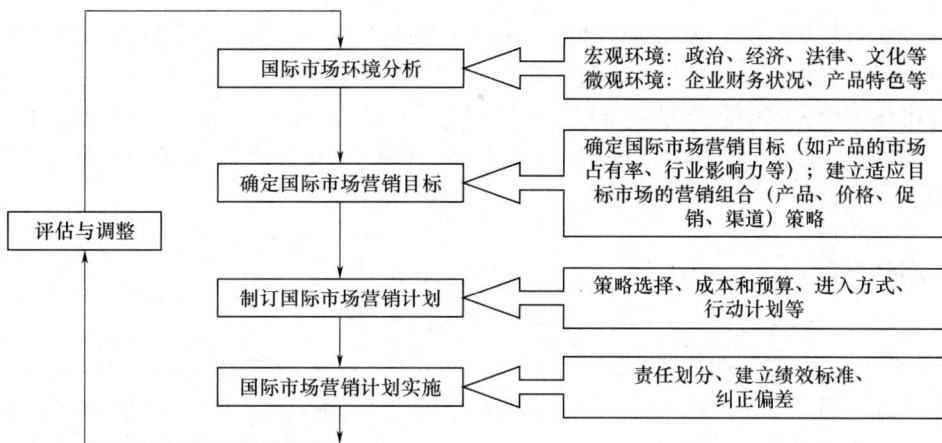

图 14.1 国际市场营销计划的制订过程

2. 确定国际市场营销目标

企业在分析了国际市场环境后，需结合自身特点，确定国际市场营销目标。企业需要结合自身特长，建立企业国际市场营销组合（产品、价格、促销、渠道）策略，使其适应目标市场，并与企业总体的营销目标相一致。

3. 制订国际市场营销计划

企业国际市场营销计划的制订主要包括确定企业的营销战略重点。企业的营销战略包括保持原有市场占有率、提升新市场进入能力、开辟未来市场、开发新产品、克服竞争威胁、调整产品结构、预测潜在的竞争对手和潜在机会、通过广泛征集意见和建议寻求市场机会等。通常，企业需根据已确定的国际市场营销目标，结合企业的优势，如品牌优势、成本优势、销售网络优势、技术优势及形象优势，来确定企业的营销战略重点，以及营销计划的成本和预算、企业的进入方式、行动计划等。

4. 国际市场营销计划实施

在制订国际市场营销计划后，企业还应该明确各部门的分工，以确保企业国际市场营销计划的具体实施。此时，计划过程并未结束。企业国际市场营销计划在实施过程中还需要协调和控制，这样才能有效地保证国际市场营销目标的实现。企业应该建立评价和绩效标准，随时掌握国际市场营销计划的执行情况，并及时根据市场变化调整营销活动，尽可能地纠正偏差。值得注意的是，计划过程实际上是一个动态的、连续的、各环境因素相互作用和影响的过程。

三、国际市场营销计划的内容

国际市场营销计划通常包括计划概要、现状分析、预期目标、营销策略、行动方案、成本预算、控制方法、远景规划等内容。

计划概要主要是对国际市场营销计划内容的简要陈述，便于执行人员掌握国际市场营销计划的重点。现状分析是分析企业目前的经营状况、资源条件、目标市场的营销环境，以及企业在目标市场上的市场地位等。预期目标包括企业在计划期内所要达到的总体目标以及各项具体指标。比如产品市场占有率、品牌知名度、销售利润以及预期收益率等。

营销策略指企业为达到预期营销目标可能采取的策略，比如市场定位策略、产品策略、定价策略、渠道策略、促销策略等。行动方案包括确定具体的职能分工、营销人员的组成、行动的时间与地点以及行动的方法等。成本预算是指企业核算执行整个营销方案所需的费用。控制方法包括确定计划执行的监督与控制手段、奖惩方法以及应变措施等。远景规划包括制订企业的长期营销战略计划，拟定公司的发展战略。

国际市场营销计划的制订是一个复杂的过程，企业需要搜集、分析、处理大量的信息。不同行业、规模、业务范围的国际市场营销计划制订的程序也各不相同。企业应该结合自身特点，从实际出发，制订有利于企业长期发展的国际市场营销计划。

📖 视野拓展

国际市场营销环境发生变化

德勤发布的《2023 年全球营销趋势》报告聚焦四大主题：财务不确定性、可持续性、创造力和热门技术趋势。该报告揭示了国际市场营销环境发生变化，营销人员在制定国际市场营销计划时应考虑：①数字技术、平台、新兴市场和客户个性化服务；②在内部营销实践中提升可持续性并做出长期承诺；③发起全员共创，激发更大创造力；④考虑构筑元宇宙或区块链应用基础。

报告显示，经济不稳定和通货膨胀依旧是 2023 年最为关注的问题。然而，相对于对冲风险和削减成本，企业倾向于做足准备，提高组织能力，通过投资应对不稳定性和不确定性，从而在变幻莫测的经济形势下保持弹复性。面对市场环境新变化，建议企业加速向新数字技术或平台（元宇宙、人工智能、社交平台、增强现实和数字货币）迁移；拓展新的市场、细分市场或地区；实施系统或算法，增强客户个性化体验。企业应优先考虑提高内部营销实践的可持续性；推广更具可持续性的产品和服务；建立长期可持续性承诺。由于部分企业高管层创意领导力衰退，首席营销官及营销人才的创意能力下降，企业之间的创造力差距逐渐加大。研究表明，与负增长品牌相比，高增长品牌（年收入增长 10%或以上的品牌）更可能具备让创造力蓬勃发展的思维和流程。企业在国际市场营销计划制定中应考虑：①重新定义创造力可以提供什么；②发动全员参与；③鼓励另辟蹊径。另外，营销人员应关注前沿技术：新技术已成为营销人员关注的主要趋势，营销人员需要慎重决定投资先进营销实践的方式和时机。

第二节　国际市场营销组织

一、国际市场营销组织结构的演变

国际市场营销组织结构是指企业根据其国际营销战略和营销计划及其所处的国际营销环境而建立的内部职能结构及管理规范等。随着企业国际化的深入，企业的组织结构也会随之发生演变。这一过程大致可以分为四个阶段。第一阶段，间接的产品进出口阶段；第二阶段，直接的产品进出口阶段；第三阶段，企业在海外设立分公司或代理机构阶段；第四阶段，全球范围内的跨国经营阶段。这一过程伴随着企业经营战略和营销组织结构的不断调整和发展。

1. 出口部

企业在跨国经营的最初阶段，国际市场营销活动相对较少，尚处试探性阶段，通常企业会采取委托出口业务的方式，即委托专业的外贸中间商作为企业海外市场的销售代表。随着出口业务的增加，企业对国际市场更为重视，便会将出口业务从国内销售业务中独立出来，成立专门的机构（如出口部或国际营销部等）专门处理国际市场业务。此时，出口部或国际营销部将成为与其他职能部门平行的独立机构，其组织结构如图 14.2 所示。

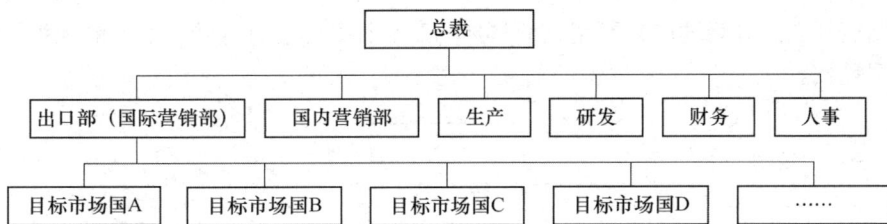

图 14.2　出口部的组织结构

2. 国际事业部

如果企业是事业部体制组织形式，出口部将作为独立的一个事业部与其他事业部具有同等的地位。在这种结构下，企业通常把经营活动分为国内事业部和国际事业部。国际事业部负责企业的国外业务活动，通常由独立的财务、研发、生产、人事等部门组成，由国际事业部经理负责，组织结构如图 14.3 所示。

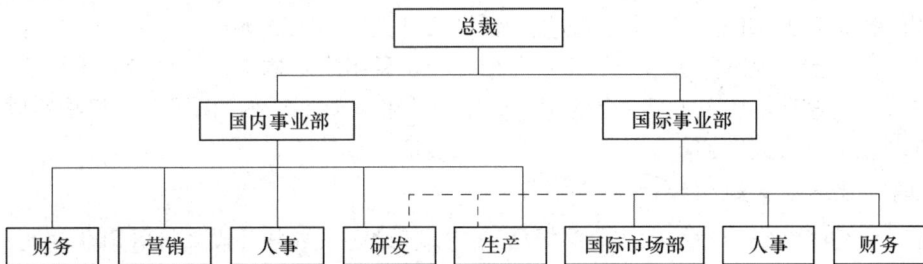

图 14.3　国际事业部的组织结构

有的国际事业部只负责集中国外的业务管理权。企业为实现规模经济，把生产、研发等职能统一划归国内事业部管理。这就需要国内事业部与国际事业部建立良好的沟通与协调机制，以保证企业经营效益的最大化。

3. 独立的海外子公司

当企业进入海外直接投资或生产的阶段时，为规避贸易壁垒、减少运输及仓储成本等，企业通常会在海外成立子公司。这些海外子公司通常具有较大的自主经营权，可以根据自身需求自主地开展经营活动。母公司通常不设置专门管控子公司的机构，一般只在财务部门或总经理室设置专门的管理人员，这种组织结构形式又称为"母子结构"。子公司和母公司的关系仅局限于一般的业务联系和利润的汇回。在现代国际市场经营活动中，世界各国对母公司、子公司概念的法律规定和解释各不相同。但大多都要求母公司需持有子公司一半以上的股份，且能对子公司实行实际的控制。

子公司与分公司不同，分公司既没有独立的法人地位，也不具备法人资格，分公司的财产全部属于总公司，人事制度、业务执行、资金使用等都受控于总公司。而子公司则是完全独立的法人，母公司对子公司的经营活动不能直接进行指挥，子公司拥有自己独立的资产，自主经营、自负盈亏、独立核算，其经营活动所产生的一切法律责任需自行承担。

4. 国际市场产品组织结构

国际市场产品组织结构是指企业以经营的产品类别为分类基础，把特征相同或相似的产品组合在一起设置为一个部门，负责某类产品在全球范围内的开发、生产、营销等全部经营活动，如图 14.4 所示。国际市场产品组织结构一般适用于规模较大、产品系列差异较大的企业。企业总体的战略规划由最高管理层来制定，而具体的产品计划的制订或经营活动的组织则由各个产品事业部来负责。

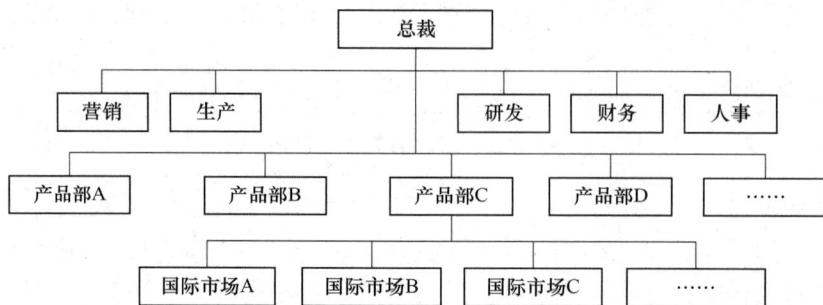

图 14.4　国际市场产品组织结构

国际市场产品组织结构实现了产品的专业化，每个产品事业部都具有较高的独立性，拥有完整的职能机构，各部门主管对产品的生产营销活动拥有自主决策权。一种产品的营销、生产和财务等可以在全球范围内进行资源整合。但由于这种组织结构实行的是专业化管理，容易产生本位主义，资源难以共享，产品事业部之间协调的难度大。此外，由于职能机构的重复设置，企业的管理成本也大大增加。

5. 国际市场地区组织结构

国际市场地区组织结构是指按照经营活动的所在地区来划分并设立地区事业部的，主要经营责任由地区总裁负责。每个地区事业部都具有较高的独立性，负责该区域内所有产品的生产、经营和管理等活动，国际市场地区组织结构如图 14.5 所示。总部及其各职能部门负责设计和控制企业全球发展战略，地区业务部门负责控制和协调该地区的所有职能部门。

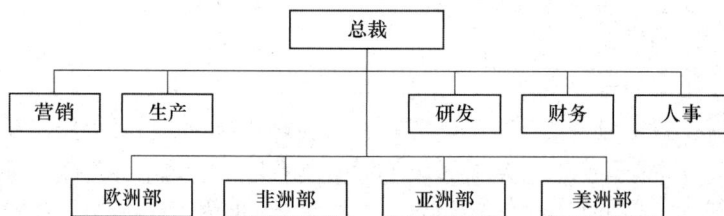

图 14.5　国际市场地区组织结构

国际市场地区组织结构有利于企业区域资源的共享，有利于产品销售和生产的协调发展，能较好地发挥集权和分权各自的优势，企业组织结构较为灵活。但这种结构会增加对具有国际经营经验和高度综合能力的高管人才的需求。另外，由于没有特定产品经营活动的专业负责人，企业的产品管理容易出现混乱。

6. 国际市场矩阵式组织结构

国际市场矩阵式组织结构是把职能、产品、地区等基本组织形式要素中的两个要素结合在一起，构成的一个二元矩阵式组织结构，或以两个以上要素作为划分部门、设置机构的基准，从而形成一个立体式控制的组织结构，如图 14.6 所示。

矩阵式组织结构解决了企业快速做出市场反应和企业规模过大之间的矛盾，加强了企业内部人员的协作，以及企业对各个区域的经营活动的计划和控制，有利于提高企业的整体效率。但这种组织结构较为复杂，很多基层部门受多个部门的领导管理，容易造成管理混乱。

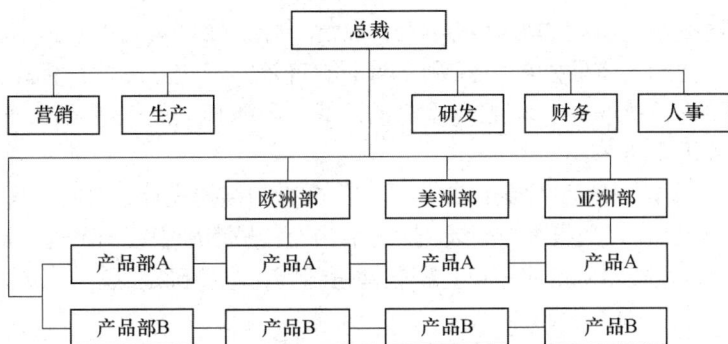

图 14.6　国际市场矩阵式组织结构

7.　全球型组织结构

全球型组织结构是指企业不再区分国内业务和国外业务,而把整个世界市场视为一个统一的大市场,对设立在世界各地的分公司与子公司的营销活动进行统一管理的一种组织结构形式。全球型组织结构有利于企业优化全球范围内的资源配置。全球型组织结构可分为全球产品型组织结构、全球地区型组织结构、全球职能型组织结构和全球混合型组织结构。

📖 视野拓展

阿里巴巴集团业务组织结构全面扁平化

据界面新闻 2023 年 3 月 28 日消息,本日,阿里巴巴集团董事会主席兼首席执行官张勇发布内部全员信,宣布启动"1+6+N"组织变革:在阿里巴巴集团之下,设立阿里云智能、淘宝天猫商业、本地生活、国际数字商业、菜鸟、大文娱等六大业务集团和多家业务公司,并分别建立各业务集团和业务公司的董事会,实行各业务集团和业务公司董事会领导下的 CEO 负责制。

在"1+6+N"新结构中,"1"是指阿里巴巴集团将从过去对旗下业务人、财、事全面管理的统管模式,全面转向控股模式,以股东身份参与旗下各业务集团、业务公司董事会,行使股东权利、履行股东义务,确保遵从上市公司的各项合规要求。"6"是指阿里云智能、淘宝天猫商业、本地生活、菜鸟、国际数字商业、大文娱这 6 家业务集团,阿里云智能、淘宝天猫商业是阿里全资控股,国际数字商业、菜鸟、大文娱中的不少业务已引入外部资本。"N"是指其他单列的业务公司,包括盒马、银泰商业等,以及阿里巴巴集团未来可能新创设或投资的公司。各业务集团、业务公司都将分别建立董事会,实行董事会领导下的 CEO 负责制,这意味着它们将跳出集团统管直接参与市场竞争,形成更加独立的发展战略;也意味着相互之间的合作将更加市场化,有利于合理定价、降本增效。此次改革意味着阿里巴巴集团的身份从管理者变成了股东,业务决策权将下放到前线各业务公司。

在这种组织结构下,前线公司的决策链条和响应速度会显著提高,大集团内部扯皮的问题也会有所缓解。同时,各业务公司和管理者也会从自身收入/利润的角度进行决策和经营,避免非核心业务部门作为支撑核心业务的"费用部门",要全部转型成"利润部门",有利于企业提升国内和国际市场竞争力。

二、国际市场营销组织设计

国际市场营销组织的设计包括职能设计、结构设计、职权设计、管理规范设计等四方面的内容。企业要根据其所处不同发展阶段进行有目的、有计划的设计。

（1）职能设计。职能设计包括国际市场营销组织的基本职能设计、关键职能设计和职能分解。基本职能要根据企业所处的宏微观环境、经营目标、战略规划等具体情况设计。关键职能设计指企业在确立的基本职能中，找到一两个能有效实现企业经营目标和营销战略的基本职能，并把它确立为关键职能。职能分解就是将基本职能和关键职能按不同方法进一步细化为二级职能或更多级职能。

（2）结构设计。国际市场营销组织结构设计包括纵向结构设计、横向结构设计和部门结构设计。纵向结构设计指确立企业管理层级。横向结构设计是指确立每一个管理层次的管理幅度。部门结构设计是指企业既要确定应该设立哪些营销部门，也要确定这些部门的相互关系，把企业各部门有机地联系在一起。

（3）职权设计。国际市场营销组织职权设计是指企业需要确立各部门的具体职权及职权关系。国际市场营销组织职权设计必须根据企业总体营销目标和战略来确立，其形式各异。常见的职权设计有集权与分权设计、职权的纵向结构设计、职权的横向结构设计、职权的分立与链接设计等。

（4）管理规范设计。国际市场营销组织的管理规范是企业在国际市场营销管理中的各种制度、条例、章程、标准、办法、守则等的集合。企业通过文字形式规定管理活动的内容、程序、方法与目标等，形成企业管理人员的行为规范和准则。

三、影响国际市场营销组织的因素

企业在设计国际市场营销组织时需要综合考虑以下各种影响因素。

（1）国际业务规模。在开展国际业务初期，企业营销重点尚在国内市场，企业国际业务规模很小，此时可能较适合采用职能型结构。随着企业国际业务规模的扩大，企业可以逐步考虑采用地区型结构、产品型结构或矩阵型结构。

（2）产品属性。产品属性包括产品复杂程度，产品的生产、营销技术特性差异的程度等。产品大类的生产和市场差异较大、市场的地区分布较集中、产品技术要求高的可采用产品型结构；企业的产品大类较少、市场分布广泛的可考虑采用地区型结构；企业的产品比较单一，市场也比较集中的可采用职能型结构。

（3）环境差异程度。企业同一种产品在不同地区所处的宏观环境的差异程度也会影响企业的组织设计。如果企业面对的各地区宏观环境存在较大差异，则适合选用以地区型为主的分权式组织结构，而不宜对各国市场的营销活动进行集权管理。如果企业经营产品种类较多，而且市场差异化程度也高，则适宜采用矩阵型结构。

企业的远期战略和地理位置等因素也会影响企业国际市场营销的组织结构。企业产品进入国际市场的模式、企业从事国际营销的目标、进入国际市场的深度等因素也会影响企业的组织结构。比如，进入国际市场初期，企业的营销重点仍在国内，此时企业可先选择出口部组织结构。当国际业务扩大到一定规模时，企业应成立独立核算的国际事业部，或选择母子公司的组织结构。当产品种类比较单一时，地区属性就显得极为重要。如果企业的产品种类较多，为了既能保持多种类的经营特色，又能适应各地区的不同环境，企业可选择矩阵式组织结构。

第三节　国际市场营销控制

国际市场营销控制是指企业按国际市场营销计划所决定的标准来监督和评估国际市场营销

战略实施的过程，并纠正其实施过程中的偏差，最终确保企业国际市场营销目标的实现。

一、国际市场营销控制的目标

国际市场营销控制的目标是指对企业执行决策实施控制所要达到的具体目标，它就是要促使组织运行结果与决策目标保持最大限度的一致性。控制目标比企业的计划目标内容更具体，可操作性更强，要细化到企业各个部门的具体目标。

企业通常要对自身的产出和行为进行控制。产出控制是指对组织的各种产出指标进行控制，产出指标包括利润、市场份额、各种生产数据、各种销售数据等。行为控制是指对组织的行为进行调整和规范，主要有两种方式：一种是企业根据国际市场营销目标制定和执行各种政策和规范，使企业行为与企业目标保持一致；另一种是企业采取奖惩等一系列措施，纠正企业行为中的偏差，使组织行为与组织目标保持一致。企业在进入国际市场之前，企业管理者必须明确其国际市场营销活动的长期控制目标。

二、国际市场营销控制的类型

国际市场营销控制主要可划分为战略控制、年度营销计划控制、赢利能力控制、效率控制和营销组合控制等五种类型。

1. 战略控制

战略控制指企业在完成一个时期的营销战略后，需要对市场战略的总体方针进行重新评价，以及时应对国际市场的变化。其中，营销审计是一种重要的战略控制的手段。国际市场营销审计有两种基本形式，一种是独立的营销审计，另一种是内部审计。独立营销审计是由企业以外的专门机构来审计，其优点是具有客观性，但审计人员可能缺乏对企业的了解。内部审计是由内部专业人员执行，对企业比较了解，但缺乏客观性。所以企业可以利用两种类型互补的特点，综合使用，以提高审计的客观性和专业性。

2. 年度营销计划控制

年度营销计划控制主要是检查企业实现的销售额、利润和其他目标是否达到了年度营销计划的要求，并在必要时采取调整和修正措施。管理者可采用四种分析方法来衡量年度营销计划的执行绩效，即销售分析、市场份额分析、营销费用分析、顾客满意度追踪，具体内容如表 14.1 所示。

表 14.1　年度营销计划执行绩效的四种分析方法

分析方法	分析内容	分析工具
销售分析	衡量销售目标 评价实际销售情况	销售差异分析：衡量销售目标执行中形成缺口的不同要素所起的相应作用 微观销售分析：分析产品、销售地区及其他相关方面未能完成预定计划的原因
市场份额分析	市场占有率	全部市场占有率分析：企业的销售额（量）占行业销售额（量）的百分比 目标市场占有率分析：企业的销售额（量）占其目标市场总销售额（量）的百分比 相对市场占有率分析：企业的销售额（量）占几个最大竞争者的销售额（量）的百分比
营销费用分析	营销费用与销售额的比率	人力推销费用率、广告费用率、销售促进费用率、市场营销调研费用率和销售管理费用率等
顾客满意度追踪	顾客感受、反应等顾客反馈信息	顾客绩效评分卡 利益相关者绩效评分卡

企业在进行年度营销计划控制时，可综合使用上述四种方法。年度营销计划控制的目的在

于检查年度营销计划目标是否实现，并找到需要调整和改进的内容，不断完善企业营销计划并提升计划执行的效率。

3. 赢利能力控制

赢利能力指标包括资产收益率、销售利润率、净资产报酬率等。企业要取得较高的赢利水平和较好的经济效益，一定要对促销费用、折旧费用、运输费用、仓储费用、直接推销费用和其他营销费用，以及人工费、生产产品的材料费用和制造费用进行有效控制，全面降低支出水平。

赢利能力控制是指通过对产品种类、区域市场、顾客群、渠道等赢利状况的分析和控制，帮助企业制定营销重点和策略，选择合适的营销方式和方法。赢利能力控制主要包括四个步骤。第一，确定职能性费用，即每项活动需要的具体费用，如广告费用、物流费用、人员工资等。第二，将职能性费用分配给各个营销实体，衡量每一个渠道的销售所产生的功能性支出。第三，为每个营销实体制定一张损益表。第四，决定最佳改进策略。其实，赢利能力控制使用得更多的方法是财务分析法，企业可以聘用专业的会计人员核算企业的支出和收益，以确定哪些项目是赢利的。

4. 效率控制

效率控制是指企业对销售人员、广告、促销和分销等方面的工作绩效进行评估，从中找出提高营销实体活动效率的途径。效率控制主要可以从销售人员效率、广告效率、促销效率和分销效率四个方面进行。

（1）销售人员效率。销售经理可通过以下指标考核销售队伍的工作效率：销售人员每天拜访客户的次数、每次访问的时间和成本、每次访问的收益、新增客户和流失客户的数量等。

（2）广告效率。企业需要统计以下数据以提高广告效率：所花费的广告成本、消费者对广告内容和效果的评价、广告推出前后消费者态度的变化及由广告引起的咨询次数的变化。

（3）促销效率。企业应该评估促销活动的成本及其对销售的影响。为了提高促销效率，企业应注意统计促销活动中优惠销售所占的百分比、每一单位销售额中所包含的陈列成本、赠券回收率、因示范引起的咨询次数变化。

（4）分销效率。主要是对分销渠道的成本、收益进行分析并提出改进措施，以提高分销的效率。

📖 视野拓展

海尔的"OEC"营销控制模式

OEC 管理法，即全面质量管理法，其中"OEC"是英文"Overall Every Control and Clear"的缩写。"OEC"中的 O 为 Overall（全方位）；E 为 Everyone（每人）、Everyday（每天）、Everything（每件事）；C 为 Control（控制）、Clear（清理）。OEC 管理法也可理解为"日事日毕，日清日高"，即每天的工作要每天完成，每天的工作要清理并每天要有所提高。

"斜坡球体定律"道出了企业发展的一般规律。"斜坡球体定律"公式为：$A=(F_{动}-F_{阻})/M$，即企业发展的加速度与企业发展动力之和与阻力之和的差值成正比，与企业的规模成反比。

A 代表企业发展的加速度。

$F_{动}$ 代表企业发展的动力之和（$F_{动1}+F_{动2}+F_{动3}$）。企业发展的动力有三个：①基础管理的支撑力；②优质产品、优质服务、科技发展的提升力；③创造国际名牌、提高市场占有率的推动力。

$F_{阻}$ 代表影响企业发展的阻力之和（$F_{阻1}+F_{阻2}$）。海尔常谈到的阻力有两个：①来自企业内部自身惰性的下滑力；②来自企业外部竞争对手的压力。

M 代表企业的规模。

海尔认为，"日事日毕"可解决基础管理的问题，使 $F_{动1}>F_{阻1}$；"日清日高"可解决速度的问题，使 $F_{动2}+F_{动3}>F_{阻2}$。

5. 营销组合控制

营销组合控制通常会用到以下几种方法。

（1）价格控制。价格会影响企业的国际市场竞争力和企业的利润。因此企业应对自己产品在各地的价格进行合理控制。总公司管理部门可以规定一个价格范围，留给分公司一定的定价权利和弹性。价格控制包括确定合理的价格波动范围，用价格控制各子公司和中间商的过度竞争，利用价格转移的方法提高整体利润等。

（2）产品控制。国际市场营销中的产品控制主要是对产品质量和品牌形象的控制。企业需要考虑产品生命周期及所处市场的特点，及时对品牌质量和产品形象进行合理的调整和管理。另外，产品控制需要与企业总体战略及其他营销控制保持一致。

（3）促销控制。国际市场营销需要对广告宣传等促销活动进行有效的控制。国际市场营销企业在各个市场的广告促销活动都应与企业的总体目标保持一致。各地区市场上的人员营销工作可以完全由总公司管理，但是国际市场营销部门应当定期考察和评估各个国外市场人员工作的状态，以便及时进行调整，提高整体效率。

（4）渠道控制。销售渠道结构是否合理，渠道成本及其效率的高低都会直接影响国际市场营销的总体表现。渠道控制主要包括对国外独立的中间商实施控制和对国外重要的中间商和子公司进行控制。对国外独立中间商的控制可以通过设置专门监督管理机构来达到目的，对国外重要中间商的控制可以采取签订合同、控制经销区域等方式来达到目的。

三、国际市场营销控制的过程

国际市场营销控制过程包括确定控制目标、选择控制方法、设置控制标准、明确职责、建立反馈系统、评估结果、纠正偏差等七个方面的内容。企业要执行有效的国际市场营销控制，必须制定具体且可操作的目标。企业的控制目标应转化为具体指标，如提高市场占有率、增加销售额或利润、提高产品知名度、拓展分销渠道等。目标明确以后，企业应及时通知各分支机构，确保各分支机构的目标与企业总体目标一致。

企业在确定控制目标后需要确立有效的协调和控制方法，有两种基本控制方法可供企业选择：直接控制和间接控制。直接控制包括与海外营销机构签订合同（限额或颁发许可证），或以股东身份参与管理。间接控制则是指企业总部制定各种指令性或指导性计划指标，建立一整套完善的规章制度和政策，通过各种机制干预调节下属机构的经营活动。如投入或撤回部分资金、制定并实施各项政策、组织企业竞赛等。间接控制相对灵活，但过度依赖相互沟通或者让竞争自主发挥作用。

企业设置的控制衡量标准必须与企业目标保持一致。衡量标准一般包括利润、销售额、销售渠道的建立、开拓国外市场的进程等。确定国际市场营销的控制衡量标准时要数量明确，等级范围清晰。企业既要充分考虑当地政府的税收、价格、金融等方面的政策，也要确保企业的整体目标和策略的实现。制定标准后要明确各部门及主要负责人的责任和目标，并且建立信息反馈系统。信息反馈系统需要搜集并反馈市场信息，如业务发展情况、经营情况、客户意见和竞争者情况，同时可以帮助企业及时掌握市场动态，提高工作效率。

另外，企业还需对营销控制过程进行监督和评估，并结合实际情况分析偏差原因。经营业绩偏离计划目标的原因可能是市场发生变化、竞争力量发生变化或者企业本身的失误，比如，营销目标定得过高、控制标准选择不当或者目标市场环境发生变化而营销计划未能及时进行修正。国际市场营销控制是一个动态过程，企业需要根据市场变化不断进行调整，使企业在国际市场竞争中保持较高的工作效率和长久的优势。

课堂讨论

沃尔沃公司于2015年采取地区组织结构，将全球市场划分为美洲、欧洲中东与非洲（EMEA）、亚洲三大区域，每个区域由一名高级副总裁负责管理，同时宣布任命公司的首席信息官为高级副总裁。这种结构便于沃尔沃提高生产和配送效率。其雇员按照区域性目标来分派，强调区域内的协调，而不是跨地区协调。

讨论：沃尔沃公司的地区组织结构有什么优点？其地区组织结构的缺点又是什么？沃尔沃公司的组织结构还可以如何改进？

本章小结

国际市场营销计划是指企业根据资源供应和环境条件等因素，确定一定时期的国际市场营销目标，以及为实现这些目标而安排的具体营销活动和控制措施。国际市场营销计划包括国际市场环境分析、确定国际市场营销目标、制订国际市场营销计划和国际市场营销计划实施等四个步骤。国际市场营销计划通常包括计划概要、现状分析、预期目标、营销策略、行动方案、成本预算、控制方法、远景规划等内容。

国际市场营销组织结构是指企业根据其国际营销战略和营销计划及其所处的国际营销环境而建立的内部职能结构及管理规范等。常见的国际市场营销组织结构有出口部、国际事业部、独立的海外子公司、国际市场产品组织结构、国际市场地区组织结构、国际市场矩阵式组织结构和全球型组织结构。国际市场营销组织的设计包括职能设计、结构设计、职权设计、管理规范设计等四个方面。企业要根据自身所处不同发展阶段进行有目的、有计划的设计。

国际市场营销控制是指企业按其国际市场营销计划所确定的标准来监督和评估国际市场营销计划实施的过程，并纠正其实施过程中的偏差，最终确保企业国际市场营销目标的实现。国际市场营销控制主要可分为战略控制、年度营销计划控制、赢利能力控制、效率控制和营销组合控制等五种类型。国际市场营销控制过程包括确定控制目标、选择控制方法、设置控制标准、明确职责、建立反馈系统、评估结果、纠正偏差等七个方面的内容。国际市场营销控制是一个动态的过程，企业需要根据市场变化不断进行调整，使企业在国际市场竞争中保持较高的工作效率和长久的优势。

综合练习题

一、单项选择题

1. （ ）是指企业以经营的产品类别为分类基础，把市场特征相同或相似的产品组合在一起设置为一个部门，分别负责某类产品在全球范围内的开发、生产、营销等全部经营活动。

    A. 国际市场产品组织结构   B. 国际市场地区组织结构

    C. 全球型组织结构   D. 国际市场矩阵式组织结构

2. （ ）指企业在完成一个时期的营销战略后，需要对市场战略的总体方针进行重新评价，以及时应对国际市场的变化。

    A. 营销组合控制   B. 战略控制

    C. 赢利能力控制   D. 效率控制

3. （ ）是指企业根据其国际营销战略和营销计划及其所处国际营销环境而建立的内部职能结构及管理规范等。

    A. 国际市场营销执行   B. 国际市场营销计划

    C. 国际市场营销组织结构   D. 国际市场营销控制

4. （ ）是指企业对销售人员、广告、促销和分销等方面的工作绩效进行评估，从中找出提高营销实体活动效率的途径。

    A. 营销组合控制   B. 战略控制

    C. 赢利能力控制   D. 效率控制

5. （ ）包括国际市场营销组织的基本职能设计、关键职能设计和职能分解。

    A. 职能设计   B. 结构设计

    C. 职权设计   D. 管理规范设计

二、判断题

1. 企业设置的控制衡量标准必须与企业目标保持一致。 （ ）

2. 年度营销计划控制主要是检查企业实现的销售额、利润和其他目标是否达到了年度营销计划的要求，并在必要时采取调整和修正措施。 （ ）

3. 横向结构设计指确立企业管理层级，纵向结构设计是指确立每一个管理层次的管理幅度。 （ ）

4. 国际市场营销计划按计划内容不同，可分为综合计划和单项（专项）计划。 （ ）

5. 产品属性包括产品复杂程度，产品的生产、营销技术特性差异的程度等。 （ ）

三、简答题

1. 国际市场营销计划的制订过程包括哪些步骤？

2. 什么是国际市场地区组织结构？它有哪些优缺点？

3. 跨国企业在设计国际市场营销组织结构时，应综合考虑哪些因素？

4. 跨国企业可以从哪些方面提高效率控制能力？

5. 营销组合控制通常会用到哪几种方法？

四、案例分析题

IBM的矩阵式组织结构

矩阵式组织的定义："在一个机构之内机能式组织形态下，为完成某种特别任务，成立专门的小组，此专门小组与原组织配合，在形态上呈行列交叉之式。"在组织结构上，矩阵式组织可以将企业中各个办事处更有效地结为一体，矩阵式组织结构可以放宽对各个职能部门经理间的限制，以达到职能部门经理间更好地就资源进行全面沟通的效果。20世纪90年代初，IBM大胆引进"矩阵式组织结构"之后，逐渐出现了类似"多重领导"的局面，而且一度给员工带来不小的麻烦。新进入IBM的员工需要花很长时间来寻找自己的领导，弄清楚自己的年终总结需要通过哪些人的审核，经过多少道程序才可以得出结论。正当人们质疑这种现象的时候，IBM却已经用矩阵式组织结构给它带来的好处说明了一切。

多重领导所带来的麻烦只是IBM矩阵式组织结构的一个侧面而已，IBM从矩阵式组织结构中获得了更多的利益。而其中最为直接的效果就是大大削减了人力成本。在这种组织结构中，多重领导是指每一个员工都肩负着几个不同的职责，这样也就意味着每一个员工都可以做更多的工作。

多个领导审核可以最大限度地减少决策失误。即使是解决一个小客户的投诉电话，IBM通常也需要调动两三个部门的五六个员工，这样可以保证决策的正确性。矩阵式结构给IBM带来的另一个管理上的好处就是，它让每一个IBM员工都明白自己属于IBM而不是属于某一个区域总经理，这个区域总经理不再是唯一的领导，这样就弱化了区域总经理的权力而强化了公司整体的决策权和统一调配权。事实证明，现在的IBM总裁可以直接通过全球统一的信息交流平台将信件发送给每一个员工，再也不会出现相关信件被区域总经理拦截的现象。

矩阵式组织结构多重领导的弊病给IBM员工带来的麻烦也是必须解决的。曾任IBM全球首席信息官（CIO）的罗伯特·格林伯格（Robert Greenberg）给IBM（中国）带来的"随需应变的工作场所"，也许就可以解决由复杂的矩阵式组织结构给IBM员工带来的多重领导的困惑。罗伯特·格林伯格和他的团队为IBM全球的每一个员工制作了一张电子名片，上面包括员工的所有信息，如联系方式、工作部门、以往经历和专长。这些电子名片被存储在IBM全球共享的数据库中，它可以帮助IBM员工在24小时内找到需要找的人，无论他在地球上的哪个角落。这项工作给IBM带来的最有意义的一项改革就是员工可以通过内部的交流系统直接进行部分文件批复，这也是IBM针对多重领导这种现象做出的调整。

问题：（1）IBM采用的是哪种类型的组织结构？（2）IBM组织结构的优点与存在的问题是什么？

主要参考文献

[1] 陈秀梅，吴含，陈江琳，等，2024. 国际市场营销（双语版）. 2版. 北京：人民邮电出版社.

[2] 崔新健，2020. 国际市场营销. 3版. 北京：高等教育出版社.

[3] 丁凯，黄剑，胡玫，2024. 国际市场营销. 北京：中国人民大学出版社.

[4] 甘碧群，曾伏娥，2021. 国际市场营销学. 4版. 北京：高等教育出版社.

[5] 甘胜军，肖祥鸿，2016. 国际市场营销学教程. 广州：中山大学出版社.

[6] 黎友隆，2012. 网络营销. 北京：中国言实出版社.

[7] 李健，2011. 国际市场营销：理论与实务. 3版. 大连：东北财经大学出版社.

[8] 李威，王大超，2020.国际市场营销学. 4版.北京：机械工业出版社.

[9] 李永平，2010. 国际市场营销管理. 2版. 北京：中国人民大学出版社.

[10] 刘宝成，2013. 国际市场营销. 北京：机械工业出版社.

[11] 罗友花，2014. 国际市场营销. 北京：中国财政经济出版社.

[12] 马清梅，2008. 市场营销理论与实务. 北京：清华大学出版社.

[13] 倪自银，2013. 新编市场营销学. 2版. 北京：电子工业出版社.

[14] 王莉，苏盟，林建，2017. 国际市场营销. 北京：清华大学出版社.

[15] 王晓东，2024. 国际市场营销. 6版. 北京：中国人民大学出版社.

[16] 徐小贞，程达军，彭朝林，2017. 国际市场营销. 2版. 北京：高等教育出版社.

[17] 闫国庆，2021. 国际市场营销学. 4版. 北京：清华大学出版社.

[18] 余新华，2018. 国际市场营销. 广州：广东高等教育出版社.

[19] 袁晓玲，2018. 国际市场营销学. 西安：西安交通大学出版社.

[20] 张佰英，王庆，2014. 国际市场营销. 大连：辽宁师范大学出版社.

[21] 张洁梅，2021. 市场营销学. 2版. 北京：高等教育出版社.

[22] 张新生，吴侨玲，2023.国际市场营销：理论与案例分析.北京：北京大学出版社.

[23] 周洲，2012. 国际市场营销. 重庆：重庆大学出版社.

[24] 朱金生，张梅霞，2019. 国际市场营销学. 2版. 南京：南京大学出版社.

[25] 朱雪芹，丁华，李冰，2023. 国际市场营销学. 2版.北京：机械工业出版社.

更新勘误表和配套资料索取示意图

说明 1：本书配套教学资料存于人邮教育社区（www.ryjiaoyu.com），资料下载有教师身份、权限限制（身份、权限需网站后台审批，参见示意图）。

说明 2："用书教师"，是指为学生订购本书的授课教师。

说明 3：本书配套教学资料将不定期更新、完善，新资料会随时上传至人邮教育社区本书相应的页面内。

说明 4：扫描二维码可查看本书现有"更新勘误记录表""意见建议记录表"。如发现本书或配套资料中有需要更新、完善之处，望及时反馈，我们将尽快处理！

咨询邮箱：13051901888@163.com。

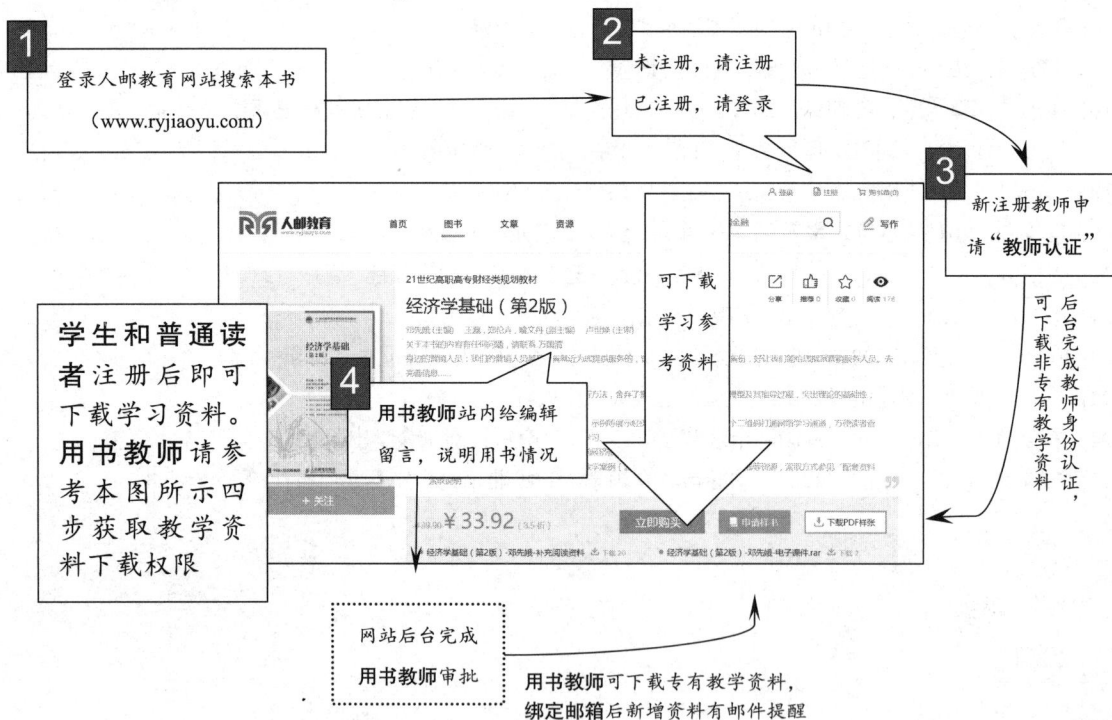

更新勘误及意见建议记录表

1 登录人邮教育网站搜索本书（www.ryjiaoyu.com）

2 未注册，请注册 已注册，请登录

3 新注册教师申请"教师认证" 后台完成非教师身份认证，可下载非专有教学资料

可下载学习参考资料

4 用书教师站内给编辑留言，说明用书情况

学生和普通读者注册后即可下载学习资料。用书教师请参考本图所示四步获取教学资料下载权限

网站后台完成用书教师审批

用书教师可下载专有教学资料，绑定邮箱后新增资料有邮件提醒

21世纪高职高专财经类规划教材
经济学基础（第2版）
¥33.92
立即购买　申请样书　下载PDF样张